客户关系与企业创新：
影响机理、经济后果及治理机制

张亮亮 李 强 著

中国矿业大学出版社
·徐州·

图书在版编目(CIP)数据

客户关系与企业创新：影响机理、经济后果及治理机制／张亮亮，李强著．—徐州：中国矿业大学出版社，2023.12

ISBN 978-7-5646-6078-9

Ⅰ．①客… Ⅱ．①张… ②李… Ⅲ．①企业管理—供销管理 Ⅳ．①F274

中国国家版本馆 CIP 数据核字(2023)第 249171 号

书　　名	客户关系与企业创新：影响机理、经济后果及治理机制
著　　者	张亮亮　李　强
责任编辑	史凤萍
出版发行	中国矿业大学出版社有限责任公司
	（江苏省徐州市解放南路　邮编 221008）
营销热线	（0516）83885370　83884103
出版服务	（0516）83995789　83884920
网　　址	http://www.cumtp.com　E-mail：cumtpvip@cumtp.com
印　　刷	徐州中矿大印发科技有限公司
开　　本	787 mm×1092 mm　1/16　印张 16.5　字数 305 千字
版次印次	2023 年 12 月第 1 版　2023 年 12 月第 1 次印刷
定　　价	52.00 元

（图书出现印装质量问题，本社负责调换）

序

自熊彼特开创性地提出创新理论以来,企业创新一直都是学术研究的前沿和热点问题,也是当前贯彻新发展理念、构建新发展格局、推动企业高质量发展的迫切要求和重要支撑。国内外学者对企业创新的驱动因素进行了大量卓有成效的探索,以企业创新为主题的研究成果汗牛充栋、数不胜数。张亮亮博士和李强教授的书稿《客户关系与企业创新:影响机理、经济后果及治理机制》,给我留下很多印象深刻之处。

首先,本书非常契合当前由工业经济向数字经济转型的时代背景。新的时代背景下,企业运营的外部环境和企业生产制造等正在发生巨大的变化,企业创新的核心驱动要素逐渐由创新的供给端向创新的需求端转移。因此,如何依靠客户并据此更好地满足客户复杂多变的个性化需求,是当下所有企业面临的巨大挑战,同时也是企业发展和赶超的难得机会,在此背景下探讨客户在企业创新决策中的作用显得十分适宜、必要且紧迫。

其次,本书从客户议价和知识溢出两条主线出发,构建了客户关系影响企业创新的理论分析框架,认为客户对企业创新具有两个方面的影响。一方面,大客户利用其议价能力攫取企业创新投资收益,从而抑制上游企业创新的积极性;另一方面,客户更贴近和了解终端需求市场,其在新产品和新技术等方面积累的创新知识会随商品或服务交易而扩散,从而为企业开展创新活动提供知识上的支撑。此外,本书还进一步考察了客户对企业创新搜索(广度和深度)的影响,明晰了客户关系在企业创新资源配置中的作用,这都在一定程度上深化了我们对于新商业环境下客户在企业创新决策中角色的认知和理解。

最后,本书从时空距离压缩(高铁开通、地理邻近)和共同机构协同(共同股东持股、共享审计师)等方面探索了抑制客户议价并促进客户知识溢出的客户关系治理机制,并据此设计了基于创新导向的企业客户关系管理总体策略,这对于加强客户关系管理、协同推进企业高质量创新发展具有很强的政策启示。

总之,本书思路清晰,视角独特,框架完整,逻辑严密,结论合理,我相信读者们可以通过阅读受益匪浅。

我非常乐意为本书作序,并将其推荐给各位读者。

程新生

2023 年 12 月

(程新生:南开大学商学院、中国公司治理研究院教授、博士生导师)

前　　言

　　改革开放40多年来，中国经济发展取得了举世瞩目的成就，跃升为世界第二大经济体，成为世界第一制造大国。当前，中国特色社会主义进入新时代，"中国制造"在全球产业链和价值链中的影响力持续攀升，中国已迈入以创新驱动为引领的高质量发展新阶段。与此同时，随着大数据、人工智能、移动互联网、云计算、物联网和3D等现代信息技术的迅猛发展，中国经济社会正在加速转型，企业经营的外部环境、客户需求及产品创造的过程正在发生巨大的变化。在新的商业环境下，企业产品生命周期不断缩短，客户需求日益复杂多变，客户在企业决策中的地位和作用愈发重要。

　　在此背景下，本书从创新的需求端出发，突出客户在企业创新活动中的作用，将客户关系纳入企业创新决策分析框架，基于客户议价和知识溢出两条主线，系统研究客户关系影响企业创新的作用机理、经济后果及治理机制等问题，是对工业化时代主要从技术进步、行业竞争和企业实力等供给端考察企业创新行为的突破和拓展，有助于更加明晰信息化时代背景下企业创新的需求端驱动因素，有助于深化新商业环境下客户在企业行为决策中角色和作用的理解，也有助于针对性地构建基于创新导向的企业客户关系管理策略，为提高企业创新能力和推动供应链协同发展提供参考，具有重要的理论价值和实践意义。

　　本书研究的内容主要包括：① 基于客户议价能力理论、知识溢出假说、交易成本理论、信息不对称理论和社会网络理论等，结合我国关系型交易等制度背景，构建了客户关系影响企业创新的理论分析框架。② 从客户议价和知识溢出两个方面，系统地研究了客户关系影响企业创新的作用机理。首先,从理论上分析了在契约不完备和产权保护不完善的情况下客户攫取企业创新投资"可占用性准租"的机会主义行为,以及企业与客户在商品或服务交易过程中新产品和新技术等方面存在的知识转移行为。然后,采用客户集中程度(大客户议价)和企业与客户间技术距离(知识溢出)刻画客户关系,利用2007—2021年中国沪深A股上市公司数据,实证分析了客户关系影响企业创新的客户议价和知识溢出机理。在此基础上,进一步检验了客户对企业创新搜索(广度和深度)的影响,厘清了客户关系在企业创新资源配置中的作用。③ 从产品市场和资本市场两个方面,系统地检验了客户关系影响企业创新的经济后果。理论分析和实证检验了客户集中程度和企业与客户间技术距离对企业产品市场竞争力、财务绩效和股票超额收益率的影响,将研究视角向下拓展到客户关系影响企业创新的价值实现问题,进一步补充了客户关系影响企业创新的完整证据链。④ 从完善信息环境等方面系统地探索了企业创新的客户关系治理机制。理论分析和实证检验了高铁开通对优化企业的客户地理布局、促进企业与客户技术交流等方面的影响,并考察了企业和客户地理邻近性、双方共同股东持股及共享审计师在抑制客户议价和促进知识溢出等方面的作用,将研究视角向上延伸到企业创新的客户关系治理问题。⑤ 设计了基于创新导向的企业客户关系管理总体策略。根据理论分析和实证研究的结论,从优化客户地理分布、加强近距离交流和研发合作、构建共同股东和共同审计机构等为纽带的关系共同体、政策制定者优化高铁布局和完善资本市场信息环境等方面提出了加强供应链管理和协同推进企业高质量创新发展等有针对性的政策建议。

感谢国家自然科学基金青年项目"客户关系与企业创新:影响路径、经济后果与治理机制"(71802185)和中国矿业大学基本科研业务费项目——重大项目培育专项基金(2023ZDPYSK02)的资助。感谢

前　言

中国矿业大学硕士研究生李子浩、厉剑、杨京玮、田娟等同学在数据整理等方面所做的工作。限于自身理论和实践认知水平,本书的研究过程和结论仍有许多值得推敲和不尽如人意之处,敬请读者和学界同人批评指正。

著　者

2023 年 10 月

目 录

1 引言 ·· 1
   1.1 研究背景 ·· 1
   1.2 问题提出 ·· 6
   1.3 研究意义 ·· 6
   1.4 核心概念界定 ·· 8
   1.5 技术路线与研究内容 ·· 9
   1.6 研究方法 ··· 11

2 国内外研究综述 ··· 13
   2.1 企业创新的相关研究 ··· 13
   2.2 客户关系与企业行为决策关系的相关研究 ··································· 31
   2.3 研究述评 ··· 46

3 理论基础、制度背景与分析框架 ··· 48
   3.1 理论基础 ··· 48
   3.2 制度背景 ··· 51
   3.3 客户关系与企业创新理论分析框架 ··· 54
   3.4 本章小结 ··· 56

4 客户关系对企业创新影响的实证分析 ··· 57
   4.1 客户关系影响企业创新作用机理的理论分析与研究假设 ······················ 57
   4.2 研究设计 ··· 59
   4.3 变量描述性统计 ··· 67
   4.4 单变量检验 ··· 68
   4.5 相关性分析 ··· 69
   4.6 回归结果分析及讨论 ··· 71
   4.7 稳健性和内生性检验 ··· 77

    4.8 客户关系影响企业创新作用机理的异质性分析 …………… 95

    4.9 客户关系影响企业创新搜索的进一步分析 ……………… 102

    4.10 本章小结 …………………………………………………… 108

5 客户关系影响企业创新经济后果的实证分析 ……………………… 109

    5.1 客户关系影响企业创新经济后果的理论分析与研究假设 ……… 109

    5.2 研究设计 ………………………………………………………… 111

    5.3 变量描述性统计 ………………………………………………… 116

    5.4 单变量检验 ……………………………………………………… 117

    5.5 相关性分析 ……………………………………………………… 119

    5.6 回归结果分析及讨论 …………………………………………… 119

    5.7 稳健性检验 ……………………………………………………… 133

    5.8 拓展性分析 ……………………………………………………… 149

    5.9 本章小结 ………………………………………………………… 156

6 时空距离压缩视角下企业创新的客户关系治理实证分析 ………… 158

    6.1 时空距离压缩视角下企业创新的客户关系治理理论分析

         与研究假设 ……………………………………………………… 158

    6.2 研究设计 ………………………………………………………… 160

    6.3 变量描述性统计 ………………………………………………… 165

    6.4 相关性分析 ……………………………………………………… 166

    6.5 回归结果分析及讨论 …………………………………………… 167

    6.6 稳健性检验 ……………………………………………………… 175

    6.7 本章小结 ………………………………………………………… 185

7 共同机构协同视角下企业创新的客户关系治理实证分析 ………… 186

    7.1 共同机构协同视角下企业创新的客户关系治理理论分析与

         研究假设 ………………………………………………………… 186

    7.2 研究设计 ………………………………………………………… 188

    7.3 变量描述性统计 ………………………………………………… 192

    7.4 相关性分析 ……………………………………………………… 193

    7.5 回归结果分析及讨论 …………………………………………… 194

7.6　稳健性检验 ……………………………………………………… 203
　　7.7　本章小结 ………………………………………………………… 213

8　研究结论、政策建议与展望 ……………………………………… 214
　　8.1　主要研究结论 …………………………………………………… 214
　　8.2　政策建议 ………………………………………………………… 216
　　8.3　主要创新 ………………………………………………………… 220
　　8.4　研究不足与展望 ………………………………………………… 222

参考文献 ………………………………………………………………… 224

1 引　　言

1.1 研究背景

1.1.1 现实背景

(1) 我国大部分企业创新能力薄弱、创新质量不高、创新效益不显著

创新是一个国家和地区经济增长的原动力，也是企业获取竞争优势和实现长远发展的关键因素。党的二十大报告明确指出："坚持创新在我国现代化建设全局中的核心地位……加快实施创新驱动发展战略……强化企业科技创新主体地位……推动创新链产业链资金链人才链深度融合"。近年来，伴随着国家对创新的重视程度日益提高，我国创新环境不断优化，创新投入持续增加，创新产出也取得了较快增长，创新成效进一步显现。

据统计，我国研究与试验发展（R&D）经费投入从 2012 年的 1.03 万亿元增长到 2021 年的 2.8 万亿元，三类专利申请总量从 2012 年的 205 万件增长到 2021 年的 520 余万件，年均增长率均超过 11%，具体如图 1-1 所示。

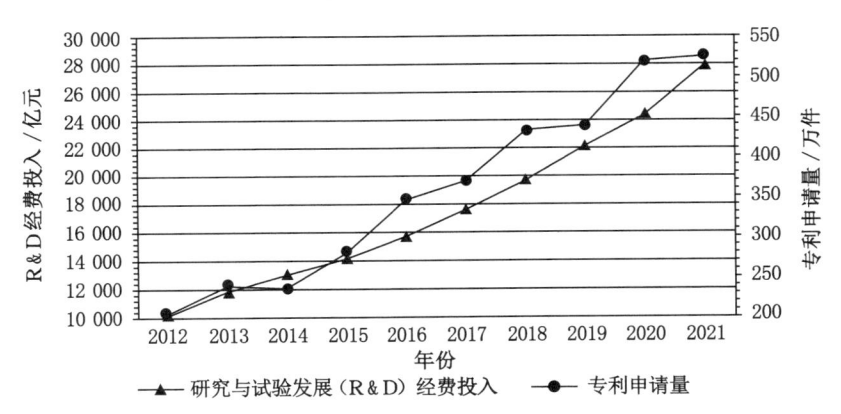

图 1-1　2012—2021 年我国研究与试验发展（R&D）经费投入和专利申请量情况①

---

① 数据由作者根据国家统计局发布的全国科技经费投入统计公报和国家知识产权局相关统计数据整理所得。

从图1-2中的国家比较看,我国PCT国际专利申请量[①]2016年为4.32万件,在2019年达到5.89万件,首次超过美国跃居世界第一,并在之后的连续三年位居世界首位。从申请的具体机构看,2021年我国共有13家公司进入全球PCT国际专利申请人排行榜前50位,华为公司以6 952件申请量连续五年位居总榜单之首。

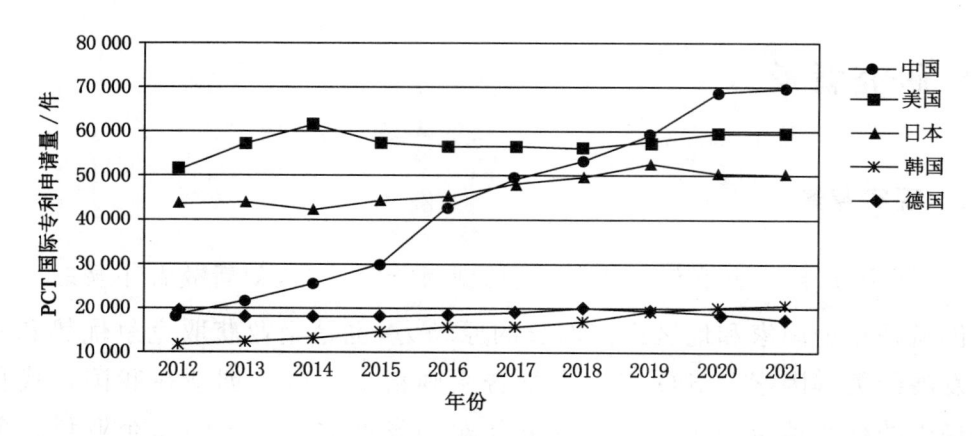

图1-2 2016—2021年世界主要国家PCT国际专利申请量[②]

与此同时,我们也应该清醒地认识到,与发达国家相比,我国大部分企业的创新能力依然薄弱,且创新质量不高,仍然通过低成本与低价格的方式获取低端市场。这主要表现在:

① 我国大部分企业创新能力依然薄弱。虽然近年来我国涌现了一批优秀的创新企业,但绝大部分企业的创新能力依然薄弱。从创新投入看,虽然我国企业研发费用占销售收入的比重在2020年达到3.6%,但仍然远落后同期美国企业7.8%的研发强度。从创新专利产出看,表1-1数据显示,94.1%的企业在2016年的专利申请数量不足100件,其申请专利数量占比仅为46.3%,而只有0.64%的企业专利申请数量在500件以上,但这些企业专利数量占比高达26.8%,考虑有效专利数量计算的结果进一步表明我国绝大部分企业的专利数量较少,只有少数企业创新能力很强。

---

① 国际专利申请依据的是《专利合作条约》(PCT),由于申请人只需提交一份国际专利申请,即可在多个不同国家或地区获得专利保护,因此PCT国际专利申请量是衡量创新活动的重要指标,这一指标能够较为客观地反映一国科技创新能力与科技发展水平。
② 数据由作者根据世界知识产权组织(WIPO)发布的报告整理所得。

表 1-1　2016 年中国高新技术企业专利数量分布情况

专利数量	专利申请数量		有效专利数量	
	企业数量占比	专利数量占比	企业数量占比	专利数量占比
100 件以下	94.1%	46.3%	97.3%	50.0%
500 件以上	0.64%	26.8%	0.27%	30.6%
1 000 件以上	0.24%	15.1%	0.10%	23.8%

资料来源:《中国企业创新能力百千万排行榜(2017)》。

② 我国企业创新质量仍然不高,创新效益不显著。从创新质量角度看,国家知识产权局的统计数据显示,虽然 2012—2021 年我国发明专利占专利申请总数的比重从 26.1% 上升到 30.24%,但比重仍然偏低,且增长缓慢;从国际比较看,2021 年我国发明专利和实用新型专利申请数量之和占专利申请总数的比重为 84.63% 左右,仍然明显低于美国同期 90.41% 的水平,说明我国创新质量仍然不高。

从创新效益角度看,创新对于企业利润贡献仍然有限,国家统计局的一项调查结果显示,开展创新的企业并不比未开展创新的企业有明显的利润增值。另外,近年来,我国经济"脱实向虚"的矛盾愈发突出,大量资本往往更偏好进入房地产、金融等领域而非实体经济,也反映出当前我国大部分企业创新效益不显著。

(2) 我国企业的客户集中程度偏高

客户是企业最重要的利益相关者之一,也是企业创新的重要信息来源渠道和合作伙伴。表 1-2 列示了 2012—2021 年 10 年间中国上市公司的客户集中程度,期间我国上市公司的客户呈现出不断集中的趋势,公司向前五大客户销售比例从 2012 年的 31.43% 经过短暂下降又上升到 2021 年的 35.53%,公司向第一大客户销售比例也呈现相同的增长趋势。

表 1-2　2012—2021 年中国上市公司的客户集中程度

年份	前五大客户销售比例	第一大客户销售比例
2012	31.43%	14.63%
2013	31.06%	14.49%
2014	31.30%	15.49%
2015	30.94%	14.13%
2016	32.09%	14.30%

表 1-2(续)

年份	前五大客户销售比例	第一大客户销售比例
2017	33.02%	14.78%
2018	33.03%	15.25%
2019	33.81%	15.73%
2020	35.15%	16.54%
2021	35.53%	17.43%

1981—2011 年，美国上市公司向重要客户[①]的销售比重占全部销售收入的 31%(Dhaliwal et al.,2016)，而基于我国上市公司披露数据计算结果显示，我国上市公司向重要客户的销售比重占全部销售收入的比重达到 35%，同样高于美国企业，说明我国上市公司的客户集中程度偏高。

不断上升的客户集中程度，一方面反映出企业对主要客户的依赖程度增加，客户相对于企业的议价能力上升，此时忌惮于创新的收益可能被大客户攫取，企业开展创新的意愿可能会下降；另一方面，销售收入主要来源于少数的大客户也会限制企业创新的信息来源，减少企业创新的合作伙伴，进而影响企业创新能力。

因此，在我国经济已由高速增长转向高质量发展的关键时期，在供应链安全稳定与创新发展上升为国家战略的时代背景下，如何从客户的视角研究并提升我国企业的创新能力，尤其是企业的创新质量和创新效益，是当前学术界和实务界共同关注的重要议题。

1.1.2 理论背景

自熊彼特开创性地提出创新是经济增长的源泉后，国内外学者对企业创新的驱动因素进行了大量探索，并取得了丰硕的研究成果。

关于企业创新影响因素的研究，早期学者主要从微观企业规模和行业市场竞争层面展开研究，认为企业拥有的物质资源及其市场势力是影响企业创新的主要影响因素(Schumpeter,1942;Aghion et al.,2005;聂辉华等,2008)。知识经济的发展使得有关企业创新的研究开始关注企业家、员工尤其是研发人员等人力资本在企业创新过程中的作用，人力资本是一种有价值的、稀缺的、不可模

---

① 由于美国证监会(SEC)和财务会计准则委员会(SFAS)要求企业披露销售收入占比不少于 10% 的客户，基于美国情景的相关研究大多将不少于销售收入 10% 的客户界定为企业的重要客户。

仿且难以替代的资源,人所拥有的知识和技能与企业提供的产品、服务密切相关,能够帮助企业获取持续竞争优势,因此人力资本所具备的新知识和新技能对促进创新有着积极的作用(Alegre et al.,2006;吴淑娥等,2013;Wang et al.,2023)。

随着新制度经济学研究的兴起,有关企业创新的研究逐渐深入到企业经营的内外部激励环境。这类研究指出,企业创新需要具有激励导向的内部环境和外部环境。在企业内部激励环境方面,企业创新的高风险特性与管理者的风险回避倾向存在着潜在的冲突,因此需要通过股票等合理的激励机制促使管理者进行风险投资(Wu et al.,2007;刘运国等,2007;Manso,2011;Mazouz et al.,2019)。在企业外部创新环境方面,相关研究表明地区文化、金融发展、社会资本、政府扶持、产权保护等是激励企业创新重要的外部环境因素(Adhikari et al.,2016;吴超鹏等,2016;Yan et al.,2022)。

随着实践中产业链、供应链安全稳定成为国家安全和企业经营需要考虑的重要因素,有关文献开始从供应链尤其是客户的视角考察企业创新的影响因素。Krolikowski 等(2017)基于美国资本市场情景,研究发现客户集中度较高企业的研发投入和创新产出也更多,而较强的客户议价能力会引起敲竹杠问题,导致企业研发投入和产出下降,不过他们并没有分析如何缓解客户敲竹杠的不利影响。吴祖光等(2017)、宛晴等(2017)利用我国上市公司的数据研究发现客户集中度与企业研发投入负相关,这与 Krolikowski 等(2017)的研究结论不一致,且他们并没有进一步揭示客户集中作用于企业创新的内在机理。Dasgupta 等(2017)考察了企业与客户的高管和董事会成员社交关联对企业创新的影响,发现上下游企业之间的高管社交关联提高了企业的创新水平,Chu 等(2017)研究企业与客户之间的地理距离与企业创新之间的关系,发现地理距离越近,企业创新能力越强,提供了供应链企业之间知识溢出效应的证据,不过他们缺乏对社交关联和地理距离影响企业创新经济后果的分析。

综上,有关企业创新影响因素的文献主要从企业拥有的物资和人力资本等企业内部资源出发,认为企业完全掌握创新的主动权,即使对于政府补助和产权保护等外部环境的相关研究也是检验相关政策措施能否缓解企业研发创新激励不足的问题,而忽视了创新需求端——客户在创新过程中的作用。

上述相关研究隐含着客户只能被动接受企业创新结果的假设,这与当前企业产品生命周期不断缩短、客户需求复杂多变的商业环境明显不符。有关客户关系与企业创新的文献仅检验了客户集中与企业创新之间的关系,但结论并不一致,其原因可能在于一方面上述研究并没有系统地厘清客户影响创新的作用机理,另一方面也没有深入分析客户影响企业创新的经济后果,在客户关系治理方面也缺乏相应的治理机制探索,从而无法全面、深入地理解客户在企业创新过程中的作用。

1.2　问题提出

基于上述我国企业创新和客户关系存在的问题,结合企业创新驱动因素的研究脉络,本书立足我国关系型社会的制度背景,运用客户议价能力理论、知识溢出假说、交易成本理论、信息不对称理论和社会网络理论等,从客户视角考察企业创新的影响因素、经济后果及治理机制。

具体而言,本书利用客户集中度和客户技术距离衡量客户关系,基于客户议价理论和知识溢出假说,系统地研究客户关系影响企业创新的内在机理;在此基础上,从产品市场和资本市场等方面深入检验客户关系对企业创新影响的经济后果;最后立足我国特殊的制度背景,从完善信息环境角度探索客户关系的治理机制,以期更好发挥客户关系在企业创新活动中的作用。

本书具体考察以下四个相关问题:

第一,基于客户议价能力理论,客户集中程度是否抑制企业创新水平;

第二,基于知识溢出假说,企业与客户技术邻近能否提升企业创新能力;

第三,从产品市场和资本市场等角度研究客户关系影响企业创新的经济后果;

第四,从时空距离压缩和共同机构协同视角探索高铁开通、客户地理邻近、共同股东持股和共同审计机构等机制能否缓解客户议价,并促进客户知识溢出。

1.3　研究意义

(1) 研究客户在企业创新决策中的作用,有助于丰富企业创新影响因素的文献,加深对企业创新驱动因素的理解

现有文献主要从企业内部资源和内外部环境等方面探究企业创新的激励问题,已有研究大多隐含着企业完全掌握创新的主动权、创新主要在企业内部完成的假设,往往忽略了客户在企业创新过程中的作用。著名管理大师彼

得·德鲁克曾指出"企业经营的真谛是获得并留住顾客",如何满足客户需求是企业创新的源泉。虽然也有部分文献考察客户集中程度对企业创新的影响,但此类文献主要聚焦客户集中程度单一视角,也没有考虑客户影响企业创新的价值实现问题。基于此,本书在移动互联网和电子商务迅猛发展的现实背景下,从客户关系的角度系统地考察企业创新激励及价值实现问题,有助于丰富企业创新影响因素的文献,加深对企业创新驱动因素的理解。

(2) 从客户关系尤其是客户技术距离等方面考察客户对企业创新决策及其经济后果的影响,能够补充企业间关系经济后果的研究,深化对客户在企业决策中角色的理解

近年来,国内外学者已经就客户对企业现金、存货和信用政策管理、债务和股利等财务政策选择、会计稳健性和盈余管理等方面的影响进行了相关研究,这些研究有助于理解客户在企业行为决策中的作用。然而,上述研究大多从客户集中程度这一视角展开研究,且少量直接检验客户集中度与企业创新之间关系的研究结论也并不一致,致使无法系统和完整地理解客户在企业行为决策中的作用。因此,本书从客户集中程度和客户技术距离两方面系统地考察客户对企业创新决策的影响,并在此基础上探索企业创新的价值实现问题,有助于补充客户集中(大客户)经济后果的文献,深化客户在企业决策中角色的认识。

(3) 从高铁开通、共同股东和共同审计机构等方面探索抑制客户议价和促进知识溢出的治理机制,有助于拓展客户关系治理的相关研究

有关客户集中经济后果的文献发现鉴于大客户强大的议价能力,拥有大客户的企业融资成本更高、被迫向客户提供更多和更长期的商业信用、为迎合大客户而进行更多的盈余管理等,给企业带来诸多负面影响。然而,目前很少有研究探索客户关系治理机制,本书从时空距离压缩和共同机构协同视角探索高铁开通、企业与客户地理邻近、共同股东和共同审计机构等治理机制如何缓解客户议价效应并促进知识溢出,从而有助于拓展客户关系治理的相关研究。

(4) 研究客户关系对企业创新的影响机理、经济后果及治理机制,实践中对提升政府部门、企业管理者和资本市场投资者的决策质量均具有重要的指导意义

本书基于客户议价能力理论和知识溢出假说,系统检验客户关系作用于企业创新的内在机理,深入考察客户关系影响企业创新的价值实现问题,在此基础上有针对性地探索高铁开通等企业客户关系的治理机制,能够为政府部门更加科学地规划高铁等基础设施建设和完善上市公司客户信息披露提供决策指

导,对于企业在创新决策中更加重视客户的作用以及资本市场投资者利用客户特征提升投资决策质量也具有十分重要的参考价值。

1.4 核心概念界定

客户关系是在企业与客户交易过程中所形成的关系。目前尚未有权威文献就客户关系的内涵进行科学界定。公司财务与会计领域的文献大多认为客户关系属于关系专用性投资的范畴。一方面,依据交易成本理论,企业通过关系专用性投资,形成更加紧密的客户关系,促使企业与客户之间加强沟通合作,促进信息共享,降低交易成本,产生关系专用性投资的"可占用性准租",提高企业经营效率。另一方面,随着企业关系专用性投资的增加,企业寻找新客户的转换成本越来越高,企业很有可能被锁定在关系专用性投资中。此时,客户议价能力增强,可能对企业实施敲竹杠等机会主义行为,掠夺关系专用性投资的"可占用性准租",从而对企业经营产生诸多负面影响。

基于上述对客户关系概念的探讨,现有文献主要从关系的强度维度界定客户关系,如王雄元等(2017a)采用上市公司披露的前五大客户采购金额情况反映客户关系,研究客户关系对企业成本黏性的影响;滕飞等(2020)也采用前五大客户集中程度描述客户关系,考察客户关系对企业定向增发行为的影响。

企业创新是一个不断满足客户需求的过程,在这一过程中涉及创新知识的获取和转移。从已有文献看,创新知识的获取和转移与双方之间的技术距离有关。技术距离是知识源与接受者具有相似知识的程度,现有研究指出,在评价和消化新知识过程中与知识源具有相似的经验知识十分重要(Cummings et al.,2003),缺乏这种知识往往会造成知识转移过程中大量有价值知识的丢失。基于此,考虑到技术距离在知识转移和创新过程中的重要性,本书将客户关系界定为客户集中程度和客户技术距离两个方面。

① 客户集中程度是指企业向重要客户销售产品或服务的集中程度,通常采用公司向前五大客户销售额合计占年度销售额的比例衡量。公司向前五大客户销售额合计占年度销售额的比例越大,说明客户集中程度越高。

② 客户技术距离主要刻画企业与重要客户之间技术上的相似性,主要采用企业与客户在专利申请领域的重叠程度展开测度。企业与客户在专利申请领域的重叠程度越高,说明企业与客户在技术上越接近,客户技术距离越近。

1.5 技术路线与研究内容

1.5.1 技术路线

本书立足我国关系型社会的制度背景,运用客户议价能力理论、知识溢出假说、交易成本理论、信息不对称理论和社会网络理论等,理论分析和实证检验客户关系作用于企业创新的内在机理,深入考察客户关系影响企业创新的经济后果,在此基础上有针对性地探索企业创新的客户关系治理机制。

具体而言,本书首先分析我国企业创新和客户关系的现状,结合国内外相关理论、研究进展和我国的制度背景,提出将客户关系纳入企业创新决策的理论分析框架。其次,基于客户议价能力理论和知识溢出假说,理论分析和实证检验客户从客户集中程度和客户技术距离两个方面影响企业创新的作用机理。再次,将研究视角向下延伸到客户关系影响企业创新的价值实现问题,具体从产品竞争力、财务绩效和股票超额收益率等方面展开实证检验。从时空压缩和共同机构协同视角探索企业创新的客户关系治理机制。最后,根据理论和实证研究结论,提出基于创新导向的企业客户关系管理建议,并对未来研究方向进行展望。

本书的技术路线如图 1-3 所示。

1.5.2 研究内容

本书共包括 8 章。各章的主要研究内容如下:

第 1 章是引言。该章主要从中国企业创新能力薄弱、创新质量不高、创新效益不显著和客户集中程度偏高等方面论证本书的选题背景,提出本书的研究问题,并总结归纳研究的理论价值和实践意义。在此基础上,阐述本书涉及的核心概念、技术路线、研究内容和研究方法。

第 2 章是国内外研究综述。该章主要以企业创新和客户关系为主线,系统回顾企业创新影响因素和经济后果的相关文献,梳理客户关系影响企业行为决策的相关研究。在总结已有研究取得成果的基础上,指出未来进一步的研究方向。

第 3 章是理论基础、制度背景与分析框架。该章系统提炼客户关系影响企业创新的理论基础,梳理我国经济社会中关系交易和高铁发展的制度背景,在

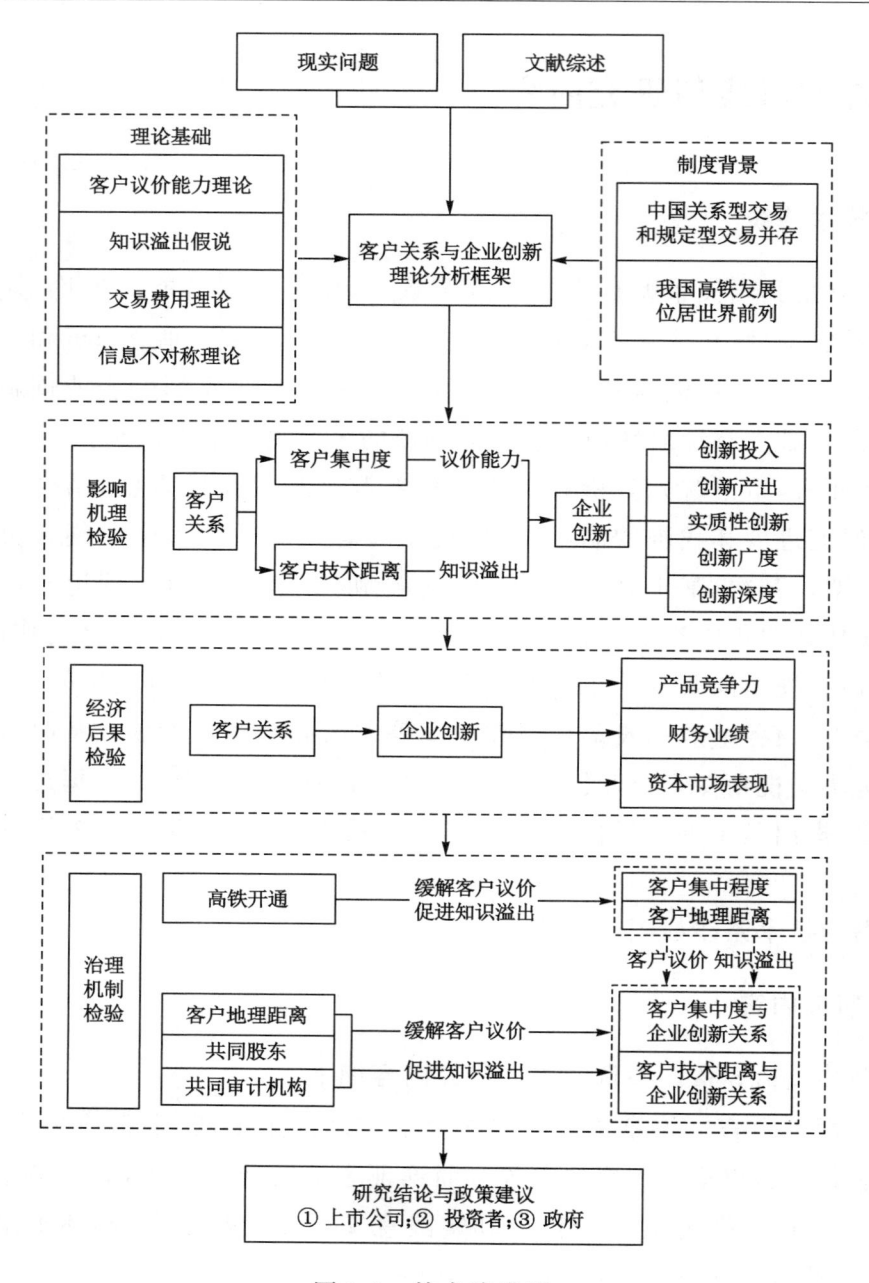

图 1-3 技术路线图

此基础上构建客户关系影响企业创新的理论分析框架。

第 4 章是客户关系对企业创新影响的实证分析。该章首先从理论上分析客户集中程度和客户技术距离与企业创新的关系；然后利用中国沪深 A 股上市公司数据，实证检验客户集中程度和客户技术距离对企业创新的影响。在此基础上，进一步从企业市场地位方面探索客户集中度与企业创新关系的异质性，从客户创新能力和企业吸收能力方面探索客户知识溢出的前提条件,并从企业创新搜索(创新广度和创新深度)两方面进一步探索客户如何影响企业创新决策的过程。

第 5 章是客户关系影响企业创新经济后果的实证分析。该章从产品市场和资本市场两方面进行理论分析并实证检验客户关系影响企业创新的经济后果,具体检验客户关系如何通过企业创新影响企业产品的市场竞争力、财务业绩和资本市场表现。

第 6 章是时空距离压缩视角下企业创新的客户关系治理实证分析。该章主要基于交易成本理论和信息不对称理论,从时空距离压缩视角探索高铁开通(时间距离)如何影响客户集中程度和客户技术距离,并探讨企业与客户间地理距离(空间距离)在客户集中度与企业创新关系以及客户技术距离与企业创新关系中的调节作用。

第 7 章是共同机构协同视角下企业创新的客户关系治理实证分析。该章主要基于社会网络理论和信息不对称理论,从共同机构协同的视角研究共同股东和共同审计机构等因素在企业创新的客户关系治理中的作用,是对客户关系影响企业创新研究内容的进一步拓展与深化。

第 8 章是研究结论、政策建议与展望。该章总结本书的主要研究成果,基于理论分析和实证分析的结论,从企业、资本市场投资者和政府等政策制定者的角度提出相关政策建议,并对未来研究工作进行展望。

1.6 研究方法

本书涉及公司财务、会计学、供应链管理、技术经济、营销科学等相关学科前沿理论和研究方法,其中以大样本实证研究为主,根据研究问题需要还涉及规范研究和政策分析等方法。

(1) 规范研究方法

本书通过演绎推理和规范判断的方法,对国内外有关企业创新影响因素及经济后果、客户关系与企业行为决策的相关成果进行归纳和总结。同时,立足我国关系型社会的制度背景,从客户议价和知识溢出等角度提出客户关系影响企业创新的内在机理、经济后果及治理机制的系列研究假设,在此基础上设计出可供检验的实证模型,为大样本实证研究奠定坚实的理论基础。

（2）实证研究方法

本书利用 Python、Stata 等软件测度客户技术距离、企业创新广度和创新深度、股票超额收益率、客户地理距离、共同股东持股和共同审计机构等变量，并综合运用单变量分析、相关性分析、OLS、2SLS、调节效应、中介效应和多时点双重差分模型（多时点 DID）等多种计量方法，系统研究客户关系作用于企业创新的内在机理及经济后果，并探索客户关系的治理机制。

（3）政策分析方法

在政策研究阶段，立足我国关系型社会的制度背景，根据理论研究和实证检验的结果，分别从企业层面、资本市场投资者层面和政府层面，提出优化客户布局、加强客户关系管理、提升资本市场投资者和政府等监管机构决策质量等政策建议。

2 国内外研究综述

2.1 企业创新的相关研究

自现代创新理论的提出者熊彼特开创性地提出创新是经济增长的源泉后，国内外学者对企业创新的驱动因素和经济后果进行了大量卓有成效的探索研究，并取得了丰硕的成果。本节在对企业创新影响因素的国内外研究进行文献计量可视化分析的基础上，从企业、行业竞争以及外部宏观环境等多个视角梳理企业创新影响因素和企业创新经济后果的最新研究进展。

2.1.1 企业创新文献计量可视化分析

本节基于中国知网（CNKI）期刊数据库和 Web of Science 核心合集数据库（SCIE/SSCI/A&HCI），对有关企业创新（Corporate Innovation）的权威文献进行趋势分析和关键词共现分析，以期能够把握企业创新研究的最新发展脉络，为后续文献梳理和理论分析奠定坚实的文献基础。

（1）企业创新文献发表趋势分析

首先在中国知网期刊数据库检索中文文献，考虑到企业创新文献众多，此处选取最近 10 年（2013—2022 年）在国家自然科学基金委管理科学部认定的 30 本重要期刊[①]上发表篇名含"企业创新"的相关文献；同样，在 Web of Science 核心合集数据库中按照主题词为"Corporate Innovation"进行检索，并将文献方向限定为"Business Finance""Management""Business""Economics"等商业经济管理领域。基于上述相关文献，有关"企业创新"文献发表趋势如图 2-1 和图 2-2 所示。

总体而言，最近 10 年国内外学者对企业创新的关注呈现逐年上升的趋势，

[①] 国家自然科学基金委管理科学部认定的 30 本重要期刊：《管理科学学报》《系统工程理论与实践》《管理世界》《数量经济技术经济研究》《中国软科学》《金融研究》《中国管理科学》《系统工程学报》《会计研究》《系统工程理论方法应用》《管理评论》《管理工程学报》《南开管理评论》《科研管理》《情报学报》《公共管理学报》《管理科学》《预测、运筹与管理》《科学学研究》《中国工业经济》《农业经济问题》《管理学报》《工业工程与管理》《系统工程》《科学学与科学技术管理》《研究与发展管理》《中国人口·资源与环境》《数理统计与管理》《中国农村经济》。

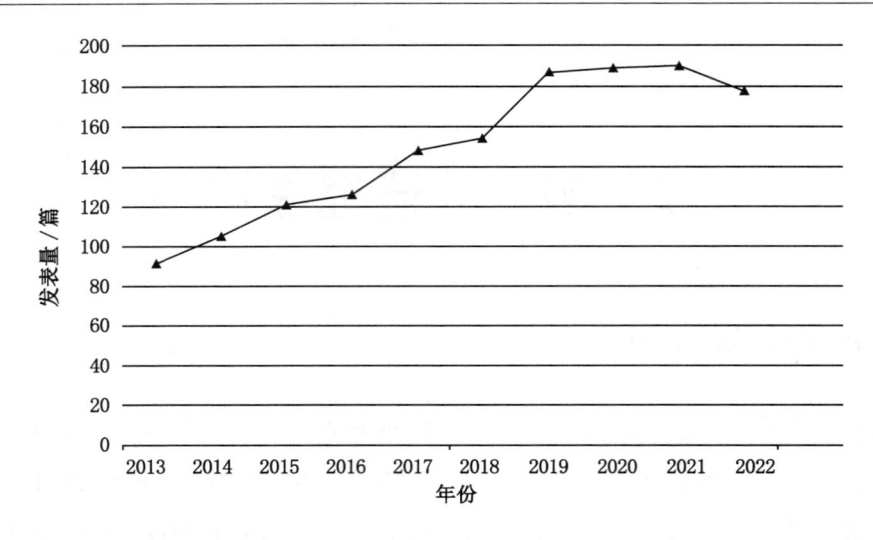

图 2-1　国家自科基金委管理科学部认定重要期刊中"企业创新"主题文献发表量趋势图

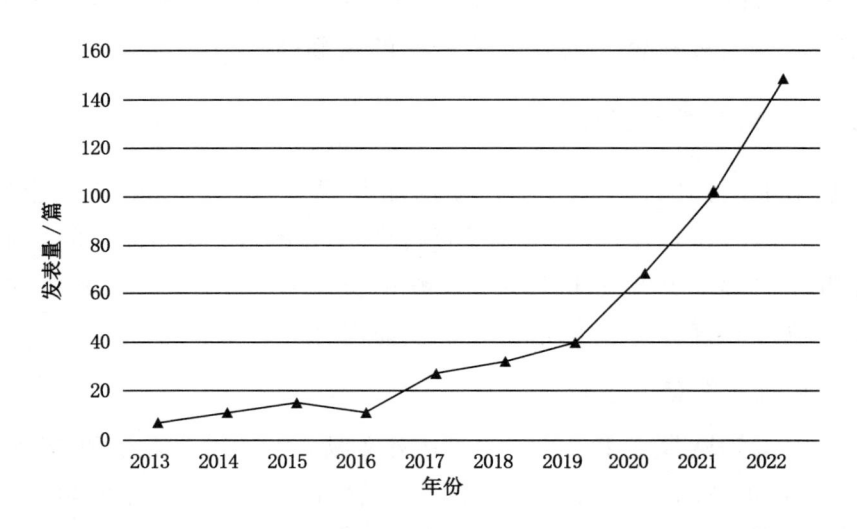

图 2-2　Web of Science 核心合集数据库"Corporate Innovation"主题文献发表量趋势图

说明企业创新的重要性在不断提升。对比国内和国外发表文献的数量,国内发表"企业创新"主题的相关文献的数量更多,这与当前创新是引领我国高质量发展的第一动力相一致。国外"企业创新"主题的相关文献发表增长速度更快,这也与当前世界各国将技术创新作为各国综合国力竞争的关键因素有关。总之,在中国深入实施创新驱动发展战略和全球化竞争加剧的时代背景下,企业创新已经成为当前国内外研究的热点问题。

(2) 企业创新文献关键词共现分析

为进一步掌握企业创新研究文献的方向和重点,本节利用 VOSviewer 文件计量可视化工具,对上述近 10 年中国知网(CNKI)期刊数据库中国家自然科学基金委管理科学部认定的 30 本重要期刊和 Web of Science 核心合集数据库中有关"企业创新"(Corporate Innovation)的权威文献进行关键词共现分析,分析结果如图 2-3 和图 2-4 所示。

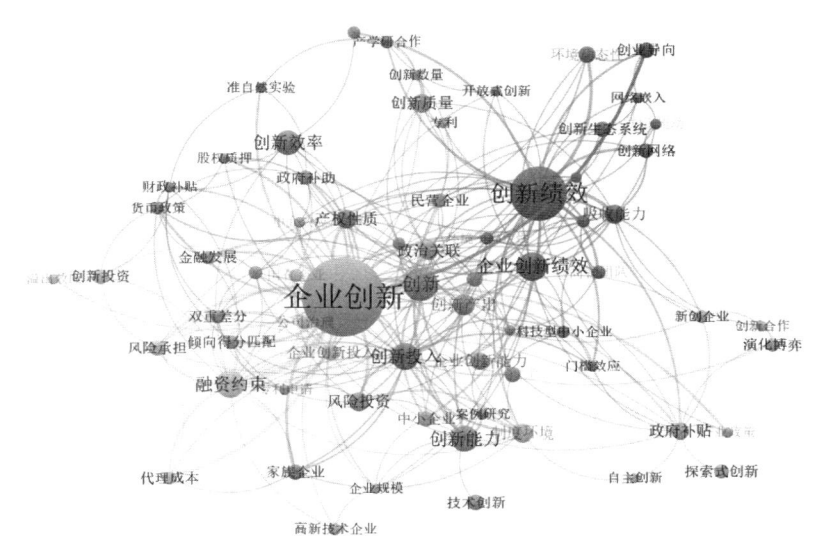

图 2-3 "企业创新"关键词共现分析(CNKI)

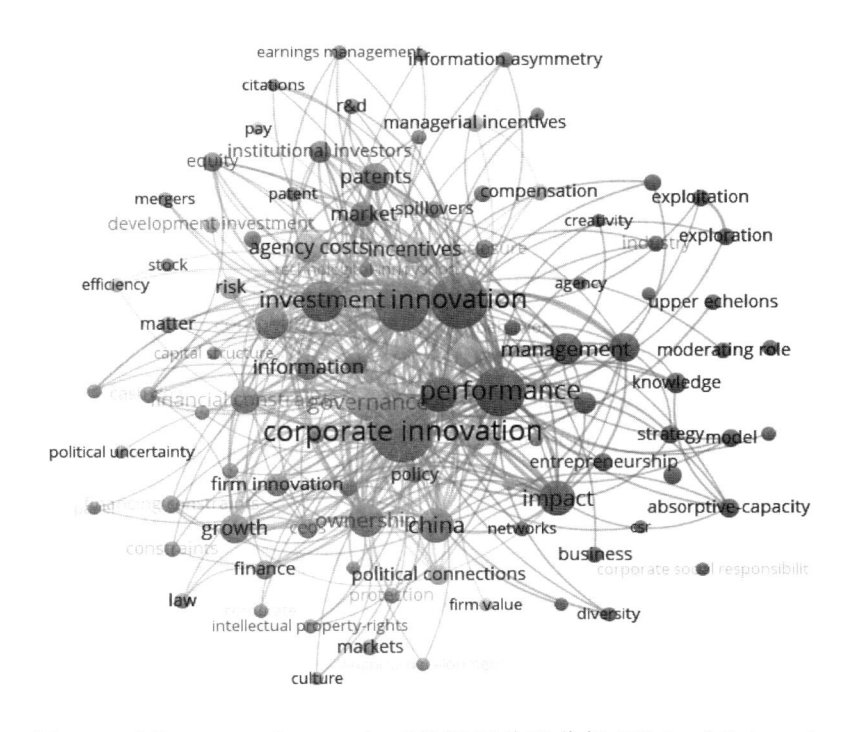

图 2-4 "Corporate Innovation"关键词共现分析(Web of Science)

在关键词共现分析图中,圆圈越大表明该词出现的频率越高,相关研究越多,圆圈之间的连线代表这两个关键词在同一篇文献中出现过。

图2-3国内的相关文献关键词共现结果显示,现有关于企业创新的研究主题主要与创新绩效、创新能力和创新质量等创新后果相关,说明现有研究范畴已不再局限于创新能力本身,而是逐渐深入到创新质量等深层次创新问题;在企业创新影响因素方面,现有研究主要从高管激励、融资约束、政府补贴、税收优惠、金融发展等视角展开探索;在研究方法上,现有研究更多采用双重差分法(DID)、倾向得分匹配(PSM)和门槛效应。

图2-4国外文献关键词共现结果显示,国外与企业创新主题相关的文献也关注企业业绩表现、成长性、专利和效率等创新后果,在企业创新影响因素方面,部分文献与国内一致,关注融资约束、代理问题、信息不对称和管理者激励的作用,部分文献主要考察政治不确定性、盈余管理和机构投资者等因素的影响,也有部分文献深入到企业内部,考察企业家精神和企业吸收能力的影响。值得注意的是,国外企业创新研究的一些文献关注中国问题,说明与中国企业创新相关问题已经开始引起国外学术研究的广泛关注。

总之,近10年来,国内外有关企业创新文献的数量不断上升,研究焦点主要集中在考察企业创新的驱动因素上,相对于国内研究,国外文献开始注意到企业家精神、吸收能力等企业内部生产要素的影响;部分文献开始考察企业创新的经济后果,可能限于数据的可得性,现有研究主要考察企业创新的绩效(专利)、质量、探索式创新和利用式创新等。以下分别从企业创新影响因素和企业创新经济后果两个方面梳理相关文献。

2.1.2 企业创新影响因素的相关文献

(1) 企业内部环境与企业创新

早期对于企业创新影响因素的研究集中在企业内部,主要考察企业规模、市场势力等因素的影响,此后相关文献开始逐渐深入到有关企业研发创新人员及其管理者层面,考察管理者、员工特征及激励等因素的作用。

① 企业规模与结构。早期文献主要从微观企业和市场竞争层面研究企业创新的影响因素问题。Schumpeter(1942)指出,只有大企业才可负担研发项目的支出,较大而且多元化的企业可以通过大范围的研发创新来消化部分研发项目的失败;由于研发活动需要持续的利润支持,而市场竞争加剧了企业间的模仿行为,不利于企业创新,因此拥有垄断地位的企业有更强的创新能力,基于此

学者们认为企业创新能力与企业规模和市场势力正相关。

然而,白明等(2006)却指出在特定的条件下,竞争性产业比垄断产业能产生更多的研发激励,意味着企业的垄断地位可能会削弱其创新激励。后续大量经验研究发现企业规模、市场竞争与研发投资之间并非是简单的线性关系,而是存在拐点效应。Soete(1979)、聂辉华等(2008)研究发现企业规模与R&D投入之间呈倒U形特征,表明一定程度的规模和市场竞争有利于促进企业创新。冯根福等(2008)、郭玉晶等(2020)研究发现股权集中度与企业技术创新存在倒U形关系,企业应保持适度的股权集中度水平以保证技术创新水平。总之,此类文献认为企业拥有的物质资源及其市场势力是影响企业创新的主要影响因素。

② 人力资本。知识经济的发展使得有关企业创新的研究开始关注企业家、员工尤其是研发人员等人力资本在企业创新过程中的作用。现有研究指出,人力资本是一种有价值的、稀缺的、不可模仿且难以替代的资源,员工所拥有的知识和技能与企业提供的产品、服务密切相关,能够帮助企业获取持续竞争优势,因此人力资本所具备的新知识和新技能对创新有着积极的影响(Alegre et al.,2006)。

Wiersema等(1992)研究发现,管理者受教育程度越高,其所拥有的知识和技能越丰富,越有能力处理复杂的环境,因此,管理者受教育程度越高,企业创新能力越强。刘剑雄(2008)基于中国社会科学院民营经济研究中心的调查数据,以企业家对企业制度形式的选择为切入点,考察企业家人力资本对创新的影响,研究发现企业家人力资本越高,越有可能推动企业转变为现代企业,企业家创办企业之前的党员身份、现任管理者的受教育水平、现任管理者党员身份对于私营企业制度选择和创新有显著性影响。

人力资本是企业的重要资源,研究人力资本的不同主体和不同结构对企业创新的影响具有重要的意义。Hayton(2005)、吴淑娥等(2013)等经验研究揭示出一般员工的人力资本对创新具有正向影响。吴爱华等(2012)、赖德胜等(2015)等研究分析不同人力资本类型对企业创新影响的差异性,发现企业家的人力资本对区域创新的推动作用要显著高于一般的人力资本的推动作用。李后健等(2018)通过研究人力资本结构多样化对企业双元性创新的影响,发现生产工人的技能多样性能促进企业的探索式创新,性别多样化会弱化企业的探索式创新和开发式创新,而非生产工人的性别多样化则能显著提升企业双元性创新水平。Peng等(2020)研究发现管理层人力资本通过对授权专利的期望而影响创新投资的持久性，员工人力资本则通过薪酬黏性影响创新投资的持久性。关健等（2022）以高技术新创企业为样本，实证分析创始人不同的人力资本对企业创新的影响，发现创始人教育水平、管理经验等对企业创新有直接和间接的促进作用。Wang等（2023）研究发现人力资本较多的经济体中，研发密度较高的企业其创新数量更多、创新质量更佳。

以上研究表明，在考察企业创新能力的影响因素时，除了物质资本外，同样需要关注企业拥有的人力资本；人力资本不同，企业吸收新知识和新技术的能力也不同，进而影响企业的创新能力。

③ 管理者特征。作为企业战略的制定者和实施者，管理者的心理特征、教育背景、从业经历、生活经历等均会对决策行为和创新动机产生重要影响，从而影响企业创新决策。

刘凤朝等（2017）从高管团队的背景入手，发现海外高管比例与企业专利申请量显著正相关。虞义华等（2018）发现企业董事长和总经理具有发明家经历能够显著提高企业研发投入、创新效率与创新产出。朱涛等（2022）从管理者教育程度、任期、职称、任期异质性、年龄异质性等方面研究企业创新的影响因素，发现管理者的上述特性能显著影响研发投入，进而影响企业创新绩效水平。夏晗（2022）分别从高管工种跨界、行业跨界和地理跨界等方面研究其对企业创新数量和质量的影响，发现高管的跨界经历虽然对企业研发投入没有显著影响，但所形成的复合型知识结构能够在提高高管自身创新能力和创新意愿的基础上提高企业创新能力，促进企业创新产出的数量和质量。总的来说，高管的个人背景会对企业的创新行为产生重要影响。

另外，在管理者过度自信方面，Galasso等（2011）、王山慧等（2013）、Wang等（2018）、Wen等（2023）的研究均发现管理者过度自信对企业创新投入有积极促进作用，而孙慧等（2018）从管理者内部心理特征和外部背景特征出发，在发现管理者过度自信对创新投入的正向促进作用的基础上，认为管理者过度自信导致的过度投资会降低企业的创新效率，从而对企业创新绩效产生显著抑制作用。安素霞等（2020）运用CEO的签名大小衡量CEO的自恋程度，发现CEO自恋能够显著促进企业研发投入，并且多元化程度较低的企业CEO自恋程度越高越有利于企业研发投入。此外，Sunder等（2016）、郎香香等（2021）指出管理者的飞行员经历、从军经历均有利于增强企业研发投入力度、促进创新产出。

④ 内部激励。随着新制度经济学研究的兴起，有关企业创新的内外部激励环境逐渐引起了国内外学者的兴趣。这类研究指出，企业创新需要具有激励导

向的内外部环境。

在企业内部激励环境方面,企业创新的高风险特性与管理者的风险回避倾向存在着潜在的冲突,因此需要通过合理的激励机制促使管理者进行风险投资。Wu 等(2007)发现,CEO 股票期权对于企业 R&D 投资有正向影响,刘运国等(2007)、李春涛等(2010)、鲁桐等(2014)也发现高管股权激励有利于增加公司的研发支出。李丹蒙等(2017)则探讨了股权激励方案的实施对企业创新活动的影响,发现在股权激励方案实施后,企业的研发投入和专利授予量均显著增加,并且企业股权激励契约结构对于管理者实施实质性创新与策略性创新的动机选择具有重要的影响。Mazouz 等(2019)研究发现基于股权的高管薪酬对企业创新的促进作用在产品市场竞争和创新压力较大的行业中的公司中更加明显。刘鑫等(2023)发现超额薪酬的 CEO 出于利己和利企动机会对企业创新投入产生积极促进作用,其中,冗余资源能够强化 CEO 超额薪酬对企业创新投入的积极效应。毛新述等(2023)则发现高管薪酬职务倒挂使得企业代理问题加重,创新投入和产出减少,抑制企业的创新活动。

此外,学者们发现股权激励的不同主体、不同方式对企业创新的影响也不尽相同。Chang 等(2015)研究发现当员工之间的"搭便车"行为较少且当股票期权的有效期较长、授予范围较大时,员工股票期权对企业创新的积极作用较为明显。姜英兵等(2017)研究发现核心员工股权激励能够促进企业创新产出的数量和质量,并且对比高管股权激励,这种促进作用更明显;此外,核心员工股票期权的激励方式较限制性股票的激励效果更显著。田轩等(2018)研究股权激励以及不同的激励方式对企业创新的影响,发现股权激励总体上对企业创新有显著正向影响,并且在股价接近行权价时,股票期权相对于限制性股票更能激励企业创新。郭蕾等(2019)研究发现非高管员工股权激励能够促进企业创新,激励比例越大,企业创新产出水平越高;并且高管与非高管之间的激励差距越大越能促进企业创新。郝项超等(2022)研究发现企业对非高管员工的股权激励会因薪酬不公平所产生的消极行为而削弱对企业创新的激励效果。Yu 等(2023)研究发现员工持股激励能够使得高管心理资本对企业创新保持积极作用,从而提高创新数量和创新质量。

(2)行业和供应链环境与企业创新

企业在行业和供应链中开展生产经营活动,其行为决策不可避免地会受到行业环境和供应链环境的影响。现有研究发现行业环境和供应链环境会影响企业创新动机和创新资源,本节分别对相关研究进行梳理。

① 行业环境与企业创新。企业处于市场环境中,一方面企业通过与市场内其他企业竞争抢占市场份额,提高市场占有率;另一方面通过市场需求明确市场利润点,以此确定企业产品的研发和生产方向。行业环境对企业创新有着重要的影响,现有研究关于行业环境与企业创新的关系,主要也基于上述考虑,从行业竞争和市场需求两方面展开。

现有关于行业竞争与企业创新之间的关系研究结论并不一致。有学者认为,行业市场竞争一方面迫使企业通过研发创新获取更多的市场份额,另一方面由于创新存在正的外部性,行业竞争加快产品技术更新换代,企业创新成果更有可能被替代或模仿,导致企业创新积极性下降(Grossman et al.,1991)。上述观点都得到现有实证研究的支持。

在市场竞争促进企业创新方面,何玉润等(2015)研究发现市场竞争提升了企业研发强度,在企业激励机制更有效时,市场竞争对企业创新的促进作用更强。Aghion等(2013)发现在专利保护较好的国家和地区,市场竞争对创新的促进作用较强。张楠等(2019)基于中国上市公司数据也发现了类似的结论。不过徐晓萍等(2017)则发现市场竞争与企业创新活动呈现倒U形关系,即适度的市场竞争会促进企业开展创新投入,但过度的市场竞争又会抑制企业的创新投入意愿。

企业的创新产品须经过市场才能转换为创新收益,而创新产品只有满足消费者的需求才有价值,才有可能被市场所接受。"需求拉动假说"认为企业技术创新取决于市场需求,企业进行技术创新不仅要分析当前市场需求及规模,还要考虑市场能否接受创新产品(邹彩芬等,2014)。现有国内外文献已充分证明市场需求对企业创新的积极影响(罗小芳等,2013;Aghion et al.,2018;张永安等,2021),但也有学者对需求对企业创新的影响持不同观点。

在市场需求促进企业创新方面,王青峰等(2021)研究发现正向的外部需求冲击能够通过竞争效应和创新效应加快企业创新,提高企业出口产品组合的竞争力水平。然而,刘政(2017)引入"二元内需结构"后发现国内的规模化需求与企业技术创新存在倒U形关系,高端需求能够促进企业创新,而低端需求则会抑制企业创新。此外,顾国达等(2022)以多产品出口企业为研究对象,发现外部需求扩张对多产品出口企业创新具有显著的抑制作用。

② 供应链环境与企业创新。供应链环境也是企业创新的重要影响因素。现有研究主要考察了客户集中程度与企业创新的关系,但研究结论并不一致。

Krolikowski等(2017)基于美国资本市场研究客户集中程度对企业创新的

影响,发现客户集中程度较高企业的研发投入和创新产出也更多,而较强的客户议价能力引起敲竹杠问题,导致企业研发投入和产出下降,不过他们并没有分析如何缓解客户敲竹杠的不利影响。吴祖光等(2017)、宛晴等(2017)、孟庆玺等(2018)、赵璨等(2019)、Zhou 等(2019)利用我国上市公司的数据发现客户集中程度与企业研发投入负相关,这与 Krolikowski 等(2017)的研究结论不一致。此外,Shen 等(2018)、方红星等(2020)与贾军等(2020)分别以沪深 A 股上市公司和科创型上市公司为研究对象,发现客户集中程度与企业创新之间存在正 U 形关系;程新生等(2020)用手工收集的中国上市公司产品创新和工艺创新数据,研究发现客户集中程度与企业技术创新行为之间存在倒 U 形关系;Zhong 等(2020)也发现了客户集中程度与企业可持续性创新之间的倒 U 形关系。总的来说,目前学术界对客户集中程度与企业创新的关系在结论上不尽相同,也缺少对客户集中程度影响企业创新的机制和经济后果的探索。

另外,部分文献探讨企业与客户其他方面关联对企业创新的影响。Dasgupta 等(2017)考察了企业与客户高管和董事会成员社交关联对企业创新的影响,发现上下游企业之间的社交关联提高了企业的创新水平。也有部分研究探索企业和客户地理距离对创新的影响,但结论也相互冲突,如 Chu 等(2017)研究企业与客户之间的距离与企业创新之间的关系,发现地理距离越近,企业创新能力越强,提供了供应链企业之间知识溢出效应的证据。不过,程小可等(2020)发现大客户地理临近性会抑制企业的创新投入;刘静等(2021)通过分析客户地理距离与企业创新投入和创新的影响,发现客户地理距离与企业创新投入正相关,与企业创新产出负相关;张广玲等(2022)也发现地理距离与企业创新负相关的证据。

上述有关供应链环境的文献或仅考察客户集中程度与企业创新之间的关系,但结论并不一致,其原因可能在于上述研究并没有深入检验客户集中程度影响企业创新的作用机理,也没有进一步分析这种影响的经济后果,缺乏系统完整的证据链;或从地理距离角度展开探索,但研究结论也并不一致。

(3) 外部宏观环境与企业创新

在外部宏观环境方面,相关研究表明政府扶持、金融发展、知识产权保护、地区文化和社会资本等是影响企业创新的重要外部环境。

① 政府扶持。政府是企业创新的重要推动力量。为了推动企业积极开展创新活动,政府往往会通过产业政策、研发补助、税收优惠和统一采购等形式支持企业创新。

在产业政策制定方面,政府通过对某些特定行业制定优惠政策激励企业创新。目前的相关研究集中在信贷、税收、行业准入机制等产业政策对企业创新的直接促进作用,以及产业政策对上下游企业间或其他企业创新的间接溢出效应两方面。Aghion等(2015)、孟庆玺等(2016)、Zhong等(2022)的研究均发现产业政策对企业创新的直接促进作用。黎文靖等(2016)以财税扶持这一调控手段为切入点,研究发现中国产业政策能够促进企业非发明专利的增加,但没有很好地激励企业开展实质性创新。余明桂等(2016)研究发现产业政策可通过信贷、税收、政府补贴和市场竞争四种机制促进企业技术创新。杨蓉等(2018)发现产业政策不仅能够直接激励创新投资,还能缓解企业创新投资中的融资约束问题,有利于促进企业创新。Yan等(2022)认为政府产业政策能够通过缓解融资限制和加强竞争来增强企业专利申请数。

部分学者发现产业政策的溢出效应会对企业创新产生间接影响。Chen等(2023)研究中国高新技术企业识别政策对探索式创新的影响,中国高新技术企业识别政策具有空间溢出效应,能够聚集知识、资源和思维,从而促进周边非高新技术企业的创新绩效。白茜等(2023)从供应链溢出效应出发,发现中国产业政策能够通过知识溢出和财务溢出路径促进供应链下游企业的创新,其中,知识溢出对下游企业创新产出的影响更加明显,财务溢出对下游企业创新投入的影响更加明显。

在政府研发补助和税收优惠方面,政府补助和税收优惠一方面可以弥补企业研发创新正外部性的利益损失,另一方面可以为企业研发创新提供资金支持,从而激励企业进行创新。Tassey(2004)指出含有技术和知识的研发创新具有公共产品的溢出特性,很容易被其竞争对手所模仿,从而挫伤企业事前研发的积极性,此时政府给予研发企业一定的研发补贴或者税收优惠就成为纠正这种外部性的有力措施。解维敏等(2009)、毕晓方等(2017)、郭玥(2018)、夏清华等(2020)、Chen等(2022)均发现政府补助对企业创新有显著激励作用。邵颖红等(2023)以"卡脖子"技术企业为研究对象,发现政府补助与"卡脖子"技术企业创新产出之间具有倒U形关系。Bloom等(2002)、肖鹏等(2011)、李维安等(2016)、刘诗源等(2020)、鲁钊阳等(2023)发现税收优惠有助于提升企业的创新绩效。

在政府采购方面,相关研究结论并不一致。胡凯等(2013)利用2001—2010年省级面板数据,没有发现政府采购促进技术创新的证据,反而有部分证据表明政府采购阻碍了技术创新,而市场竞争有助于政府采购发挥创新激励作用。

武威等(2020)利用全国企业获取政府采购订单情况和企业专利申请情况,研究发现政府采购促进了企业创新,但本地政府采购由于"本地保护效应"抑制了企业创新,另外政府采购支持企业自主创新存在"重应用、轻发明"的现象,企业创新质量有待提升。

政府扶持对企业创新整体上呈现促进作用,不同的政府扶持方式对企业创新的影响效果引起了学者们的注意。Pang等(2020)研究发现研发补助、税收优惠和政府采购均对企业创新有激励作用,但三者在创新过程中发挥的作用不同,其中,研发补助在创新投入和技术开发阶段效应最强,政府采购在成果转化阶段效应最强,税收优惠在创新过程中起均衡作用,三者相互对应、相互补充。

张建顺等(2022)发现竞争性的财政补贴分配方式通过"挑选效应"和"认证效应"两种机制更好地激励企业创新。赵凯等(2023)研究发现由直接补贴、税收优惠和政府采购构成的多工具组合补贴能更有效地激励企业增加创新投入,提高创新质量。李丹丹等(2023)从国家审计监督的视角出发研究研发资助对企业创新的影响,发现研发资助对企业创新具有明显的激励效应,认为国家审计监督能够显著促进研发资助对企业创新的激励作用。

② 金融发展。金融发展能够为企业创新提供更多的资金支持,缓解融资约束,促进企业开展研发活动。现有研究发现,相对于债务资金,权益资金市场的发展更有助于为企业创新提供资金支持,而债务类资金由于还本付息的限制,往往会抑制企业创新活动。Hsu等(2014)基于32个国家的样本数据研究发现,股票市场越发达,那些依赖外部融资的行业和高科技行业的创新水平越高,而信贷市场却起到相反的作用。不过,Cornaggia等(2015)以美国放松银行分支机构管制的事件为研究对象,发现银行业竞争有利于增加中小企业的创新融资的证据。

在资金期限结构方面,相对于短期资金,长期资金由于与企业创新周期更为匹配,更能为企业创新活动提供资金支持。Xin等(2017)运用省级和行业级数据研究中国信贷市场是否会抑制创新,发现长期银行贷款市场份额较大的省份更依赖外部融资的行业,表现出更高的创新水平,而短期银行贷款市场份额较大的省份则表现出对创新的抑制作用。

此后,部分研究进一步深入到金融发展影响企业创新的异质性方面。潘敏等(2019)以制造业企业为研究对象,发现金融中介创新与制造业企业整体技术创新存在倒U形的关系,并且在激进型创新和通过吸收外部知识进行的技术创新中,这种关系更显著。Wellalage等(2019)研究发现以银行为基础的正式融资对中小企业的产品和流程创新有显著正向影响,并且在分析中小企业的成长阶段后发现,与成熟企业相比,正式融资对年轻企业的创新促进效应更强。Li等(2023)研究发现数字金融可通过促进研发投入和客户需求刺激企业技术创新。慕庆宇等(2019)、万佳彧等(2020)、千慧雄等(2022)均研究发现金融市场发展可通过缓解企业的融资约束促进企业创新。

在资本市场方面,相关研究考察资本市场相关要素对企业创新的影响。Ferreira等(2014)通过构建数理模型认为,由于私有企业信息透明度低,内部投资者对项目失败容忍度较高,有利于实施探索性的创新项目,而上市后由于股价对投资项目反应迅速,诱使内部投资者更偏好短期盈利而非长期带来竞争优势的项目。Bernstein(2015)利用纳斯达克上市公司数据研究发现,上市后企业创新质量往往会下降,不过由于可以吸引新的人力资本,提升了企业并购外部创新型企业的可能性。Demir等(2019)则在考察企业私有化(退市)对企业创新活动影响时发现,私有化(退市)后企业的创新投资规模显著增长,创新质量也有明显上升。

然而,基于中国企业上市后企业创新行为变化的经验证据则存在很大差异甚至相互矛盾。张劲帆等(2017)考察首次公开发行股票(IPO)前后企业专利申请量的变化,发现上市缓解了企业的融资约束,显著增加了创新产出。宫蕾等(2020)的研究表明上市后企业创新质量反而明显下降。龙小宁等(2021)则提供了我国企业策略性地在IPO前进行专利突击的证据,IPO后企业创新能力明显下降。

除了直接考察上市对企业创新决策的影响外,部分研究也从股票流动性和卖空机制等资本市场要素方面展开探索,不过相关结论仍然存在分歧。在股票流动性方面,闫红蕾等(2020)研究发现提高股票流动性能够提升企业融资能力,促进研发投资;林志帆等(2021)则揭示了企业以策略性创新应对资本市场压力的行为,发现提升股票流动性不但降低企业发明专利的授权数量,亦导致创新含量较低专利授权数量的增加。

在卖空机制方面,王春燕等(2018)研究发现融资融券可以有效约束管理者的机会主义行为,提升研发投资水平,长期来看具有显著的创新激励效应和价值提升效应(权小锋等,2017),还能够减弱国有企业高管的"偷懒"行为,解决国有企业创新效率低的问题,提高国有企业创新产出(王立威等,2017;孟清扬,2017)。然而,郝项超等(2018)却发现整体上融资融券制度阻碍了企业创新。林志帆等(2019)也发现,由于资本市场的压力,卖空威胁迫使企业策略性地从事低质量的创新活动,其结果是企业在实用新型和外观设计这两类"短平快"低质量专利的申请和授权方面显著增加,但授权发明专利的增长很少,说明我国融资融券制度恶化了专利的类型结构并使发明申请质量下降。谭小芬等(2020)也发现了类似的结果,资本市场压力带来的负面信息表达渠道和管理层短期业绩压力迫使企业出现"专利泡沫"问题,且企业专利得到授权后,更有可能放弃缴纳维持费用以终止专利权。

③ 知识产权保护。知识产权代表了企业一定时期内的智力成果,对企业知识产权的保护有利于保障企业创新成果不被他人盗取,保障企业合法权益。自Arrow(1962)提出知识产权制度有利于企业获得暂时的垄断收益从而激励企业进行创新以来,学术界持续关注知识产权保护对企业创新的影响。

Acs 等(2012)研究发现加强知识产权保护对经济增长具有倒 U 形影响,增加专利保护强度会提高企业研发的动力,对创新具有积极的促进作用;而当专利保护程度达到拐点时,进一步加强专利保护则会对创新产生抑制作用。政府加强知识产权保护执法力度,可以减少研发的溢出效应,降低研发企业的生存风险(鲍宗客,2017),从而提升企业的持续创新能力(尹志锋等,2013;吴超鹏等,2016)。王海成等(2016)以广东省的知识产权刑事、民事、行政案件"三审合一"的制度改革作为准自然实验,分析发现"三审合一"能够在相当长的一段时间内促进企业创新。田珺等(2020)利用 2009 年我国专利法修改实施准自然实验,通过构造双重差分模型,对法律修改与企业创新的因果关系进行实证检验,研究发现专利法修改能够显著促进企业的创新产出数量和质量。

除了出台相关法律加强产权保护力度外,我国还通过建立产权示范城市或知识产权法院来加大知识产权保护力度。张晶等(2023)研究发现建设国家产权示范城市有助于提高企业创新数量和质量。黎文靖等(2021)发现知识产权法院的设立能够提高专利的引用、应用与市场价值,强化知识产权司法保护,促进整体向高质量创新转移。郑玉等(2023)研究发现建立知识产权法院有助于提升知识产权司法处理水平和创新人才投入强度,从而有利于企业创新质量的提升。

④ 地区文化。中华文化博大精深、源远流长,在现阶段市场体系不完善、市场机制不健全和市场主体创新能力较弱的情况下,文化潜移默化地影响着市场交易和商业活动。作为一种非正式制度,文化对企业主要决策者、员工等的价值观产生重要影响,进而影响企业创新行为。

随着社会的不断发展,文化也随之不断丰富拓展。文化的多样性意味着不同个体间的思想碰撞机会更多,思想的包容性和开放性更强,知识外溢作用也更强,更有利于吸引具有多元化文化经历和更有创造力的人,从而有利于企业创新想法的产生并获得创新所需的资源和知识(潘越等,2017)。现有研究主要从历史发展的角度研究儒家文化、区域文化、关系文化等具有特定历史背景的文化对企业创新的影响。

儒家文化中蕴含着许多与企业创新相关的伦理思想。其"忠信"思想有助于缓解企业代理冲突,降低企业代理成本的同时规范竞争者行为,降低专利侵权风险,从而有效降低企业因创新成果被剽窃而减轻创新热情的可能性;其"礼智"思想有助于激励企业进行教育投资,提升人力资本投资水平,激发全体员工的创新热情,提高企业创新水平(徐细雄等,2019;张璇等,2022)。此外,才国伟等(2020)研究发现儒家文化能够通过影响企业内部金融资产配置和股权分布,从而影响企业创新投入,还可以通过影响企业外部社会结构进一步影响企业创新行为。

受自然环境、宗教信仰、语言和人口等因素的影响,中国不同地区形成了不同的区域文化,对企业创新的影响也不尽相同。Adhikari 等(2016)从地区赌博环境的角度考察其对企业创新的影响,发现公司注册地所在地区赌博环境盛行将会促使企业进行更多的研发投入,且产出的专利质量更高。张新民等(2017)发现当一个地区的文化以未来为导向且对风险和不确定性的接受程度较高时,该地区企业的创新意愿更强烈,创新效率和创新产出也越高。Wei 等(2019)从方言文化、南北文化、跨文化交流等方面研究地区文化差异对企业创新的影响,发现南方出生的 CEO 相比北方出生的 CEO 更具有创新能力。李俊等(2021)基于 GLOBE 文化模型,研究发现一个地区文化的未来导向和集体主义导向越强越有利于企业创新,而当一个地区的不确定性规避文化越强时,企业技术创新产出越低。总的来说,各区域的文化特性和文化差异会对企业创新产生独特的影响。

作为中国社会发展过程中一种特殊文化,关系文化表现为个人或组织对所形成的关系网络的认同、维护和拓展。然而,目前学术界对于关系文化对企业创新的影响暂未达成一致结论。刘锦等(2018)利用我国 120 个城市的工业企业数据探究地区关系文化这种非正式制度对企业创新的影响,发现地区关系文化与企业创新呈现倒 U 形关系,二者的这种关系在非国有企业等大规模企业中更为显著。周婷婷等(2020)认为关系文化更易于助长滥用职权、破坏市场规则、滋生腐败行为的发生,对企业创新产生不利影响。阳镇等(2021)、

Del Monte 等(2020)的研究则发现地区关系文化能够促进企业创新。

⑤ 社会资本。社会资本是指个体与个体、个体与团体、团体与团体之间在合作交流过程中可获得的资源。社会资本有利于企业获取外界稀缺性或异质性资源,为企业创新提供支持。

林洲钰等(2012)考察了社会资本对企业创新的影响,发现在社会资本较高的省份,企业表现出更高的创新水平。严子淳等(2015)从董事与其他公司的高管、其他社会团体之间的横向关系和董事与政府的纵向关系两个角度分析董事会社会资本对企业研发投入的影响,发现董事会社会资本能够促进企业研发投入,且当董事会领导权两职合一时这种促进作用更明显。王淑敏等(2017)通过分析企业积累社会资本影响企业创新能力发展的情境条件,发现企业进取者战略导向强或嵌入性知识存量多时,积累社会资本有助于提升企业创新能力,而当企业防御者战略导向较强时,则会阻碍企业创新能力的提升。此外,杨晓娜等(2018)、顾海峰等(2020)、冯兵等(2022)均发现企业社会资本能够提升企业创新能力。总之,社会资本有助于企业有效获取外界资源,加深与外界企业的合作交流,增强企业从事创新活动的意愿和信心。

关注到社会资本对企业创新的作用后,国内外学者从社会资本的不同维度研究其对企业创新的影响。目前,学者们普遍从认知维度、结构维度、关系维度研究社会资本对企业创新的影响。赵息等(2016)研究发现社会资本的结构维度能够正向调节隐性知识与突破式创新的关系,而认知维度能够正向调节复杂性知识对企业突破式创新的影响关系。Liao(2018)发现结构资本和关系资本对环境创新有正向影响,而认知资本的影响不显著,原因在于认知资本是指网络中企业共享的规范、态度和信念,这容易导致企业环境创新过程中受到其他企业的质疑而影响创新。Zhang 等(2019)则通过研究社会资本的四个维度对创新速度和创新绩效的影响,发现认知社会资本能够提高企业创新速度和企业创新绩效;结构性社会资本对创新速度没有显著影响,但对企业绩效有正向影响;关系型社会资本会降低企业创新速度,而对企业创新绩效仍有正向影响;政企关系作为社会资本的新维度,也可以促进企业创新速度的提升。

此外,企业通过各类关系网络获取所需的社会资本,学者们因此研究了不同的关系网络对企业创新的影响。郭金忠等(2023)以校友网络为研究切入点,发现企业越处于校友网络中心位置,企业高管所在母校的科研成果转化能力越能提升企业创新投入和产出水平。Li 等(2022)从发明家合作网络和技术知识库多样性的角度研究影响人工智能企业双元创新的路径,发现发明家合作网络中心度和结构洞均与企业的双元创新存在倒 U 形关系,技术知识库在其中起到调节作用。李健等(2023)研究发现创投网络可帮助被投企业获取二阶社会资本,其网络闭合与企业创新绩效呈现倒 U 形关系,网络集聚负向影响企业创新绩效。杨金玉等(2023)研究科技人员流动网络对企业创新的影响,发现科技人员流入网络能够正向影响企业创新,科技人员流出网络则会在一定程度上抑制企业创新。

2.1.3 企业创新经济后果的相关文献

现有文献在研究企业创新影响因素的同时,也探索了企业创新的相关经济后果。目前关于企业创新经济后果的研究,主要集中在企业绩效、企业价值和企业高质量发展这几个方面。下面分别对相关研究进行梳理。

(1)企业绩效

关于企业创新与企业绩效的研究,早期学者侧重考察企业创新投入、创新产出对企业绩效的影响,近几年来,随着创新形式、内容的不断丰富,学者们开始关注创新的不同类型对企业绩效的影响。虽然学术界对企业创新与企业绩效之间的关系进行了大量研究,但其研究结论并不一致。纵观国内外学者相关研究,主要有三种观点:一是企业创新与企业绩效之间存在负相关关系或二者无显著相关关系;二是企业创新与企业绩效之间存在非线性关系;三是企业创新有利于企业绩效的提升,但这种促进作用具有滞后效应。

在抑制作用方面,企业创新由于周期长、风险大,占用企业资源较多,一旦失败将给企业带来重大损失,企业容易面临经营资金短缺等问题,影响企业绩效的提升。早期学者们的研究更多地表明企业创新对企业绩效的负面效应(Freel et al.,2004;Vermeulen et al.,2005);也有部分学者研究发现企业创新与企业绩效之间并无显著相关性(Koellinger,2008;李文鹣等,2006;胡珊珊等,2008)。

在非线性关系方面,近几年来学者们从创新的不同层面研究其对企业绩效的影响。潘清泉等(2017)研究发现企业创新投入与企业绩效呈现倒 U 形关系,企业绩效会随着创新投入的增加呈现边际递减规律。岑杰等(2019)则探究了双元创新对企业绩效的影响,发现探索式创新与企业绩效存在 U 形关系,而利用式创新与企业绩效存在倒 U 形关系。许治等(2020)考虑企业创新行为的持续性后,研究发现企业技术创新行为与企业绩效存在倒 U 形关系。

在促进作用方面,学者们认为企业对产品改进的不断追求直接带来生产和管理成本的下降,有利于在保持现有客户的同时吸引新客户,提高企业竞争力,不断扩大市场份额;同时企业对创新的重视程度也会增强企业员工的创新积极性,有利于企业形成创新文化、增加创新投入,从而提升企业绩效。学者们采用了不同指标衡量企业创新,徐斌(2019)使用研发投入衡量企业创新,研究发现企业创新能显著促进企业总资产收益率的增长。李柏洲等(2010)、周煊等(2012)分别以专利数量和质量衡量企业创新,也发现了企业创新与企业绩效之间的显著正相关关系。

此外,由于从创新投入到创新成果实现商业化需要较长时间,当企业开始实施创新活动时,需要持续投入大量资源,难以在短期内获得收益;另外,创新成果也难以在短时间内实现产业化,对企业绩效的促进作用需要较长时间才能显现。基于以上考虑,学者们研究了企业创新对企业绩效的滞后作用。Ernst(2001)基于德国50家机械制造业公司的专利申请数量与销售水平的数据,发现专利数量的增加能够提高销售收入,但存在2~3年的滞后。苑泽明等(2010)利用高新技术上市企业2005—2007年的专利数据,研究发现发明专利数量与滞后两期的盈利能力和发展能力具有显著相关关系。单春霞等(2017)研究发现企业创新对企业绩效的正向影响存在滞后效应,且滞后二期的影响大于滞后一期的影响。杨冬梅等(2021)则发现企业科技研发投入对企业绩效的最佳滞后期为两年。

现有关于企业创新与企业绩效的研究普遍认为二者存在正相关关系,且存在滞后效应。

(2) 企业价值

Griliches(1981)首次提出创新投入能够显著提升企业价值后,胡宗良(2007)提出企业创新本质上就是价值创造,企业创新与企业价值二者之间的关系引起了学者们的注意。国内外学者对此进行了深入的探索与研究,研究范围涉及企业创新投入、创新产出、专利数量和专利质量等,然而关于企业创新与企业价值的研究结论也不一致。

目前学术界普遍认为企业创新对企业价值的提升具有促进作用。徐欣等(2010)从三种不同类型的专利出发研究研发活动对企业价值的影响,发现R&D投资能够提高企业价值和经营业绩,并且企业拥有专利数量越多,越能提升企业价值,其中创新程度较高的发明专利能够显著提升企业价值;Ehie等(2010)、谢文刚(2017)、苏玉珠等(2019)等均发现企业创新投入与企业价值之间存在正相关关系。但也有学者研究发现,创新投入与企业价值之间存在负相关关系或二者之间并无关系（Shi，2003；Oswald，2008）。此外，韩先锋等（2017）将企业技术创新投入分为资本投入和人力投入两类，研究发现其对企业价值的影响分别呈 N 形和倒 N 形，呈现非线性关系，二者存在一定的门槛效应。总之，企业创新与企业价值之间由于创新的衡量指标不同，对企业价值的影响也不尽相同。具体来说，企业创新可通过以下几方面影响企业价值。

首先，创新可以改进企业的内部流程和运营方式，提高生产效率和资源利用效率，获得额外收益。一方面，通过对产品工艺等的创新改造，企业可以提高生产效率，使产品性能更佳的同时成本更低，从而增加企业利润（赵昌文等，2023）；另一方面，企业创新产出的发明专利有利于企业获得短期垄断利润，（Phillips et al.，2006；李江雁等，2016）；企业还可以通过专利转让或者专利许可的方式获得专利使用费来增加公司收入（李诗等，2012；李江雁等，2016）。

其次，企业创新可以提升企业竞争力、获得竞争优势和扩大企业市场份额。王同律（2004）认为企业创新本质上是用企业现有价值的减少来获得未来企业资本或价值的增长。通过不断推出新产品或服务，企业可以满足消费者不断变化的需求，提供独特的价值主张，扩大市场份额并与竞争对手区分开来，从而带来企业产品销售量的增长。并且，企业开展技术创新活动有利于企业率先掌握新技术，产生技术垄断，保持领先地位，促使企业竞争优势的产生（张红等，2011）。

最后，根据信号传递理论，企业开展创新活动会向市场传递企业未来发展前景良好、具有高投资价值的信号（Fabrizi et al.，2011；陈修德等，2011）。李江雁等（2016）以移动互联网上市公司为研究对象，将其企业创新能力分为科技研发能力、创新资源管理能力和创新组织结构能力，认为集中企业资源用于深入开发某一创新能力时，在提升企业竞争力的同时还会向市场传递积极信号，有利于提高市场对企业的价值评估。

（3）企业高质量发展

企业实施创新活动，除影响企业绩效、企业价值外，更重要的是影响企业发展质量。当前，中国经济已经进入高质量发展阶段。作为最重要的市场供给主体，企业无疑也应进入高质量发展阶段。但是，企业创新是否以及如何影响企业高质量发展的答案尚不统一。有学者认为创新通过增强企业实际能力、优化要素配置等促使企业实现高质量发展；但也有研究指出，由于创新早期占用大量资源且创新成果转化慢，创新对企业实现高质量发展存在"拐点效应"。

目前，多数文献使用全要素生产率作为衡量企业高质量发展的核心指标。

现有研究关于企业全要素生产率的计算方法主要有 LP 法（陈奉先等，2023；吴浩强等，2023）、OP 法（叶静怡等，2016；张少峰等，2023）、ACF 法（岳宇君等，2022；张鑫宇等，2022）等。学者们认为企业创新可通过以下几方面影响企业高质量发展。

一方面，企业创新增强了自主研发能力，提高了新专利、新产品的研发技术水平，从而提高了企业的发展质量。张鑫宇等（2022）发现创新可通过提高企业技术水平促进全要素生产率增长，从而推动制造业企业高质量发展。叶静怡等（2016）研究发现企业创新能通过促进专利产品的成功研发从而实现企业高质量发展。岳宇君等（2022）通过研究企业创新与创业板公司高质量发展之间的关系，发现创新加快了新产品和服务开发，提升了创业板企业的竞争优势，进而促进了企业高质量发展。

另一方面，企业创新优化要素配置，提高了生产要素的流动与重组的灵活性，增强了应对外部环境不确定性的能力，从而有利于实现企业高质量发展。张少峰等（2023）研究发现在面对环境冲击时，企业创新能及时整合、配置生产要素并提高组织韧性，促使生产、服务多样化，提升产品市场占有率与市场竞争力，从而促进企业的高质量发展。

另外，也有研究表明，由于创新早期占用大量资源且创新成果显现慢，企业创新对高质量发展存在"拐点效应"。孙晓华等（2014）发现企业创新投入与全要素生产率呈 U 形关系，当创新投入超过门槛值时，对企业全要素生产率有促进作用；当创新投入低于门槛值时，对企业全要素生产率有阻碍作用，说明企业创新需要投入大量资源。盛明泉等（2020）研究发现企业创新对全要素生产率的影响存在 U 形"拐点效应"，即创新在研发早期挤占了主营业务的资源，对企业全要素生产率产生制约效应，但随着成果显现与转化，会对企业全要素生产率产生正面影响。

2.2 客户关系与企业行为决策关系的相关研究

围绕客户关系如何影响企业的行为决策，对现有文献进行了大量研究。企业与客户之间的关系属于关系投资的范畴，企业与其主要客户的交易形成客户集中，现有文献主要从客户集中角度研究客户关系。

在理论上，企业将主要商品或服务提供给少量的主要客户，尤其是当企业生产产品较为独特时，为了节约双方的交易成本，要求企业与客户进行关系专用性投资,产生供应链的"可占用性准租",从而提高供应链的整体竞争力。然而,由于关系专用性资产的专用性比较强,一旦客户转向其他企业采购,重新配置、调整此类资产将会面临高昂的转换成本(Titman,1984;Maksimovic et al.,1991),此时主要客户利用自身的议价能力对供应链的"可占用性准租"进行掠夺,致使企业事前关系专用性投资激励不足。基于此,本节主要从客户关系专用性投资、供应链整合视角的客户关系经济后果、客户议价风险视角的客户关系经济后果和客户关系治理等四个方面进行梳理和总结相关文献。

2.2.1 文献计量可视化分析

(1) 客户关系相关文献发表趋势分析

首先,在中国知网期刊数据库中检索中文文献,选取最近10年(2013—2022年)以"客户关系"或"客户集中度"为主题的CSSCI论文;同样,将"Customer Relationships"或"Customer Concentration"作为主题词,在Web of Science核心合集数据库中进行检索,并将文献方向限定为"Management""Business""Economics"。按发表年份进行统计整理,结果如图2-5和图2-6所示。

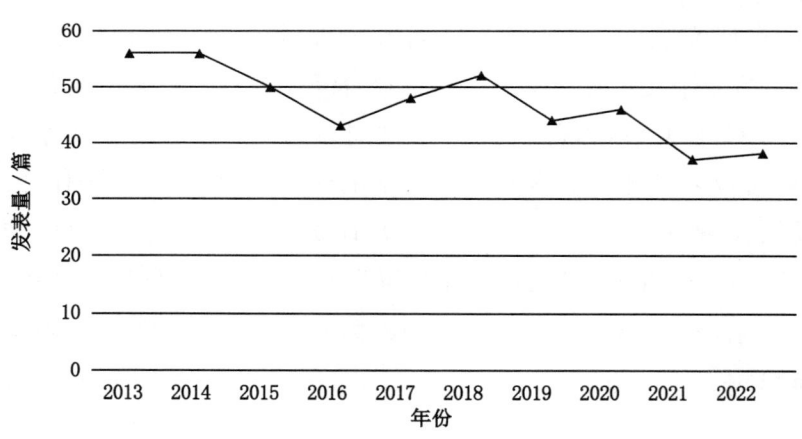

图2-5 "客户关系/客户集中度"主题文献发表趋势图(CNKI)

可以看出,国内学者对客户关系或客户集中度的研究在近10年来关注度比较高,国外学者对其在近10年来的关注度呈现上升趋势,说明国内外学者对客户关系或客户集中度的研究一直比较重视。但是,相对于国外,国内对于客户关系或客户集中度的研究较多,这可能与国内关系型交易较多有关。

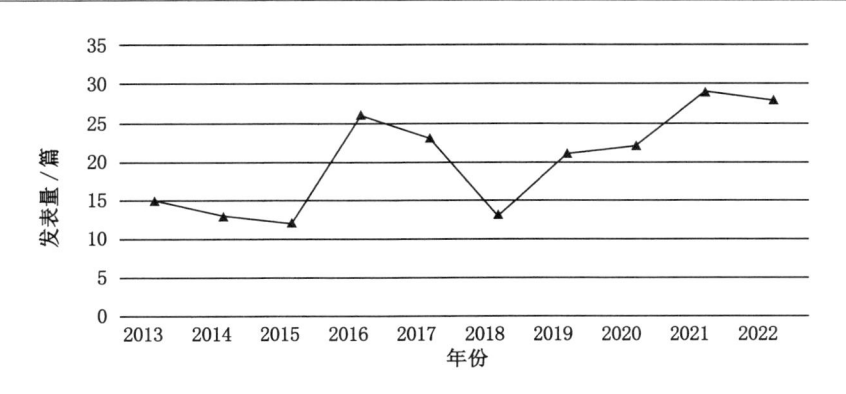

图 2-6 "Customer Relationships/ Customer Concentration"
主题文献发表趋势图(Web of Science)

(2) 客户关系文献关键词共现分析

为了更清晰地展示出客户关系研究的高频方向与其他领域研究的交叉内容,我们运用 VOSviewer 计量可视化工具,在中国知网 CSSCI 数据库中以"客户关系"或"客户集中度"为主题在近 10 年间所有的中文文献作为分析对象,进行关键词共现分析,结果如图 2-7 所示。

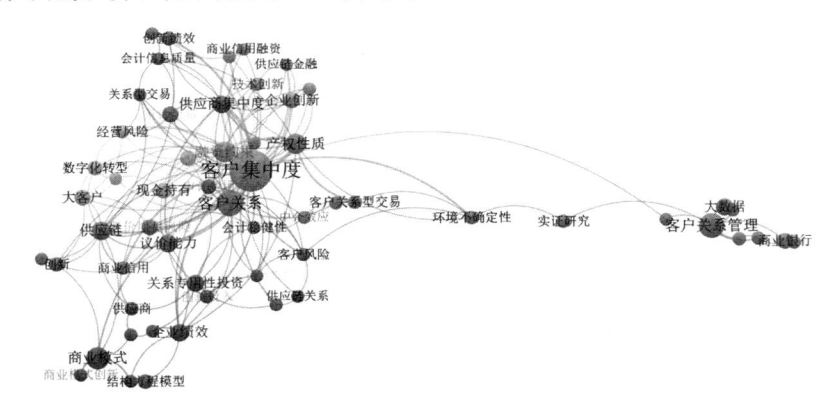

图 2-7 "客户关系"或"客户集中度"文献关键词共现分析(CNKI)

从研究主题来看,近 10 年关于客户关系的研究主要与客户集中度有关,另有部分研究涉及客户关系与客户关系管理。围绕客户集中度的研究较广泛,大部分研究涉及企业行为决策及经济后果等方面,也有部分研究涉及企业外部利益相关者的行为决策与经济后果等,但缺乏对客户关系治理的研究;研究方法多涉及实证研究和中介效应。由此可见,国内学者对客户关系的研究正在逐渐多元化和深入。

此外,我们也对部分外文文献进行了关键词共现分析,分析对象为 Web of

Science 核心合集数据库中以"Customer Relationships"或"Customer Concentration"为主题的所有的外文文献,可视化结果如图2-8所示。可以看出,国外相关研究主题主要集中在绩效、客户关系管理、客户满意度和社交媒体等层面,也有部分研究关注资本结构、高管薪酬和企业创新等客户关系的经济后果方面,不过对客户集中度的研究相对较少,与国内研究存在一定差异,这可能是与国外客户集中程度较低有关。

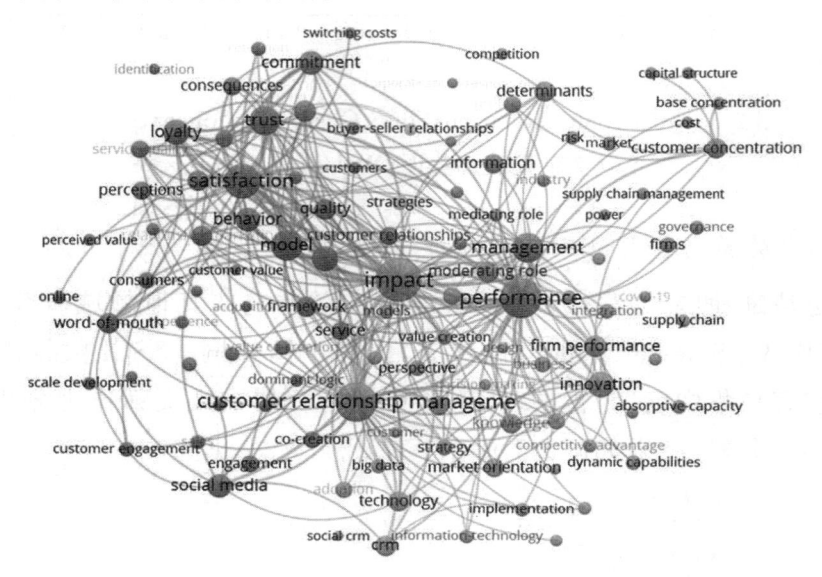

图2-8 "Customer Relationships"或"Customer Concentration"
文献关键词共现分析(Web of Science)

2.2.2 客户关系专用性投资研究

企业与主要客户之间的关系专用性投资能够产生"可占用性准租",这种"可占用性准租"可以提高供应链的整体竞争力,因此企业有动机诱使客户投资更多的关系专用性资产。基于此,企业通过调整自身的负债水平、平滑盈余、调整会计政策等方式,希望向主要客户传递企业经营状况良好的信号,促使客户进行更多的关系专用性投资。

(1)负债政策选择

在负债政策选择方面,企业通过选择一个较低的负债水平向客户做出承诺,企业在近期内不会陷入财务困境,企业经营状况良好。Titman(1984)在其开创性的研究中指出,耐用品企业的客户希望企业能够在未来提供产品及其他服务,而可能陷入财务困境的企业并不能提供这些产品和服务,Maksimovic 等

(1991)进一步指出,可能陷入财务困境的企业没有能力向客户提供高质量的产品和服务,客户的专用性资产投资在企业陷入财务困境时的价值将会大打折扣,因此高负债水平降低了客户进行关系专用性投资的积极性。相关实证研究也证实了这一假说,Kale 等(2007)基于美国资本市场数据研究发现,随着客户行业 R&D 水平的增加,企业负债水平下降,当企业与客户形成战略联盟或进行联合投资时,企业也更倾向于保持低负债水平。Banerjee 等(2008)也发现了类似的证据。国内方面,徐虹等(2014)发现客户关系投资(用客户集中测度)降低企业负债水平的证据。张亮亮、黄国良等(2019)也研究发现客户集中程度高的企业更可能采取保守的债务政策,且这种影响在耐用品生产企业中更显著。

(2)盈余管理

在盈余管理方面,企业不希望向客户传递出企业经营业绩不稳定的信号,因此企业有动机进行盈余平滑。Raman 等(2008)基于美国资本市场数据发现客户关系专用性投资越多,企业盈余管理程度越高;Dou 等(2013)基于供应链的角度考察了契约执行质量对企业盈余平滑的影响,发现注册地在契约执行性比较差的地区和需要进行关系专用性投资行业的企业更倾向于进行盈余平滑,以向供应链相关方传递企业履约能力信号,并且作者将盈余平滑细分为信息部分和操纵部分,发现上述效应主要是由信息部分引起的,从而证实了盈余平滑在不完全契约中的作用。Huang 等(2016)也验证了客户集中的企业利用税收规避进行向上盈余管理以影响客户对企业前景的预期。

国内方面,林钟高等(2014)发现客户集中的企业进行了更多的盈余管理,降低了企业盈余的信息含量,企业盈余反应系数也更低;方红星等(2016)研究发现,客户关系型交易越多(表现为客户集中),企业应计盈余管理和真实盈余管理程度越高,并且客户关系型交易决定的预期盈余管理使审计师发表非标准审计意见的概率上升,审计收费也越高;张敏等(2012)发现客户集中度越高,企业聘用大所审计的概率越低;薛爽等(2018)进一步发现客户集中度越高,企业越有可能进行审计意见购买,且企业为实现审计意见购买更可能将会计师事务所从总所调整为分所,以上证据表明越是客户集中的企业盈余质量可能越差。除应计盈余管理和真实盈余管理程度外,张勇(2017)研究发现供应链关系型交易频繁的企业也倾向于采取分类转移方式操纵核心盈余。程敏英等(2019)发现客户集中度越高,企业的盈余持续性越低。关于客户集中的企业进行盈余管理的方式,顾晓安等(2021)发现供应链集中度较高的企业会虚增盈余和平滑盈余,从而对盈余透明度产生显著的负面影响,且客户集中程度较高的企业更愿意采用虚增盈余方式进行盈余管理。

（3）会计稳健性

在会计稳健性方面，由于存在信息不对称等问题，客户往往要求供应商提供稳健的会计信息。Hui等（2012）基于美国资本市场的数据发现，企业的供应商或客户具有较高的议价能力时，企业会更及时地确认损失。王雄元、刘芳（2014）以我国制造业上市公司为研究对象，发现客户议价能力越强，客户越有能力要求供应商提高会计稳健性程度，并且专用性投资及产品独特性强化了客户议价能力对供应商会计稳健性的影响，而较高的行业集中度弱化了客户议价能力对供应商会计稳健性的影响。况学文等（2021）研究发现客户议价能力越强，企业越会更及时地反映损失，提供更为稳健的会计信息，以满足客户对会计信息的稳健性需求，且当企业更详细地披露客户信息时，这种影响更为显著。

2.2.3 供应链整合视角的客户关系经济后果研究

Williamson（1979）提出的交易成本经济理论认为，影响企业间交易范围的关键因素是交易成本的大小。企业与客户之间的关系越紧密，越有可能通过关系专用性投资进行双方业务合作与整合，实现"可占用的专用性准租"，从而有利于提高交易双方的收益，表现出供应链上的整合效应。

现有文献一方面通过检验客户集中程度或客户地理距离对企业运营效率、成本管理等方面的影响，提供供应链整合的直接经验证据，另一方面通过检验外部投资者和审计师对客户集中程度或客户地理距离的市场反应，提供供应链整合的间接经验证据。

（1）经营效率

在供应链整合的直接经验证据方面，现有研究发现客户集中有助于提高企业在存货、成本、广告等方面的经营效率。在存货管理方面，Ak等（2016）基于美国资本市场数据研究了客户集中度对企业存货管理效率的影响，发现客户集中有助于提高企业存货管理效率，表现为客户集中度越高，企业的超额存货储备越少，对存货计提跌价准备的可能性也越低。王征等（2019）基于2011—2017年沪深A股制造业上市企业数据研究发现，客户集中度越高，企业生产计划的不确定性和交易成本降低程度越大，企业存货管理效率越高。在成本管理方面，王雄元等（2017a）基于2007—2013年沪深制造业上市公司数据分析发现，客户集中度越高，企业成本黏性越低，并且这种供应链整合效应在企业需求不确定性较高或竞争激烈的样本中更加显著。刘端等（2018）基于2001—2013年的制造业上市企业的数据分析客户关系集中影响有形资源利用效率问题,发现客户关系集中度越高,企业的存货资源效率、营销资源效率以及应收账款资源效率越高。在广告支出方面,Patatoukas(2012)提供了客户集中能够有效降低企业广告支出等方面的证据,证实了客户集中能够促使企业节约运营成本。上述研究提供了客户集中作用于企业经营效率的直接证据。

部分研究考察了客户地理距离对企业违规和会计稳健性的影响。宛晴等(2019)发现大客户与企业地理距离邻近降低了大客户的监督成本,提升了大客户对企业的治理效率,从而抑制了企业的违规行为。程小可等(2019)结合地理经济学理论,研究发现大客户地理邻近会促使企业提供更稳健的会计信息;当企业所处的行业市场竞争水平较低或大客户为国有企业时,此类促进作用更显著。

(2)股权投资者的反应

现有研究通过检验股权投资者对客户集中的市场反应考察客户集中的整合效果,发现客户集中有助于企业在股票发行与流通市场上获得良好的经济效应。

在股票发行市场,陈峻等(2015)利用我国2007—2014年A股制造业上市公司数据发现,在环境不确定性较低时,客户集中度越高则企业的权益资本成本越低,这表明股权投资者认可客户集中的供应链整合效应。Johnson等(2010)、林钟高等(2016)分别基于美国和中国的资本市场发现了客户集中的企业IPO首日获得超额收益较高;Saboo等(2017)研究发现客户集中度降低了投资者的不确定性,并对IPO结果产生了积极影响;石芯瑜等(2021)发现客户集中度作为非财务信息具有资源效应,客户集中度越高,IPO定价越高,这一影响在创业板上市的IPO企业中更显著;滕飞等(2020)发现客户的规模效应和监督效应能够促使企业定向增发经营绩效,客户集中度越高则定向增发后企业营业收入增长率越高;Do等(2023)研究发现客户集中度越高,企业的股票市场流动性越高,企业更容易在股票市场筹集资金。上述研究结果表明,客户集中的企业在股票发行市场上具有良好经济后果,表明外部投资者认可企业与客户之间的供应链整合效果。

在股票流通市场,褚剑等(2016)基于国内企业样本发现客户集中度越高的企业股价崩盘风险越低,而彭旋等(2016)基于2008—2014年的A股上市企业的数据也发现随着客户明细信息和具体名称披露程度的提高,企业股价崩盘风险显著下降,Chen等(2021)则基于1978—2015年美国上市公司的数据研究发现,拥有主要政府客户的企业具有更好的信息质量,企业未来股价崩盘的风险更低。窦超等(2020)基于2007—2015年沪深上市公司的客户数据,发现拥有政府背景的大客户能有效提升资本市场对企业的估值水平,增强投资者对企业的关注程度,并显著提高了分析师对公司股票的评级。黄珺等(2022)发现大客户地理距离邻近性降低了监督成本,缓解了企业间的信息不对称,企业股价崩盘风险降低,这种影响在市场竞争水平程度高的行业、专有资产持有水平高的企业更为显著。上述研究表明,投资者对于客户集中的企业或客户地理距离邻近的企业反应较为积极,表明客户集中或地理邻近促进了供应链整合。

(3) 债权投资者的反应

银行认为客户集中能为企业提供收入与实力担保。因此,银行对于客户集中的企业往往有积极的反应,一般表现为银行给企业提供的贷款具有更大的借款规模、更长的借款期限与更低的借款成本等特征。

王迪等(2016)认为客户具备对企业的独有信息优势,双方供应链整合难度降低,当银行感知到此信息并据此调整其信贷决策时,就产生了信息的外溢效应,并利用国内上市公司数据,实证研究发现客户集中度越高,企业的短期借款和长期借款规模越大,反映出银行对企业客户集中的积极反应。李欢等(2018)认为客户良好的声誉能为企业提供收入与实力保障,客户集中度越高的企业能获得规模越大、期限也越长的银行借款,且前五大客户中上市企业与国有企业的占比越高,上述促进作用也越明显,也反映出银行对高客户集中度的认同。张成偕等(2020)发现客户的担保效应能帮助企业获得更多的银行信贷融资,客户关系(以客户集中衡量)越紧密,企业越能获得银行信贷融资,且当企业具有较强的议价能力时,这一影响关系更显著。Ma和Gao(2023)基于2008—2016年沪深A股上市的数据研究发现,可持续供应链伙伴关系使企业获得更大的银行信贷规模、更长的银行信贷期限和更低的银行信贷成本,当客户具有较强的认证作用、更低的不确定性和更近的地理距离时,影响关系更显著。

(4) 审计师的反应

在审计师反应方面,现有研究表明,企业与客户实现供应链整合后,审计风险与审计工作量将会降低,从而促使审计师降低审计收费。

王雄元等(2014)研究发现拥有大客户的企业收益高、稳定性强、审计风险小,且企业与主要客户实现供应链整合后,企业的现金、存货、应收账款持有量下降,从而导致审计工作量降低,审计风险与审计工作量的下降促使审计师降低收费。刘圻等(2018)研究发现客户关系投资程度越高(以客户集中度衡量),

越能促使企业与客户之间形成联合依赖或企业"单边"垄断关系,充分发挥供应链协同效应,降低企业风险和审计风险,从而降低审计定价。窦超等(2020)进一步研究发现当企业的大客户有政府背景时,其审计费用越低,而且持续性较强、政治层级较高的政府背景大客户能够帮助企业获得较低的审计收费。唐斯圆等(2019)从客户地理邻近性的角度,研究发现企业与前五大客户间地理距离越近,越能充分发挥供应链信息整合优势,降低审计风险与审计成本,进而降低企业审计费用。

2.2.4 客户议价风险视角的客户关系经济后果研究

根据客户议价能力(Bargain Power)理论,当客户集中度较高时,企业投资的关系专用性资产将会增加企业对客户的依赖,加上关系专用性投资具有较高的转换成本,如果客户不再与企业保持交易关系或者中断交易关系,企业投资的关系专用性资产将会蒙受重大损失,此时客户将会获得较高的议价能力。由于契约的不完备性,客户可能利用其自身的议价能力对专用性投资产生的"可占用的专用性准租"进行掠夺,客户的机会主义行为就变成现实,即客户的敲竹杠行为。现有研究也分别从客户议价对商业信用等方面的直接影响,企业、投资者和审计师对客户集中风险的反应等间接方面提供了相关证据。

(1) 商业信用

较高的客户议价能力将会挤压企业的商业信用,引起企业未来现金流的波动,增加企业的融资约束。

当客户具有较强的议价能力时,处于优势地位的客户会要求企业提供更多的商业信用。企业的产品越独特、财务杠杆水平越高、所处的行业竞争程度越高时,客户越会以中断合作为要挟,要求企业提供更多商业信用。国外学者Klapper等(2010)研究发现大客户往往获得更长的商业信用期限,Murfin等(2015)也提供了大客户议价能力在商业信用融资方面的证据。国内学者肖作平等(2017)发现客户议价能力越强,企业授予客户的商业信用越多,且产品越独特时,企业提供给客户的商业信用越多。Peng等(2019)也发现客户集中度越高,企业授予客户的商业信用越多。当企业的财务杠杆水平较高时,客户集中度对商业信用的影响更显著。江伟等(2021)发现客户集中度越高,企业提供给大客户的应收账款金额越多,信用期限越长。当企业所处的行业竞争程度较高时,企业提供给客户的商业信用越多。

供应商集中度高的企业从供应商处获得的商业信用较少,信用期限短。若议价能力强的客户推迟还款导致企业不能按时偿还供应商的欠款,将致使企业资金链中断,加剧融资约束。国内学者马黎珺等(2016)研究了"供应商—客户"关系对企业商业信用的影响,发现供应商集中度越高,企业商业信用融资规模越小、期限越短。李艳平(2017)研究发现供应商关系型交易比例高会降低企业对商业信用的需求,而客户关系型交易比例高会增加企业商业信用的供给,总体上供应链关系型交易比例高给企业带来挤压效应,降低了净商业信用融资规模。王雄元等(2017b)发现客户集中度越高,企业未来收入的风险和现金流的风险也越大,徐虹等(2016)则直接提供了客户集中加剧企业融资约束的证据。Ni等(2023)认为议价能力强的大客户会对企业施加压力,加剧企业的融资约束,小型非国有企业面临的融资约束更严重。

(2) 企业行为决策

企业过度依赖主要客户会加大经营风险、财务风险与现金流风险等。当主要客户突然出现破产、陷入财务困境或更换供应商的情况时,企业的收入会大幅下降,导致企业的经营风险增大。随着商业信用的使用愈发频繁,若主要客户无法及时偿还货款,将导致企业现金流紧张,加剧企业的财务风险与现金流风险。面对客户集中可能引起的风险,企业可能据此调整营运资金管理、税收规避、债务水平、股利政策等方面的行为决策。

① 营运资金管理。在营运资金管理方面,客户具有较强的议价能力给企业带来的经营风险与财务风险,导致企业增加营运资金持有量并采取更稳健的营运资金融资结构。周华等(2018)认为议价能力强的客户要求企业提供较多的库存与较高的商业信用,进而影响企业持有的实际营运资金,客户集中度越高,企业的实际营运资金偏离目标值的程度越大,且向目标营运资金水平调整的速度也越快,这种偏离程度与调整速度在非国有企业中表现得更突出。孙兰兰等(2019)发现客户集中带来的财务风险与经营风险将影响企业营运资金融资决策,当客户集中度越高时,企业越倾向于采取稳健的营运资金融资结构,且客户关系通过资金周转绩效影响营运资金融资。

在现金持有方面,客户集中的企业会选择持有较多的现金,这在融资约束严重的企业中更常见。Itzkowitz(2013)认为较高的客户集中度将会对企业现金流产生重大的负向影响,企业出于预防性动机而选择持有较高水平的现金,张志宏等(2015)也发现了类似的经验证据。史金艳等(2018)发现客户集中水平越高,企业现金持有量越多,较高的客户集中度将会加重企业的融资约束,从而影响企业现金持有量。邓昱雯(2020)也发现较高客户集中度的企业会增加现金持有,这种影响在融资约束严重的企业中更显著。

② 税收规避。在税收规避方面,企业会实施避税行为以应对客户集中给企业带来的现金流风险与财务困境风险。Huang 等(2016)基于 1988—2011 年美国上市公司的数据研究发现,客户集中度高的企业为增加现金流和会计盈余,更有可能参与避税行为。代彬等(2016)认为客户集中会带来现金流风险与财务困境风险,企业为规避风险倾向于实施激进避税行为。曹越等(2018)也发现客户集中度高的企业为防止资金流断裂与应对外部融资约束,更有动机实施避税行为,即客户集中度越高,则企业避税程度越高。王宇等(2022)发现客户集中度越高,其避税程度加深,避税程度在非国有企业、小型企业以及产品独特性高的企业更为明显,客户集中度通过利润补偿、缓解融资约束和外部监督减少影响企业避税行为。

③ 债务水平。在债务水平方面,企业提高自身的债务水平,不仅可以增加自身议价能力以应对客户的机会主义行为,而且能够缓解客户集中带来的财务困境风险。赵秀云等(2017)认为债务在企业与主要客户谈判过程中起"保险"作用,企业为增强自身的议价能力会选择高水平的债务,且债务能够缓解客户集中导致的经营净现金流与营运资金短缺的问题。况学文等(2019)发现为了防范大客户事后敲竹杠的机会主义行为,企业将战略性地提高财务杠杆水平,以向大客户"示威",进而提升自身相对于客户的议价能力。徐晨阳等(2017)认为客户将自身风险通过供应链传递给企业,企业为应对风险改变了自身债务期限结构选择行为,会选择有更高的持续性和稳定性的长期债务融资。

④ 现金股利分配。在现金股利分配方面,客户集中的企业可能面临现金流风险,企业出于预防性动机通常较少支付现金股利。Wang(2012)研究发现客户越集中,企业支付的现金股利越少,这支持了预防性假说,即越是客户集中的企业越有可能陷入财务困境,为此需要持有更多的现金。史金艳等(2018)的研究也同样表明,出于预防性动机,越是融资约束严重的企业,客户集中度越高,现金股利支付越少。

(3) 股权投资者反应

股权投资者会基于企业的风险评估调整相关的决策。为缓解客户集中带来的高风险,股权投资者会要求企业给予较高的风险报酬率,股权资本成本随之提高。当主要客户出现负面经营前景时,股权再融资企业的股票回报也会受到影响。

Dhaliwal 等(2016)基于美国上市公司的实证数据研究发现,客户集中度越高,企业权益资本成本也越高,并且二者之间的正相关关系在企业与客户关系不稳定时更加显著。毕金玲等(2018)则基于2012－2014年中国制造业上市公司的数据,发现客户集中度越高,企业股权资本成本越高。魏卉等(2019)也发现了类似的经验证据。另外,Johnson等(2018)考察了投资者对于股权再融资的反应,发现股权再融资企业及其主要客户的股票回报显著为负,这种负面反应主要是由于大客户出现销售收入下降、经营业绩下滑、信贷评级下调等负向经营前景引起的。

(4) 债权投资者反应

债权投资者也会根据企业的风险评估调整其信贷决策。客户集中的企业面临较多风险,降低了银行借款与债权融资能力。因此,银行与债券投资人会给予企业更低的借款规模、更短的借款期限,要求更高的借款成本,信用评级机构也会给予较低的信用评级。

Campello等(2017)基于美国上市公司数据考察债权人对客户集中度高企业的反应,发现客户集中度越高,银行贷款中的限制性条款越多,贷款利率越高,贷款期限越短。Liu等(2020)则基于2008—2016年沪深A股上市公司发行的公司债券数据,研究发现客户集中度越高,债券利差越高、债券期限越短、债券条款越多,这表明债权人认为较高的客户集中存在风险。王雄元等(2017c)发现大客户对公司债发行具有风险效应,拥有大客户的公司债发行价差更高。王雄元等(2017b)考察了客户集中对公司债信用利差的影响,表明客户集中度较高的企业可能存在更加严重的信息不对称,对债权投资者具有风险效应。沈红波等(2021)发现信用评级机构能够识别企业议价能力减弱与过度依赖客户的风险,给予高客户集中度的企业较低的信用评级,并导致债券发行利差更高。

(5) 审计师反应

审计师基于对客户集中的风险评估,调整审计收费及审计意见。宋希亮等(2020)发现客户较强的议价能力加剧了企业经营风险,增加了审计工作量,从而提高审计费用,这种影响在非国有企业以及耐用品行业中更显著。Chen等(2021)基于美国上市公司的数据研究发现,审计师认为政府客户更集中的企业风险更大,收取的审计费用更高。Dhaliwal等(2020)研究发现当依赖大客户销售的企业陷入经营困境时,其收到持续经营不确定性审计意见的可能性较高。郑军等(2022)发现较高的客户集中度会降低企业持续经营能力,审计师将其评估为高风险审计事项,增加了发表持续经营不确定性审计意见的可能性。

2.2.5 客户关系治理研究

对于契约履行过程中的机会主义行为问题,交易成本经济学从纵向一体化,产权理论从产权配置,关系契约理论从声誉博弈、关系型规范和明确型合同等角度分别提出了敲竹杠问题的治理措施。由于本书主要考察供应链上下游企业之间的关系专用性投资,尤其是创新投资过程中的机会主义行为问题,这里重点梳理交易成本经济学、关系契约理论、关系型规范、明确型合同在治理机会主义行为方面的相关研究。

(1) 交易成本经济学的治理机制

交易成本经济学认为资产专用性是决定纵向一体化的关键因素。供应链上下游的交易应该由市场完成还是在企业内部进行,取决于资产的专用性程度。资产专用性程度越高,市场交易成本就越高,此时交易应该在企业内部进行;资产专用性程度越低,企业治理成本就越高,此时交易应该交给市场。因此Williamson(1983)提出,当契约一方的资产严重依赖对方的专用性资产时,这些资产应该被置于共同的所有权下,即实行纵向一体化,可以降低双方的交易成本。

不过Baldenius(2006)在分析纵向一体化企业采用分权式运营时指出,虽然纵向一体化可以解决不同企业之间的敲竹杠问题,但是如果经理人的报酬来自本部门的利润,此时敲竹杠问题将会在企业内部重新出现。对于企业的创新行为而言,纵向一体化将会弱化对创新发明者的市场化激励效果,并且纵向一体化的企业集团可能会将部门的创新成果据为己有,引起新的代理成本。Seru(2014)通过实证研究发现,集团化的组织形式对研发活动的规模和创新性起到负面的影响。

不仅如此,在技术发展迅速与投入知识专用性投资较多的行业,纵向一体化并不能有效治理机会主义行为。Gilson等(2008)研究发现,在技术变化迅速的行业中,如手机和IT行业,纵向一体化并不适用于对关系专用性投资的治理。于茂荐(2014)基于2009—2011年制造业上市公司的数据,研究发现纵向一体化对专用性投资的治理效果因产业不同而存在差异,低技术产业因投入较多的物质专用性投资,企业内部实施监督就能实现治理,即低技术产业更适合采用纵向一体化模式。于茂荐等(2020)研究发现对于知识专用性投资而言,纵向一体化难以通过企业内部的科层制监督实现机会主义治理。

因此,在技术发展迅速与投入知识专用性投资较多的行业,纵向一体化并非是最优的治理方式,且供应链上的纵向一体化将会损害相关者创新的积极性。

(2) 关系契约理论的治理机制

标准的契约理论假定存在一个中立的第三方可以对违约行为进行惩罚,从而确保契约的有效执行。然而,第三方如法庭等机构只能执行显性契约(事前明确规定且事后可以有第三方证实的契约),因此标准的契约理论无法解决那些非显性契约问题。基于标准契约理论的缺陷,Williamson 等学者提出了关系契约理论。

关系契约理论从交易的社会关系嵌入性出发,认为关系契约的执行依赖于契约方未来合作的价值和对自身声誉的关注。林季红(2002)在对日本企业分包制的分析中指出,分包制的成功依靠的既不是市场也不是等级制度,而是声誉,声誉可以约束交易方的机会主义行为。当某一契约方实施敲竹杠行为后,其损失不仅包括契约中断后的损失,还包括市场上的声誉损失,尤其是契约双方均在某一共同体内时,声誉机制将会发挥关系契约自我执行的作用,有助于抑制敲竹杠行为。吴德胜等(2009)以网上拍卖中的卖家商盟为例,分析了声誉机制在买卖契约执行中的作用,卖方和拍卖网站建立商盟等制度,并以其集体声誉作为抵押向买家承诺商盟成员不会实施欺骗,如果商盟成员有欺骗行为,商盟会对成员进行处罚,文章进一步通过数理分析证实了商盟的存在增强了买家可以实施的惩罚力度,加强了声誉机制的作用。雷新途等(2012)以 MBA 和 MPAcc 学员为被试对象进行的实验研究,检验了资产专用性、交易主体的声誉以及二者交互作用对财务契约自我履行的促进作用,支持了资产专用性和交易主体的声誉是影响决策者选择财务契约自我履行的重要因素。周海军等(2014)基于抵押物模型的实证分析发现,关系契约通过降低未来交易潜在收益与市场声誉贬值治理机会主义行为,信任、交往型私人交情调节这一影响。综上,关系契约可以在社会法律制度不完善情况下代替正式契约发挥作用,在交易细节不可验证的情况下激励关系专有性投资,约束机会主义行为的发生。

(3) 关系型规范的治理机制

关系交换理论认为交易在特定关系中进行,交易受到关系的影响。Macneil(1981)强调了规范在交易中的作用,他提出关系型规范重视个人利益与集团利益的统一。Macneil 提出了 10 种一般性规范,Heide 等(1992)认为企业间的灵活、团结和信息交换是比较重要的关系型规范。灵活是指合作双方可以根据环境的变化做出善意调整;团结是指双方重视整体利益而减少单方面追求自身利益;信息交换是指双方乐于主动交换有价值的信息。灵活规范的存在使双方在面临环境改变时也不会实施机会主义行为获取不正当利益;团结规范使双方从防范对方的机会主义转向联合创造价值。信息交换规范减少了双方间的信息不对称,使具有信息优势的一方实施机会主义的机会减少,进而遏制机会主义。由于合作双方有共同的利益追求,双方都更关注未来的长期利益,将重心放到联合创造合作价值上,而非相互防范对方的机会主义行为。

汪涛等(2006)基于汽车行业的4S专营店的问卷调查,研究发现关系型规范使供应商注重共同的责任和利益、增加不实施机会主义的承诺、积极承担相应的责任,抑制了供应商的机会主义行为。Vázquez等(2007)基于西班牙食品公司的分销商和供应商的访谈与问卷调查,研究发现当关系规范强度提高时,分销商的专用性投资对供应商机会主义的影响会降低。余海晴等(2019)以东北三省的高技术企业为样本,研究发现关系型规范使合作双方有共同的目标与价值观,促使双方合作产生整体价值,进而抑制关系专用性投资引发的机会主义行为。

(4) 明确型合同的治理机制

企业与客户之间的契约不完善使客户有可乘之机实施机会主义行为。若企业与客户在签订契约时,把未来可能发生的情况与违反契约会遭受的惩罚等详尽地写入契约,即企业与客户签订明确型合同,则可在一定程度上避免客户实施机会主义行为。

Murrell等(2017)指出,由于供应商与客户在关系专用性投资上的不对等,供应商在合作交易中更容易被敲竹杠,所以供应商更愿意与对方签订复杂的契约,而客户会简化契约中的细节。Shi等(2018)基于对中国建筑业的业主与承包商进行的访谈与问卷调查,发现关系专用性投资会导致机会主义行为的发生,而随着契约的复杂性增加,关系专用性投资对机会主义行为的影响降低。余海晴等(2019)基于东北三省的高技术企业样本,研究发现明确型合同中写明违背合同条款的法律和经济后果,能够抑制关系专用性投资中的机会主义行为。

(5) 不同治理机制的互补作用

不同的治理机制除单独发挥作用外,还能联合发挥互补治理作用。由于人的有限理性和信息不对称,难以将所有事项的应对方式写进合同;关系型规范由于缺少强制性,其抑制机会主义行为的作用有限。虽然二者都存在局限性,但二者结合能弥补对方的不足,进而增强对机会主义行为的治理作用。

Poppo等（2002）基于20世纪90年代早期信息服务外包数据，发现明确型合同和关系型规范是互补的。周俊等（2015）基于163对软件外包关系样本，研究发现关系型规范和合同完备性不仅在领域知识专用性投资和客户机会主义之间的负相关关系中起显著的正向作用，还直接抑制了客户机会主义行为；关系型规范与合同完备性表现出互补性。余海晴等（2020）基于东北三省高技术企业的研究样本，研究发现在合作创新活动中，明确型合同能抑制不按合同规定履行责任、窃取共有资产等强形式机会主义行为，关系型规范能抑制合作中不尽力、不履行口头承诺、违背公平性原则等弱形式机会主义行为；明确型合同与关系型规范之间存在互补性，与单独使用一种治理机制相比，二者同时采用对机会主义效应的治理作用更显著。

2.3 研究述评

从现有文献看，国内外学者就企业创新影响因素的相关研究集中在企业拥有的物质、人力等内部资源以及知识产权保护、政府补贴、税收激励等外部创新环境方面，部分研究从地区文化、金融发展、社会资本等宏观层面探讨了企业创新的影响因素，有关客户集中对企业行为决策影响的文献涉及企业存货管理、广告支出、资本结构、现金持有、审计收费、股价表现和企业业绩等方面，相关研究由此得出了一系列具有理论意义和实践价值的研究成果，这是立足中国制度背景开展研究的良好开端，为我们进行后续研究提供了有益启示。然而，现有研究还存在以下几点不足：

(1) 企业创新驱动因素的研究视角有待拓展

现有研究大多假定企业完全掌握创新的主动权，认为企业仅依靠内部的物质、人力等资源进行创新，客户只能被动接受企业的新产品与新技术。而且，有关企业创新驱动因素的相关文献往往没有考虑企业创新的质量，也忽略了企业创新活动的价值实现问题，从而影响到研究结论的现实指导意义。因此，本书在现有文献的基础上，将客户纳入企业创新驱动因素的分析框架，深入系统地检验客户关系对企业创新及创新质量的影响机理及经济后果，有助于更加全面理解新商业背景下企业创新的关键驱动因素。

(2) 客户关系影响企业行为决策的内在机理有待完善

现有文献在实证检验客户关系对企业行为决策的影响时往往仅从客户集中单一维度展开，不利于全面系统考察客户影响企业行为决策的内在机理，尤其是在我国这样的典型关系型社会中。实际上,企业与客户之间的关系除了直接上的购销关系外,还包括双方之间的关系距离,如地理距离和技术距离等,都有可能会影响到企业的行为决策,忽略这些客户关系特征将会影响到研究结论的系统性和准确性。因此,本书从客户集中度和客户距离等方面,基于客户议价能力理论和知识溢出假说,系统地分析探索客户关系作用于企业创新活动的内在机理,有助于更加全面地理解客户关系影响企业行为决策的内在机理。

(3) 客户关系影响企业行为决策的价值效应有待检验

现有研究在考察客户关系对企业存货管理、现金持有等行为决策的影响时往往忽略了其影响的经济后果,从而没能提供该影响的系统证据链。本书基于我国企业创新质量参差不齐的现实背景,在考察客户关系影响企业创新质量的同时,将研究视角向下延伸到客户关系影响企业创新的价值实现问题,系统检验考虑客户关系的企业创新活动对企业在产品市场和资本市场中的影响,有助于提供客户关系影响企业行为决策更加完整的证据链。

(4) 客户关系治理机制的研究内容有待补充

现有文献发现少数的大客户的存在可能会利用其强势的议价能力对关系专用性投资产生的"可占用性准租"进行掠夺,致使企业事前的投资激励不足,产生敲竹杠行为,然而很少有文献探索检验客户关系的治理机制。本书将研究视角向上延伸到客户关系的治理机制问题,基于信息机制,从企业与客户间时空距离、双方共同股东和共同审计师等方面探索抑制客户议价效应的治理机制,有助于企业更加系统科学地进行客户关系管理。

3 理论基础、制度背景与分析框架

大数据、人工智能、移动互联网、云计算、物联网和 3D 等现代信息技术的迅猛发展,使得企业产品生命周期不断缩短,客户需求日益复杂多变,客户在企业决策中的作用愈发重要。本章首先从理论上提炼客户在企业创新决策中发挥作用的理论基础,然后结合我国关系型交易与规则型交易并存、高铁开通等相关制度背景,从客户议价和知识溢出两条主线出发,提出客户关系影响企业创新的作用机理、经济后果及治理机制的理论分析框架。

3.1 理论基础

3.1.1 客户议价能力理论

客户议价能力理论源于议价能力理论(bargain power theory)。Schelling(1956)最早提出"议价能力"的概念,认为议价能力是谈判双方通过不同的策略影响谈判结果的能力,之后相关研究开始探讨议价能力的影响因素,谈判者对谈判结果的依赖程度、可选的谈判方法以及谈判者掌握关键资源的多少都会影响自身的议价能力。此后,议价能力开始在供应链的相关研究中得到应用,Porter(1979)在其经典的五力分析模型中认为,供应商和客户的议价能力将会影响企业产品的成本和价格,进而影响公司业绩。随后,相关研究开始定量地考察供应商和客户议价在企业商业信用、现金持有和会计稳健性等决策中的作用(唐跃军,2009;Fabbri et al., 2016)。

客户作为企业最重要的利益相关者之一,是企业行为决策需要考量的重要因素。理论上,企业和客户为了节约交易成本,双方会进行关系专用性投资,从而产生"可占用性准租",由于这种"可占用性准租"是交易双方为节约交易成本进行专用性投资产生的,因此能够提高供应链上企业双方的市场竞争力。但是,由于成本等信息不对称,双方出于获取更多利益的诉求,可能在"可占用性准租"的分配上产生分歧和矛盾。

由于关系专用性资产的专用性比较强,一旦客户转向其他企业采购或中断交易,企业重新配置、调整此类资产将会面临高昂的转换成本(Titman,1984;Maksimovic et al.,1991),尤其是当企业销售收入集中在少数客户时(形成较高的客户集中程度),大客户往往凭借其相对强势的议价能力对供应链的"可占用性准租"进行掠夺,产生敲竹杠行为。然而,作为理性经济人的企业在预期到客户掠夺"可占用性准租"后,就会事前减少专用性投资,致使企业的关系专用性投资激励不足。创新作为关系专用性投资的主要形式,客户议价能力同样会对企业创新产生重要影响。

3.1.2 知识溢出假说

知识溢出是新地理经济学和经济内生增长理论中的一个重要概念。Arrow(1962)最早提出知识是一个积累的过程,具有非竞争性及部分非排他性特征,Romer(1990)进一步指出知识溢出是由知识的外部性特征决定的。此后的相关研究开始考察知识溢出的发生机制,认为知识溢出是不同主体在交流过程中发生的无意识的传播,这一传播过程既可能在较小的地理范围内发生,也可能在较宽广的地理范围内发生,这取决于知识的类型和知识传播的方式。隐性知识往往难以编码和记录,需要通过面对面的交流进行传播,而显性知识由于便于编码和记录,往往可以在较大的范围内传播。在知识传播方式方面,知识人才流动、合作研发、企业家创业和商品贸易是触发知识溢出的重要渠道。

企业与客户的商业往来主要通过商品或服务交易等形式完成,部分企业和客户之间可能还建立合作研发的关系,这些都是促进知识溢出的重要方式。企业与客户在技术上的邻近性能够便于双方管理层或研发人员的私人交流,在新产品、新技术研发方面分享知识(Balboni et al.,2017),从而产生知识溢出,进而提升企业的创新能力。另外,双方之间技术上的邻近性使企业更容易理解客户对新产品或新技术的要求,有利于知识转移的发生。

3.1.3 交易成本理论

交易成本(transaction costs)的概念最早由诺贝尔经济学奖得主科斯(Coase)在"The Nature of the Firm"中首次提出,并用于对企业的本质加以解释。所谓的"交易成本"是指在一定的社会关系中,由于人的有限理性和外部环境的限制,人们自愿交往、彼此合作达成交易所支付的成本,包括搜寻成本、协商与决策成本、议价成本等事前的交易成本,以及监督成本、违约成本等事后交易成本(Williamson,1985)。之后,交易成本理论成为企业纵向一体化兼并、战

略联盟形成等领域的研究基础(苏敬勤,1999;袁淳等,2021)

根据交易成本理论,影响企业交易范围的关键因素是交易成本的大小(Williamson,1979)。如前所述,当企业销售收入集中在少数客户时,大客户往往凭借其议价能力对双方关系专用性投资形成的"可占用性准租"进行掠夺,产生敲竹杠行为。此时,企业需要在维持现有客户进而被侵占"可占用性准租"的损失和寻找新客户的"交易成本"之间进行权衡。高铁开通极大节约了出行时间及成本,也加快了市场主体间的信息流动,有助于降低搜寻新客户的"交易成本",为企业寻找新客户提供了极大的便利,能够缓解现有客户议价风险的影响,是客户议价治理的一种重要方式。

3.1.4 信息不对称理论

信息不对称在经济活动中普遍存在,是信息经济学中的重要概念。Arrow(1963)在"Uncertainty and the Welfare Economics of Medical Care"一文中研究医疗保险中的道德风险时,首次提出了信息不对称的概念,Akerlof(1970)在"The Market for 'Lemons': Qualitative Uncertainty and Market Mechanism"中对次品问题的分析进一步指出,买卖双方的信息不对称会导致市场退化,从而产生了"逆向选择"。之后,信息不对称开始应用于企业理论的相关研究,主要探讨在信息不对称的条件下,委托人如何合理地设计一套机制来诱使代理人显示其私人信息,从而达到双方的利益协调。

在企业与客户交易过程中,双方同样存在信息不对称。双方为分配更多的"可占用性准租",可能会在业绩和财务政策等方面进行调整,以在双方谈判时获取更多的谈判筹码,但其后果可能引起双方专用性投资下降,创新意愿降低。如果双方存在共同的股东,那么就可以降低双方之间的信息不对称,缓解客户的机会主义行为。另外,如果双方聘请了共同的审计机构,那么将会提高彼此之间财务报表的可比性,进而降低双方的信息不对称,提高双方的创新意愿。

3.1.5 社会网络理论

社会网络理论是一种崭新的社会学研究范式,Wellman等(1998)在研究社会结构时认为社会网络是由个体间的社会关系构成的相对稳定的系统。随着研究范畴的不断拓展,网络的行动者既可以是个人,也可以是组织。任何个人或组织都与社会中其他个人或组织存在或多或少的关系,社会中的个体或组织及其彼此之间的关系共同组成社会网络的基本构架。

社会网络理论包含弱联结理论和社会资本理论。Granovetter(1973)按照联结双方的交流频率和亲密程度划分了强联结与弱联结。强联结意味着个体或组织之间具有高度的互动,拥有的信息和资源高度一致;而弱联结更有"力度",能够跨越不同的个体或组织,将其他个体或组织的信息和资源传递给本不属于该组织的个体。Coleman(1988)提出的社会资本理论认为,社会资本存在于社会网络中,个体或组织能通过社会网络中的身份和网络联系获得社会网络中的信息和资源。社会网络理论最初被用于研究社会学问题,20世纪90年代之后,社会网络理论被广泛应用于经济领域,如国际贸易、知识传递与共享、公司审计行为等(王夏洁等,2007;吴益兵等,2018)。

企业、客户和共同审计机构(共同股东)之间由于不同的经济行为构成了社会网络。企业与大客户之间由于密切交易形成强联结,而企业与共同审计机构(共同股东)之间则形成弱联结。这种弱联结在某种程度上更有"力度",企业能够通过社会网络从共同审计机构(共同股东)处获取大客户的特有财务信息和技术信息,进而缓解企业与大客户间的信息不对称程度,约束大客户实施机会主义行为,并促进技术等知识溢出。

3.2 制度背景

3.2.1 我国经济中关系型交易和规则性交易并存

中西方企业对于"关系"在商业活动中作用的理解存在明显的差异。西方企业按照特定的规则和商业目的建立合作关系,形成规则型交易,这种交易模式较少关注双方企业决策者个人之间的关系。我国自古以来是一个典型的关系型社会,由于人口流动性较低、集权的政治结构使得"关系"已经渗透到了经济、社会、政治的各个维度,关系在企业交易过程中扮演着非常重要的角色,在某种程度上是对市场缺失的替代(Xin et al.,1996),从而形成关系型交易。

在交易范围比较小和专业化程度较低的情况下,由于交易不需要第三方认证,关系型交易的交易成本比较低,在信息和资源等有限的情况下,有利于促进交易的达成,同时这种关系型交易能够跨越很多"市场",在关系型交易过程中往往伴随着多种交易,各种交易相互"捆绑"在一起,共同形成一个相对比较封闭的区域市场,从而进一步降低了平均的交易成本(王永钦等,2006)。

不过,随着经济的不断发展和市场范围的扩大,关系型交易的成本不断增加,而规则型交易的优势愈发明显。规则型交易虽然需要在规章制度制定和执行等方面投入相当的固定成本,但随着交易规模的不断扩大,其规模经济的优势就凸显出来,市场交易量越多,平均的交易成本就越低。

表3-1报告了1997—2019年中国市场化进程指数。结果显示,我国市场化指数在逐步上升,说明我国市场化进程在逐步推进,但近些年推进速度变慢,甚至有一定幅度下跌,价格市场决定程度指标也呈现相同的变化趋势,这在一定程度上说明当前我国经济中仍然存在非市场化交易,关系型交易和规则型交易仍然并存,这将会对企业决策产生重要影响。

表3-1 1997—2019年中国市场化进程指数统计表

年份	市场化进程指数	价格市场决定程度指数
1997	4.01	4.37
1998	4.23	5.17
1999	4.12	5.93
2000	4.28	5.93
2001	4.64	6.57
2002	5.02	6.60
2003	5.50	6.93
2004	6.10	7.03
2005	6.69	7.20
2006	7.09	6.98
2007	7.50	7.30
2008	5.45	7.29
2009	5.50	7.56
2010	5.41	7.29
2011	5.55	7.29
2012	5.94	7.29
2013	6.11	7.29
2014	6.50	7.29
2015	6.58	7.29

表 3-1(续)

年份	市场化进程指数	价格市场决定程度指数
2016	5.69	7.29
2017	5.92	7.29
2018	5.99	7.29
2019	5.81	5.60

注:数据来源于 Wind;市场化进程指数和价格市场决定程度指数是除港澳台之外的 31 个省、自治区和直辖市的均值;部分年份缺失值用前后年份均值补全。

3.2.2 我国高铁发展位居世界前列

我国首条高速铁路秦沈客运专线于 2003 年 10 月 11 日正式通车,标志着中国开始进入高铁时代。2008 年,国家发展和改革委员会批准《中长期铁路网规划(2008 年调整)》,首次提出"四纵四横"高速铁路客运专线的建设规划,同时京沪客运专线、京广客运专线等跨区域高铁相继建成,沪宁高铁、广深高铁等区域内高铁开通。截至 2015 年年底,"四纵四横"高铁客运专线基本建成,高铁营业里程超过 2 万公里,极大节约了人们的出行时间。

2016 年,国家发展和改革委员会发布《中长期铁路网规划》,首次提出"高铁网"概念,提出建设"八纵八横"高铁网络,实现省会城市高铁通达,区域之间更加高效便捷相连。截至 2021 年年底,我国高铁营业里程已达到 4 万公里,超过世界高铁总里程的三分之二,成为世界上高铁时速最快、里程最长的国家,具体情况如表 3-2 所示。

表 3-2 2021 年世界主要国家高铁最高时速和通车里程情况

序号	国家	高铁最高速度/(km/h)	高铁通车里程/km
1	中国	350	40 474
2	日本	320	3 081
3	法国	320	2 735
4	摩洛哥	320	186
5	韩国	305	873
6	西班牙	300	3 661
7	德国	300	1 571
8	意大利	300	921

表 3-2(续)

序号	国家	高铁最高速度/(km/h)	高铁通车里程/km
9	比利时	300	209
10	荷兰	300	90
11	英国	300	113
12	沙特阿拉伯	300	449
13	土耳其	300	1 052
14	丹麦	250	65
15	美国	240	735
16	澳大利亚	230	254
17	芬兰	220	1 120
18	瑞士	200	176
19	波兰	200	224
20	瑞典	200	176

注：数据来源于国际铁路联盟(UIC)Atlas High Speed 2022 报告。

与飞机和汽车等其他交通工具相比，高铁具有以客运为主、行驶速度快、准点率高、运量大和成本低等特点，弥补了飞机和汽车在中短途快速运输方面存在的空白，有利于提高我国主要城市的可达性，极大节约沿线城市居民的出行时间及成本，不仅改变人们的出行、旅游等生活方式，更加速生产要素和信息的流动范围。2021年国务院印发的《国家综合立体交通网规划纲要》提出，到2035年要形成"全国123出行交通圈"的发展目标，即都市区1小时通勤、城市群2小时通达、全国主要城市3小时覆盖，高铁开通对生产要素跨区域流动的作用将会得到进一步强化。

3.3　客户关系与企业创新理论分析框架

上述制度背景分析表明，当前在我国经济转轨过程中，关系型交易和规则型交易并存。关系型交易主要靠家庭、家族和同乡等关系维持，并不需要合同契约等第三方认证，这种交易模式在市场范围较小和专业化分工程度较低的情景中，能够节约交易成本，进而促进关系型交易的发展。然而，随着市场的不断扩张，关系型交易的弊端逐渐显现，由于关系型交易所创造的"可占用性准租"需要在不同参与主体间分配，在企业创新收益越来越大时，关于创新收益"可占用性准租"的分配就会成为关系型交易的突出问题,各方均有动机要求分配更多的"可占用性准租",关于"可占用性准租"的多少及其分配会成为各方博弈的焦点。因此,客户关系将会不可避免地嵌入到企业创新行为中,进而影响企业的创新决策。

① 在关系型交易模式下,企业销售的主要产品或服务集中于少数客户,容易诱发少数大客户利用其议价能力对创新投资的"可占用性准租"进行掠夺的敲竹杠行为。企业在事前预期到创新投资"可占用性准租"可能被强有力的大客户攫取时,会主动减少创新投资,致使企业的创新投资激励不足。因此,客户议价能力理论是客户集中度与企业创新关系的理论基础。

② 知识溢出假说是客户技术距离与企业创新关系的理论基石。移动互联网和电子商务的迅猛发展极大缩短了企业的产品生命周期,客户需求也变得更加复杂与多变(Bayus,1994;Sood et al.,2005),这构成企业新商业环境的重要特征。在新的商业环境下,客户在很大程度上拥有选择供应商产品的权力,无法满足客户需求的创新活动将不能为企业带来真实的价值。在企业与客户关系中,通过频繁的商品和服务往来,一方面便于产品和技术的交流,另一方面也使企业更容易理解客户的需求,从而产生知识溢出。

③ 交易成本理论、信息不对称理论和社会网络理论提供了客户关系治理的理论基础和思路。如前所述,在信息不对称的情况下,大客户凭借其较强的议价能力会攫取更多创新投资的"可占用性准租",致使企业创新投资不足,因此如何缓解双方之间的信息不对称,降低客户的议价能力并促进知识溢出是客户议价治理的重要议题。高铁开通缩短了市场主体间的时间距离,促进了信息传递效率,降低了搜寻新客户的交易成本,有助于缓解现有大客户的议价能力,促进知识溢出。另外,从降低企业与客户之间信息不对称的角度,双方之间地理上邻近、具有共同股东或者具有共同的审计机构,有助于缓解双方的信息不对称,减少客户的机会主义行为,并促进知识溢出,从而提升企业创新能力。

基于此,在新的商业环境下,客户通过议价能力和知识溢出,将会影响到企业的创新决策。立足我国关系型社会的制度背景,本书将客户关系纳入企业创新的理论分析框架,运用客户议价能力理论、知识溢出假说等,从客户集中度和客户技术距离等方面,系统地研究客户关系影响企业创新的内在机理;在此基础上,从产品竞争力、企业业绩和资本市场反应等方面深入检验客户关系影响企业创新的经济后果;最后立足我国特殊的制度背景,从完善信息环境等角度探索客户关系的治理机制,以期更好发挥客户关系在企业创新活动中的作用。

具体分析框架如图 3-1 所示。

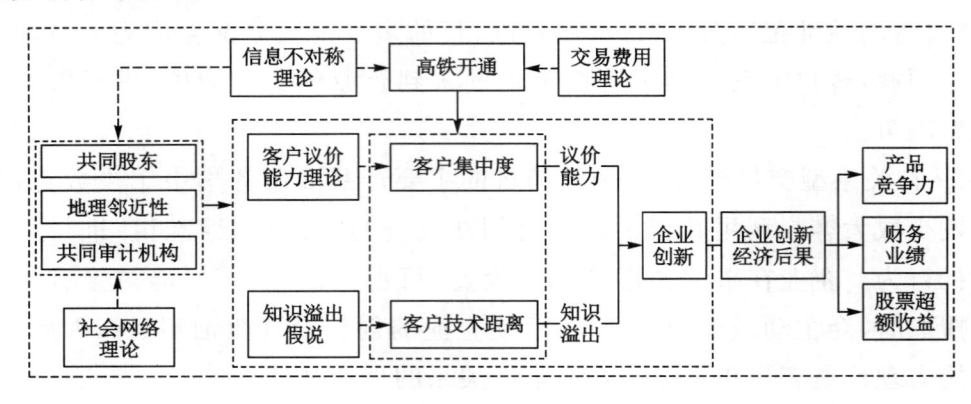

图 3-1 客户关系与企业创新理论分析框架

3.4 本章小结

本章首先从客户议价能力理论、知识溢出假说、交易成本理论、信息不对称理论和社会网络理论等相关理论系统提炼出客户集中程度与企业创新、客户技术距离与企业创新、客户关系影响企业创新经济后果和客户关系治理的理论基础。然后,系统地梳理了我国关系型交易与规则型交易并存、高铁开通等相关制度背景。最后,基于上述的理论基础与我国的制度背景,将客户关系纳入企业创新决策,并提出了客户关系与企业创新的理论分析框架,为之后的第 4 章、第 5 章、第 6 章和第 7 章的实证研究奠定坚实的理论基础。

4 客户关系对企业创新影响的实证分析

本章主要从客户议价和客户知识溢出两个维度出发,系统地探讨客户关系影响企业创新的作用机理。首先,从理论上分析客户存在攫取企业创新投资"可占用性准租"的机会主义行为及商品或服务交易过程中的知识转移行为,据此提出客户议价假说和客户知识溢出假说,并利用沪深 A 股上市公司数据进行实证检验。在此基础上,从企业相对议价能力差异方面进一步提供客户议价的经验证据,从客户创新能力和企业吸收能力差异方面进一步明晰客户知识溢出触发的条件。最后,为进一步厘清客户关系在企业创新资源配置中的作用,本章还拓展到客户关系对企业创新搜索(创新广度和创新深度)的影响。

4.1 客户关系影响企业创新作用机理的理论分析与研究假设

4.1.1 客户集中度与企业创新

客户是企业最重要的利益相关者之一,客户集中度在很大程度上能够反映企业对最重要客户的依赖程度(Patatoukas,2012;Dhaliwal et al.,2016)。理论上,客户集中度对企业创新具有双向影响。

当企业的主要销售收入集中于少数客户(客户集中度较高)时,企业与客户之间的关系更为紧密,客户关系较强。基于交易成本理论,此时企业与客户彼此加强合作,共享产品市场信息,双方通过关系专用性投资,可以降低双方在市场中的交易成本,创新投资因其价值性、独特性和风险性,被认为是一种非常重要的关系专用性投资(Kale et al.,2007),是企业建立与客户长期稳定合作关系的承诺,也更有可能创造供应链中的关系专用性投资"可占用性准租"。另外,少量大客户的存在能够提供更为精确和稳定的市场需求等信息,有助于企业对创新投资进行可行性评价,降低创新投资的风险(Peters,2000)。因此,根据交易成本理论,客户集中度越高,企业越有可能进行创新投资。

然而,由于有限理性等原因,企业与客户之间的契约是不完备的,在企业进行创新投资后产生关系专用性投资"可占用性准租",契约的不完备性将会诱发客户的机会主义行为,尤其是当企业的客户集中度较高时,大客户凭借其较为强势的议价能力对关系专用性投资"可占用性准租"进行掠夺。由于企业的创新投资具有相当强的投资专用性,具有很高的转换成本,因此在企业进行创新投资后,企业很有可能被大客户锁定住(lock-in),此时大客户敲竹杠等机会主义行为就得以实现。

首先,大客户凭借其较为强势的议价能力,可能会通过降低新产品的交易价格(Raman et al.,2008)、迫使供应商提供更多的商业信用(Klapper et al.,2010;Murfin et al.,2015)等形式掠夺企业创新投资的"可占用性准租"。而作为理性的经济人,企业一旦预期到关系专用性投资"可占用性准租"存在很大可能性被客户所攫取,企业在事前进行创新投资的积极性将会下降,影响企业创新的意愿和能力,进而减少企业在产品或服务上的创新投入与产出。

其次,大客户潜在陷入财务困境及客户关系中断的风险,也将会影响企业自身的财务状况。为了应对客户集中潜在的风险,企业可能被迫调整自身的财务政策,如增加现金持有水平(Itzkowitz,2013)、降低企业的债务水平(Banerjee et al.,2008;张亮亮、黄国良,2019)。资金提供者在感知到大客户潜在的风险后,为补偿潜在的风险,往往会提高出让资金的期望报酬,进而提高了企业的债务和权益资本成本(Campell et al.,2017;Dhaliwal et al.,2016)。总之,客户集中的潜在风险挤占了企业现金等现有的资源和潜在的可用于企业创新的资源,从而降低了企业的创新能力。

最后,大客户的存在将会引导管理者的注意力,迫使管理者将注意力集中在维持现有市场份额上。由于企业资源往往是有限的,企业不得不将更多的研发资源投入到现有客户的需求中(Klepper,1996),而忽视未来客户的需求,企业新产品的研发数量和速度都会受到明显影响。客户集中导致客户需求变得较为狭窄,企业没有动力通过研发创新满足不同客户的多样化需求,最终导致企业创新的视野变得更为狭隘,限制了企业创新边界的拓展。另外,为保持对技术和创新产品的独占性,关键的大客户往往会设置诸多的条款限制该技术的使用范围,从而降低企业发掘潜在客户的可能性,削弱企业研发创新的积极性。

基于以上分析,考虑到当前我国新兴转轨经济的制度背景,在契约不完备和投资者权利保护不完善的情况下,大客户集中的议价风险可能处于主导地位,从而抑制企业创新的积极性和创新能力。基于此,提出研究假设 H4-1。

H4-1:客户集中度越高,企业创新水平越低。

4.1.2 客户技术距离与企业创新

除了客户集中度是刻画客户关系的重要维度外,企业与客户之间的技术距离也是描述客户关系的重要特征。

企业在与主要客户合作的过程中,可以通过正式和非正式的渠道获取客户的特殊需求,而技术距离邻近的客户关系便于双方的管理者、员工(尤其是研发人员)就改善现有产品和开发新产品等方面相互交流,从而有利于促进企业积累知识,产生知识溢出效应。企业与客户之间技术上越邻近,企业越能够迅速地获取客户有关产品或服务的特殊需求,这种来自客户需求方面及时的反馈机制也能够促使企业有机会不断改进或创新其产品或服务(Manso,2011),促进企业进行更多的研发创新。

另外,Griliches(1991)指出,企业从其他创新主体获取知识的能力取决于双方之间技术上的相似性(技术距离),Jaffe(1986)提出的技术距离理论也认为市场中生产相似产品的企业可以从双方的研发活动中获益,Sampson(2007)和史烽等(2016)的研究提供了技术距离影响企业创新活动的相关证据。客户作为企业最重要的利益相关者之一,双方之间存在着紧密的产品和技术互动,企业与客户之间在技术上越邻近,越便于企业与客户之间的私人技术交流,降低双方交流的技术障碍,促进复杂信息的传递与共享,便于企业开展更多的创新活动,尤其是基于关键产品和技术的实质性创新活动。

因此,在理论上,企业与客户间技术距离越邻近,企业越能够及时获得客户有关当前市场对企业现有产品或服务的及时反馈,并通过便利的私人交流增加企业在产品或服务等方面的知识积累,促进企业创新,尤其是在实质创新方面的投资。基于此,提出研究假设 H4-2。

H4-2:企业与客户间技术距离越近,企业创新水平越高。

4.2 研究设计

4.2.1 样本选择与数据来源

由于我国证监会要求上市公司从 2007 年开始在公司年度报告中披露向前五大客户的销售额和销售占比信息,同时 2007 年我国开始实施新的会计准则,因此本章选取 2007—2021 年中国沪深 A 股主板上市公司为初始研究样本。在此基础上,按照以下标准对样本进行了筛选:① 剔除银行、保险等金融类上市公司;② 剔除 ST、PT 类上市公司,这类公司财务状况异常;③ 剔除同时发行 B 股和 H 股的上市公司,这类公司面临的监管环境不同;④ 剔除 IPO 上市当年的样本,IPO 将会对企业当年投融资活动产生重大影响;⑤ 剔除客户集中度或客户技术距离关系等相关指标数据缺失的样本。最终得到 3 423 家上市公司 15 年共计 22 078 个"公司—年度"观测值。为了减少极端值的影响,本章对所有连续型变量在 1% 水平下进行缩尾处理。

表 4-1 列示了本章研究样本的年度和行业分布情况。Panel A 研究样本的年度分布结果显示,随着 2007 年证监会鼓励上市公司披露前五大客户信息政策的出台,越来越多的上市公司开始披露其前五大客户销售金额合计等信息,其所占当年上市公司数量的比重从 2007 年的 19.68% 上升到 2021 年的 83.57%。

Panel B 研究样本的行业分布结果显示,制造业(C)行业的上市公司数量占全部样本的比重最高,高达 74.73%,这与当前我国上市公司中以制造业为主的现状相一致;除此之外,信息传输、软件和信息技术服务业(I),建筑业(E),批发和零售业(F),电力、热力、燃气及水生产和供应业(D)和采矿业(B)行业的上市公司数量分别位居第 2~6 位,所占全部样本的比重分别达到 7.91%、2.67%、2.23%、2.17% 和 2.08%,这也与当前我国经济结构基本相一致。其他行业上市公司数量所占比重均没有超过总样本的 2%。

表 4-1 研究样本的年度和行业分布情况表

Panel A 研究样本的年度分布			
序号	样本年份	样本数量	占当年上市公司比例
1	2007	235	19.68%
2	2008	320	24.56%
3	2009	272	19.75%
4	2010	426	29.08%
5	2011	711	39.79%
6	2012	1 267	61.96%
7	2013	1 444	66.12%
8	2014	1 390	63.59%
9	2015	1 326	57.55%
10	2016	1 782	70.91%
11	2017	1 964	72.07%

表 4-1(续)

Panel A 研究样本的年度分布情况			
序号	样本年份	样本数量	占当年上市公司比例
12	2018	2 467	78.27%
13	2019	2 554	78.68%
14	2020	2 725	79.35%
15	2021	3 195	83.57%
16	合计	22 078	

Panel B 研究样本的行业分布				
序号	行业代码	行业名称	样本数量	占比
1	A	农、林、牧、渔业	286	1.30%
2	B	采矿业	459	2.08%
3	C	制造业	16 498	74.73%
4	D	电力、热力、燃气及水生产和供应业	479	2.17%
5	E	建筑业	590	2.67%
6	F	批发和零售业	492	2.23%
7	G	交通运输、仓储和邮政业	296	1.34%
8	H	住宿和餐饮业	16	0.07%
9	I	信息传输、软件和信息技术服务业	1 746	7.91%
10	K	房地产业	212	0.96%
11	L	租赁和商务服务业	167	0.76%
12	M	科学研究和技术服务业	268	1.21%
13	N	水利、环境和公共设施管理业	218	0.99%
14	P	教育	13	0.06%
15	Q	卫生和社会工作	35	0.16%
16	R	文化、体育和娱乐业	191	0.86%
17	S	公共管理、社会保障和社会组织	112	0.50%
18	总计	所有行业上市公司	22 078	100%

本章研究涉及客户集中度、企业与客户间技术距离和企业创新等数据。

其中,客户集中度数据主要来源于 CSMAR 数据库和上市公司年报,CSMAR 数据库中的财务报表附注提供了基本的数据,在此基础上通过上市公司年报进行手工核实并补充相关缺失值,形成客户集中度数据。

企业与客户间技术距离数据需要确定企业和客户各自专利申请和授权数量,以及相关专利的IPC分类号,此部分数据主要来源于中国研究数据服务平台(CNRDS)和国家知识产权局网站中专利检索及分析系统。CNRDS提供了上市公司专利申请和授权的IPC分类信息,同时本章利用国家知识产权局网站中专利检索及分析系统进行数据核实并补充相关缺失值,形成客户技术距离数据。

企业创新涉及企业研发投入和专利数量等创新数据,主要来源于上市公司年报、佰腾网和国家知识产权局网站中专利检索及分析系统,同时对于部分缺失数据通过手工收集进行补充。具体而言:① 企业研发投入数据:通过手工翻阅上市公司年报获取,该数据来源于两部分,一部分资本化,计入资产负债表的开发支出科目,另一部分费用化,计入管理费用的研发支出,将这两部分金额相加得到企业研发投入数据;② 企业专利数据:由于企业的创新活动需要考虑到公司本身及其子公司、联营公司、合营公司的专利申请,因此首先整理公司及其子公司、联营公司及合营公司的基本信息,然后在佰腾网收集公司及其下属公司的所有专利数据,同时根据国家知识产权局的专利检索数据对样本公司专利数据进行核实和补充,最终形成研发投入和专利数量等创新数据。

企业的人力资本数据来自万得(Wind)数据库,各地区生产总值数据来源于中国统计年鉴,其他财务数据和公司治理等数据来源于CSMAR数据库。

4.2.2 变量定义与模型构建

(1) 变量定义

① 客户集中度变量。2012年修订的《公开发行证券的公司信息披露内容与格式准则第2号——年度报告的内容与格式》规定,公司应当披露主要销售客户的情况,以汇总方式披露公司向前五大客户销售额占年度销售额的比例,鼓励公司分别披露前五大客户名称和销售额。然而在上市公司信息披露的实践中,很多上市公司仅披露了前五大客户销售额占年度销售总额的比例,也有部分上市公司披露了前五大客户的具体名称及销售比例,这有利于刻画企业与客户间的关系。

借鉴Dhaliwal等(2016)、王雄元等(2017a)的研究,结合企业有关客户信息的披露情况,分别采用公司向前五大客户销售比例之和(CC_five)、公司向前五大客户销售比例平方和(CC_squ)衡量企业客户集中度,具体计算公式如(4-1)和(4-2)所示。

$$\mathrm{CC\_five}_{i,t} = \sum_{j=1}^{5} \frac{\mathrm{Sales}_{i,j,t}}{\mathrm{Sales}_{i,t}} \quad (4\text{-}1)$$

$$\mathrm{CC\_squ}_{i,t} = \sum_{j=1}^{5} \left(\frac{\mathrm{Sales}_{i,j,t}}{\mathrm{Sales}_{i,t}}\right)^2 \quad (4\text{-}2)$$

其中，$\mathrm{Sales}_{i,j,t}$ 表示公司 i 在 t 年向客户 j 的销售额，$\mathrm{Sales}_{i,t}$ 表示公司 i 在 t 年的营业收入。

在稳健性检验中，也采用公司向第一大客户销售额占年度销售额的比例(CC_first)以及是否存在大客户(CC_10%)衡量客户集中程度。

② 客户技术距离变量。企业与客户间技术上邻近性是发生知识溢出的必要条件。如果两个主体之间技术距离差距很大，则发生知识溢出的难度就会增加。本章通过对企业和客户的专利分布情况衡量客户技术距离。

具体而言，我国专利分布采用国际专利分类法（International Patent Classification，IPC），IPC 采用的是按照功能分类和按照应用分类相结合的分类原则，并以功能分类为主。

目前 IPC 按照五个等级分类，即部(section)、大类(class)、小类(subclass)、主组(main group)、分组(group)，其中，部是分类表中最高等级的分类层，按照领域不同，分为八个大部，用一位英文字母标记，分别是人类生活必需(A部)、作业和运输(B部)、化学和冶金(C部)、纺织和造纸(D部)、固定建筑物(E部)、机械工程(F部)、物理(G部)和电学(H部)等八个部。每个部设有多个大类，大类由该部代码和两位数字组成，如人类生活必需(农、轻、医)(A部)中 A01 大类包含农业、林业、畜牧业、打猎、诱捕、捕鱼等专利。每一大类都包括一个或若干个小类，小类被冠以该大类代码和一个大写字母，如 A01C 小类中又包含种植、播种和施肥等相关专利。每个小类又被划分为主组和分组，主组的代码由小类代码、一个数字和/00 组成，如：A01C1/00。分组是主组以下的分类，分组代码与主组代码不同，"/"之后采用了 0 以上的数字，如 A01C1/01。最后，分组又形成自己的分级结构，其等级结构是由圆点数来确定的，圆点越多等级越低。

由于专利分布层次较多，参考 Fitzgerald 等(2021)、李哲等(2021)的研究，提取每家上市公司每个专利的 IPC 二级分类，即截止到专利 IPC 分类号中的"大类"，然后统计出各公司二级分类下的专利数量。在此基础上，借鉴 Jaffe (1986)和 Bloom 等(2013)的研究方法，分析计算企业与其前五大客户之间申请专利的分布情况，企业 i 与客户 j 之间的技术距离计算公式见式(4-3)。

$$\text{Tech}_{i,j} = \frac{T_{i,t} T'_{j,t}}{\sqrt{T_{i,t} T'_{i,t} \times T_{j,t} T'_{j,t}}} \tag{4-3}$$

其中，$T_{i,t}=(T_{i,1},T_{i,2},\cdots,T_{i,s})$，其中，$T_{i,s}$ 表示企业 i 在 t 年第 s 类上的专利数量，$T'_{i,t}$ 表示 $T_{i,t}$ 的转置矩阵，由式（4-3）计算出企业 i 和客户 j 的技术距离 $\text{Tech}_{i,j}$（取值范围从 0 到 1，其数值越大，表示企业和客户当年的技术上越邻近，客户技术距离越近）。在上述计算的基础上，如果企业 i 当年存在多个客户（且为上市公司），那么对企业与每一个上市客户的技术距离 $\text{Tech}_{i,j}$ 求均值，即可得到企业与客户之间的平均技术距离（Distance_tech）。

③ 企业创新水平变量。关于企业创新水平，现有文献大多围绕专利进行测度（Krolikowski et al.，2017；权小锋等，2017）。不过由于专利是企业创新的一种表现形式，专利的申请及授权中间存在着一系列的不确定性，因此仅采用专利测度企业创新水平存在一定的局限。考虑到创新是一项涉及投入和产出的系统性工程，本章主要从创新投入和创新产出等方面测度企业创新水平。

具体而言，企业创新投入涉及研发人员、财务资源和其他资源的投入，最终形成企业的研发投资，因此借鉴 Brown 等（2013）和 Bena 等（2017）做法，采用企业当年研发投入衡量企业创新投入（RD），并在此基础上分别构建研发投入绝对数指标（LnRD）和研发投入相对数指标（RD_Asset）衡量，其中研发投入绝对数（LnRD）采用企业当年研发投入金额加 1 取自然对数衡量，研发投入相对数（RD_Asset）采用企业当年研发投入金额除以总资产衡量。

由于从研发投入方面很难直接观测到企业创新产出，因此借鉴权小锋等（2017）的研究，本章同时采用企业专利数量衡量企业创新水平。考虑到专利授予量需要检测和缴纳年费，存在更多的不确定性和不稳定性（周煊等，2012），而专利技术很可能在申请过程中就对企业产生影响，因此专利申请数据会比授予数据更全面。

另外，根据企业创新质量的差异，本章将企业创新划分为实质性创新和形式性创新。实质性创新往往能够推动技术进步，属于高技术水平创新，而形式性创新一般是微小的低技术的创新。我国的《专利法》将专利分为发明专利、实用新型专利和外观设计专利等类型，其中发明专利是对产品、方法或改进所提出的新技术方案，其科技含量高、获取难度大，借鉴黎文靖等（2016）的做法，本书将企业申请的发明专利行为认定为高质量的实质性创新。

具体而言，本书使用企业申请发明专利、实用新型专利和外观设计专利总量加 1 取自然对数衡量企业创新产出数量（Patent_all），使用企业申请发明专利数量加 1 取自然对数衡量企业创新产出质量（Patent_inv）。在稳健性检验部分,本章采用企业发明专利、实用新型专利和外观设计专利授权总量和发明专利授权量构建相应的企业创新水平指标。

④ 影响创新能力的其他变量。根据有关企业创新影响因素的研究(黎文靖等,2016;Krolikowski et al.,2017;权小锋等,2017),本章控制了以下公司特征变量、宏观经济变量以及行业和年度固定效应:

企业规模(Size)、盈利能力(ROA)、资本结构(Lev)、成长性(Growth)、现金流(Cashflow)、资本密度(Capital)、人力资本(HR)、大股东持股比例(LShare)、管理层持股比例(MShare)、企业性质(State)、政府补贴(Subsidy)、地区经济规模(GDP)、行业变量(Ind)和年度变量(Year)。

本章涉及的主要变量定义如表 4-2 所示。

表 4-2 本章主要变量定义

变量名称	变量简称	计算方法
研发投入绝对数	LnRD	ln(1+企业研发投入金额)
研发投入相对数	RD_Asset	企业研发投入金额/总资产
创新产出数量	Patent_all	ln(1+发明专利、实用新型专利和外观设计专利总量)
创新产出质量	Patent_inv	ln(1+发明专利申请数量)
公司向前五大客户销售比例之和	CC_five	公司向前五大客户销售额合计/营业收入
公司向前五大客户销售比例平方和	CC_squ	公司向前五大客户销售额合计占年度销售额比例平方和
客户技术距离	Distance_tech	具体见公式(4-3)
创新广度	Patent_Class	ln(1+公司当年申请专利跨越 IPC 二级分类的数量)
创新深度	ISP_apply	具体见公式(4-7)
客户创新能力	Patent_Customer	ln(1+客户当年发明专利、实用新型专利和外观设计专利总量)
企业吸收能力	Staff_RD	ln(1+企业研发人员数量)
企业规模	Size	ln(资产总额)
盈利能力	ROA	EBIT/资产总额
资本结构	Lev	负债总额/资产总额
成长性	Growth	当期营业收入/上期营业收入－1
现金流	Cashflow	经营活动产生的现金净流量/销售收入

表 4-2（续）

变量名称	变量简称	计算方法
资本密度	Capital	固定资产净额/员工人数
人力资本	HR	企业本科以上学历员工数/员工总数
大股东持股比例	LShare	第一大股东持股比例
管理层持股比例	MShare	董事长持股数量/企业发行在外股票数量
企业性质	State	如果企业实际控制人最终为政府，赋值为1，否则赋值为0
政府补贴	Subsidy	政府财政补贴/营业收入
地区经济规模	GDP	ln（该地区生产总值）
行业变量	Ind	行业虚拟变量
年度变量	Year	年度虚拟变量

（2）模型构建

为了检验研究假设 H4-1 和 H4-2，借鉴黎文靖等（2016）、Krolikowski 等（2017）的研究，分别构建模型（4-4）和模型（4-5）进行检验。

$$\begin{aligned} \text{Innovation}_{i,t} = & \alpha_0 + \alpha_1 \text{CC}_{i,t} + \alpha_2 \text{Size}_{i,t} + \alpha_3 \text{ROA}_{i,t} + \alpha_4 \text{Lev}_{i,t} + \\ & \alpha_5 \text{Growth}_{i,t} + \alpha_6 \text{Cashflow}_{i,t} + \alpha_7 \text{Capital}_{i,t} + \alpha_8 \text{HR}_{i,t} + \\ & \alpha_9 \text{LShare}_{i,t} + \alpha_{10} \text{MShare}_{i,t} + \alpha_{11} \text{State} + \alpha_{12} \text{Subsidy} + \\ & \alpha_{13} \text{GDP}_{i,t} + \sum \text{Year} + \sum \text{Ind} + \varepsilon_{i,t} \end{aligned} \quad (4\text{-}4)$$

$$\begin{aligned} \text{Innovation}_{i,t} = & \alpha_0 + \alpha_1 \text{Distance\_tech}_{i,t} + \alpha_2 \text{Size}_{i,t} + \alpha_3 \text{ROA}_{i,t} + \alpha_4 \text{Lev}_{i,t} + \\ & \alpha_5 \text{Growth}_{i,t} + \alpha_6 \text{Cashflow}_{i,t} + \alpha_7 \text{Capital}_{i,t} + \alpha_8 \text{HR}_{i,t} + \\ & \alpha_9 \text{LShare}_{i,t} + \alpha_{10} \text{MShare}_{i,t} + \alpha_{11} \text{State} + \alpha_{12} \text{Subsidy} + \\ & \alpha_{13} \text{GDP}_{i,t} + \sum \text{Year} + \sum \text{Ind} + \varepsilon_{i,t} \end{aligned} \quad (4\text{-}5)$$

其中，上述模型中 $\text{Innovation}_{i,t}$ 表示企业创新能力，分别采用企业创新投入和创新产出两个维度指标衡量，其中企业创新投入维度使用研发投入绝对数指标（LnRD）和研发投入相对数指标（RD_Asset）测度，创新产出维度采用创新产出数量（Patent_all）和创新产出质量（Patent_inv）衡量；$\text{CC}_{i,t}$ 表示客户集中度，分别采用公司向前五大客户销售比例之和（CC_five）、公司向前五大客户销售比例平方和（CC_squ）衡量。

根据研究假设 H4-1，如果模型（4-4）中客户集中度变量（CC）的回归系数显著为负，则说明客户集中度越高，企业创新水平越低。

模型(4-5)中,Distance_tech 表示客户技术距离。根据研究假设 H4-2,如果模型(4-5)中客户技术距离(Distance_tech)变量的回归系数显著为正,则说明企业与客户间的技术距离越近,企业创新水平越高。

上述模型中其他变量为一系列影响企业创新的公司层面和宏观层面的控制变量,Ind 和 Year 为一组行业和年度虚拟变量,控制行业固定效应和时间固定效应的影响,具体变量定义见表 4-2。

4.3 变量描述性统计

表 4-3 报告了主要变量的描述性统计。统计结果显示,我国上市公司研发投入均值达到 2.27 亿元,占总资产比重的均值为 2.4%,中值为 2%,最小值为 0,最大值为 53.4%,这些结果与孟庆斌等(2017)基于国内企业统计的结果基本一致,但仍然低于英美等发达国家企业 5% 以上研发投资与总资产比重的水平(Brown et al.,2013)。在创新产出方面,上市公司平均每年申请发明专利、实用新型专利和外观设计专利总量为 104 件,其中发明专利 49 件。

在客户关系方面,公司向前五大客户销售比例之和均值为 31.1%,最小值为 2.18%,最大值为 94.2%,标准差达到 21.1%,说明公司向前五大客户销售比例之和较高,并且不同企业间存在较大差异;在客户技术距离上,企业与客户的技术距离平均值为 0.305,最小值为 0,最大值为 1,标准差达到 0.317,超过了其均值,说明企业与客户之间的技术距离存在很大差异性。

其他变量描述性统计结果如表 4-3 所示,变量特征符合预期,此处不再赘述。

表 4-3 主要变量的描述性统计表

变量	样本数(n)	均值(mean)	标准差(SD)	中位数(P50)	最小值(min)	最大值(max)
LnRD	22 078	17.860	1.707	17.890	0	24.410
RD_Asset	22 078	0.024	0.023	0.020	0	0.534
Patent_all	22 078	3.222	1.580	3.296	0	7.142
Patent_inv	22 078	2.340	1.509	2.303	0	6.389
CC_five	22 078	0.311	0.211	0.255	0.0218	0.942
CC_squ	16 411	0.049	0.085	0.017	0.000*	0.499
Distance_tech	561	0.305	0.317	0.179	0	1
Size	22 078	22.170	1.261	21.970	19.950	26.190

表 4-3(续)

变量	样本数(n)	均值(mean)	标准差(SD)	中位数(P50)	最小值(min)	最大值(max)
ROA	22 078	0.054	0.065	0.052	−0.230	0.237
Lev	22 078	0.409	0.196	0.403	0.0501	0.865
Growth	22 078	0.182	0.353	0.126	−0.469	2.037
Cashflow	22 078	0.094	0.142	0.085	−0.356	0.570
Capital	22 078	12.520	1.052	12.530	9.262	15.260
HR	22 078	29.310	20.790	23.510	0	100
LShare	22 078	0.337	0.145	0.313	0.085	0.733
MShare	22 078	0.149	0.199	0.021	0	0.696
State	22 078	0.320	0.467	0	0	1
Subsidy	22 078	0.010	0.013	0.006	0	0.078
GDP	22 078	10.570	0.776	10.610	6.566	11.730

4.4 单变量检验

表 4-4 报告了主要变量的单变量检验结果。首先，分别按照公司向前五大客户销售比例之和(CC_five)、公司向前五大客户销售比例平方和(CC_squ)和客户技术距离(Distance_tech)等变量的行业年度均值，将样本划分为高客户集中度组和低客户集中度组，远客户技术距离组和近客户技术距离组，然后分别统计各组的企业创新投入和创新产出变量均值，并进行统计量检验。

表 4-4 Panel A 报告了基于公司向前五大客户销售比例之和(CC_five)的分组统计检验结果，结果显示无论是采用研发投入绝对数(LnRD)和研发投入相对数(RD_Asset)，还是采用创新产出数量(Patent_all)和创新产出质量(Patent_inv)，高客户集中度组企业创新指标的均值和中位数均在1%的水平上显著高于低客户集中度组的企业。Panel B 基于公司向前五大客户销售比例平方和(CC_squ)的分组统计检验结果不变。以上结果表明，较高客户集中度降低了企业创新水平，初步支持了研究假设 H4-1。

Panel C 基于客户技术距离(Distance_tech)的分组统计检验结果显示，除研发投入相对数(RD_Asset)变量没有通过中位数差异检验外，衡量企业创新水平的其他三个变量的均值和中位数差异都在1%的显著性水平上通过了统计检验，表明相对于远客户技术距离组的企业，近客户技术距离组企业的创新水平更高,初步支持了研究假设 H4-2。

表 4-4 主要变量的单变量检验结果

Panel A 前五大客户销售比例之和(CC_five)与企业创新关系单变量检验						
	低客户集中度组		高客户集中度组		均值差异检验(t)	中位数差异检验(z)
	均值	中位数	均值	中位数		
LnRD	18.101	18.114	17.613	17.671	21.479***	466.252***
RD_Asset	0.025	0.021	0.023	0.019	5.243***	39.861***
Patent_all	3.418	3.497	3.020	3.091	18.841***	301.507***
Patent_inv	2.520	2.485	2.155	2.079	18.110***	279.248***
Panel B 前五大客户销售比例平方和(CC_squ)与企业创新关系单变量检验						
	低客户集中度组		高客户集中度组		均值差异检验(t)	中位数差异检验(z)
	均值	中位数	均值	中位数		
LnRD	18.053	18.079	17.613	17.786	12.172***	203.237***
RD_Asset	0.026	0.022	0.023	0.019	9.489***	146.050***
Patent_all	3.333	3.434	3.172	3.219	7.338***	74.243***
Patent_inv	2.453	2.485	2.289	2.197	7.809***	72.790***
Panel C 客户技术距离(Distance_tech)与企业创新关系单变量检验						
	近客户技术距离组		远客户技术距离组		均值差异检验(t)	中位数差异检验(z)
	均值	中位数	均值	中位数		
LnRD	18.092	18.113	17.528	17.619	−4.996***	17.547***
RD_Asset	0.027	0.021	0.022	0.019	−2.663***	1.300
Patent_all	3.406	3.296	2.900	2.862	−5.179***	14.130***
Patent_inv	1.792	2.565	2.042	2.485	−6.870***	33.762***

注:***、**、*分别表示在 1%、5%、10%的水平下显著。

4.5 相关性分析

表 4-5 报告了本章主要变量的 Pearson 相关系数。表 4-5 的结果显示,公司向前五大客户销售比例之和(CC_five)与企业研发投入绝对数(LnRD)的相关系

表 4-5 主要变量的 Pearson 相关系数

	LnRD	Patent_all	Distance_tech	CC_five	Size	ROA	Lev	Growth	Cashflow	Capital	HR	LShare	MShare
Patent_all	0.603***	1											
Distance_tech	0.248***	0.180***	1										
CC_five	-0.104***	-0.033***	0.114***	1									
Size	0.499***	0.468***	-0.002	-0.126***	1								
ROA	0.085***	0.043***	-0.039	-0.079***	0.041***	1							
Lev	0.143***	0.199***	-0.003	-0.050***	0.511***	-0.272***	1						
Growth	0.053***	0.032***	0.032	0.044***	0.030***	0.271***	0.019***	1					
Cashflow	0.010	-0.017***	-0.023	0.005	0.074***	0.317***	-0.193***	0.007	1				
Capital	0.006	0.062***	-0.110***	0.063***	0.333***	-0.035***	0.165***	-0.031***	0.169***	1			
HR	0.197***	0.078***	0.328***	0.032***	0.044***	-0.004	-0.066***	0.041***	0.038***	-0.209***	1		
LShare	0.021***	0.028***	-0.042	0.021***	0.192***	0.130***	0.070***	0.000	0.059***	0.092***	-0.084***	1	
MShare	-0.049***	-0.058***	-0.080*	0.045***	-0.358***	0.103***	-0.315***	0.071***	0.007	-0.200***	0.035***	-0.096***	1
State	0.037***	0.090***	0.010	0.005	0.368***	-0.070***	0.316***	-0.070***	-0.021***	0.187***	0.056***	0.239***	-0.480***
Subsidy	-0.018***	0.012*	0.108***	0.051***	-0.191***	-0.082***	-0.183***	-0.085***	0.076***	-0.004	0.122***	-0.105***	0.082***
GDP	0.190***	0.195***	0.081***	0.010	-0.026***	0.008	-0.068***	0.005	0.033***	-0.075***	-0.015	-0.101***	0.193***

注：***、**、*分别表示在1%、5%、10%的水平下显著；限于版面，部分创新指标、客户关系指标和控制变量没有列示。

数为－0.104,在1%的水平上显著为负,与企业创新产出数量(Patent_all)的相关系数为－0.033,同样在1%的水平上显著为负,说明客户集中度越高,企业创新投入和创新产出越少,企业创新水平越低,这与客户议价能力假说相一致,初步支持了研究假设H4-1。

客户技术距离指标(Distance_tech)与企业研发投入绝对数(LnRD)的相关系数为0.248,在1%的水平上显著为正,与企业创新产出数量(Patent_all)的相关系数为0.180,同样在1%的水平上显著为正,说明企业与客户间技术越邻近,企业创新投入和创新产出越多,企业创新水平越高,这与知识溢出假说相一致,初步支持了研究假设H4-2。其他控制变量间的Pearson相关系数均小于0.6,说明本章模型不存在严重的多重共线性问题。

4.6 回归结果分析及讨论

4.6.1 客户集中度与企业创新水平

表4-6和表4-7分别报告了客户集中度对企业创新投入和创新产出影响的实证结果。表4-6列(1)的结果显示,公司向前五大客户销售比例之和(CC_five)的回归系数为－0.451,在1%的水平下显著为负,说明客户集中度越高,企业创新投入越少。就其经济意义而言,在其他条件不变的情况下,由于模型(4-4)是半对数模型,公司向前五大客户销售比例之和(CC_five)增加一个标准差(0.211),企业研发投入绝对金额将会下降9.52%(0.451×0.211),这具有重要的经济意义。在控制变量方面,企业规模越大,盈利能力越强、政府补贴力度越强、所在地区GDP规模越大,企业创新水平越高;而资本密度较高和国有控股企业的创新水平较低,这些研究结果与现有研究基本一致,说明研究模型构建是合适的。

表4-6 客户集中度对企业研发投入影响的实证结果

变量	LnRD	LnRD	RD_Asset	RD_Asset
	(1)	(2)	(3)	(4)
CC_five	－0.451*** (－9.25)		－0.005*** (－7.77)	
CC_squ		－0.983*** (－6.73)		－0.009*** (－4.61)

表 4-6(续)

变量	LnRD (1)	LnRD (2)	RD_Asset (3)	RD_Asset (4)
Size	0.906***	0.896***	−0.001***	−0.002***
	(84.94)	(73.63)	(−9.82)	(−9.04)
ROA	1.234***	1.022***	0.023***	0.020***
	(6.98)	(5.61)	(6.73)	(5.15)
Lev	−0.394***	−0.346***	0.001	0.000
	(−6.35)	(−5.00)	(0.92)	(0.38)
Growth	0.061**	0.016	0.001	0.001
	(2.33)	(0.57)	(1.15)	(0.91)
Cashflow	−0.226***	−0.045	−0.001	0.000
	(−2.60)	(−0.46)	(−0.51)	(0.00)
Capital	−0.152***	−0.167***	−0.004***	−0.004***
	(−12.19)	(−12.29)	(−21.84)	(−21.35)
HR	0.013***	0.014***	0.000***	0.000***
	(23.25)	(21.81)	(32.34)	(29.90)
LShare	0.001**	0.002***	0.000	0.000**
	(2.32)	(3.53)	(0.69)	(2.36)
MShare	0.002***	0.002***	0.000	0.000
	(5.10)	(4.40)	(0.98)	(0.71)
State	−0.087***	−0.067**	−0.002***	−0.001**
	(−3.67)	(−2.40)	(−6.08)	(−2.29)
Subsidy	3.012***	3.007***	0.095***	0.106***
	(4.68)	(4.30)	(5.56)	(5.24)
GDP	0.252***	0.254***	0.003***	0.002***
	(18.42)	(16.21)	(12.41)	(9.05)
常数项	−3.217***	−2.931***	0.065***	0.070***
	(−10.98)	(−8.77)	(16.53)	(14.91)
观测值	22 078	16 411	22 078	16 411
Adj-R^2	0.550	0.534	0.401	0.406
F	974.6	661.3	181.3	157.8

注：***、**、*分别表示在1%、5%、10%的水平下显著,括号内为经过异方差修正后稳健标准误对应的 t 值。

表4-6列(2)采用公司向前五大客户销售比例平方和(CC_squ)衡量客户集中度,变量回归系数同样在1%的水平下显著为负,主要实证结果不变。列(3)和列(4)将被解释变量替换为研发投入相对数(RD_Asset),主要实证结果同样不变,说明上述研究结论是稳健的。

表4-7报告了客户集中度对企业创新产出影响的实证结果,被解释变量分别采用企业创新产出数量(Patent_all)和企业创新产出质量(Patent_inv)。列(1)的结果显示,公司向前五大客户销售比例之和(CC_five)的回归系数为-0.357,在1%的水平下显著为负,说明客户集中度越高,企业创新产出越少。就其经济意义而言,在其他条件不变的情况下,由于模型(4-4)是半对数模型,企业前五大客户销售比例之和(CC_five)增加一个标准差(0.211),企业专利申请量将会下降7.53%(0.357×0.211),这同样具有重要的经济意义。

表4-7 客户集中度对企业创新产出影响的实证结果

变量	Patent_all (1)	Patent_all (2)	Patent_inv (3)	Patent_inv (4)
CC_five	-0.357^{***} (-8.24)		-0.241^{***} (-5.79)	
CC_squ		-0.678^{***} (-5.53)		-0.455^{***} (-3.88)
Size	0.734^{***} (81.67)	0.728^{***} (68.60)	0.723^{***} (81.82)	0.708^{***} (67.75)
ROA	1.045^{***} (6.91)	1.069^{***} (6.21)	0.826^{***} (5.83)	0.885^{***} (5.54)
Lev	-0.108^{**} (-1.98)	-0.089 (-1.40)	-0.227^{***} (-4.30)	-0.186^{***} (-3.04)
Growth	0.003 (0.13)	-0.003 (-0.11)	0.013 (0.54)	0.015 (0.56)
Cashflow	-0.392^{***} (-5.83)	-0.273^{***} (-3.52)	-0.320^{***} (-5.02)	-0.218^{***} (-2.99)
Capital	-0.157^{***} (-14.39)	-0.152^{***} (-12.29)	-0.136^{***} (-13.24)	-0.128^{***} (-11.00)
HR	0.008^{***} (14.50)	0.006^{***} (10.18)	0.015^{***} (29.02)	0.014^{***} (23.25)

表 4-7(续)

变量	Patent_all (1)	Patent_all (2)	Patent_inv (3)	Patent_inv (4)
LShare	−0.001 (−1.53)	−0.000 (−0.67)	−0.002*** (−2.70)	−0.001** (−1.98)
MShare	0.003*** (7.22)	0.004*** (7.43)	0.002*** (4.01)	0.002*** (4.17)
State	0.138*** (6.61)	0.138*** (5.55)	0.147*** (7.20)	0.149*** (6.15)
Subsidy	7.899*** (11.72)	8.584*** (11.15)	10.689*** (16.50)	11.456*** (15.73)
GDP	0.193*** (15.91)	0.197*** (13.84)	0.217*** (18.66)	0.216*** (15.92)
常数项	−13.363*** (−54.65)	−13.393*** (−46.65)	−14.701*** (−62.46)	−14.507*** (−52.35)
观测值	22 078	16 411	22 078	16 411
Adj-R^2	0.487	0.458	0.468	0.434
F	902.8	564.1	944.6	598.5

注：***、**、* 分别表示在1%、5%、10%的水平下显著，括号内为经过异方差修正后稳健标准误对应的 t 值。

表 4-7 列(2)采用公司向前五大客户销售比例平方和(CC_squ)衡量客户集中度，变量回归系数同样在1%的水平下显著为负，主要实证结果不变。列(3)和列(4)将被解释变量替换为企业创新产出质量(Patent_inv)，主要实证结果同样不变，说明客户集中度越高，企业创新水平越低。

综上，以上实证结果表明，客户集中度越高，企业创新投入和创新产出越少，企业创新水平越低。其原因可能在于，客户集中度越高，大客户越有可能利用其议价能力对创新投资的"可占用性准租"进行敲竹杠，抑制了企业创新投资的积极性，并降低了创新产出的数量和质量，从而证实了研究假设 H4-1。

4.6.2　客户技术距离与企业创新水平

表 4-8 报告了客户技术距离对企业创新水平影响的实证结果。列(1)的结果显示，客户技术距离(Distance_tech)的回归系数为 0.505，在1%的水平上显著为正，说明企业与客户间技术上越邻近，越有利于创新知识溢出，企业创新投

入越多。就其经济意义而言,在其他条件不变的情况下,由于模型(4-5)也是半对数模型,如果客户技术距离(Distance_tech)从0(企业与客户创新技术完全没有关系)增加到1(企业与客户创新技术完全相关),企业创新投入绝对额将会增加50.5%;如果客户技术距离(Distance_tech)增加一个标准差(0.317),那么,企业创新投入绝对金额将会增加16%(0.505×0.317),这也具有重要的经济意义。列(2)将被解释变量替换为研发投入相对数(RD_Asset),主要实证结果同样不变。

表 4-8 客户技术距离对企业创新水平影响的实证结果

变量	LnRD (1)	RD_Asset (2)	Patent_all (3)	Patent_inv (4)
Distance_tech	0.505*** (3.99)	0.010*** (4.05)	0.542*** (3.69)	0.856*** (6.18)
Size	0.758*** (13.62)	−0.002*** (−3.20)	0.621*** (11.95)	0.574*** (11.11)
ROA	4.745*** (4.31)	0.039*** (2.80)	0.818 (0.84)	0.919 (1.04)
Lev	0.310 (1.32)	0.008** (2.09)	−0.390 (−1.44)	−0.609** (−2.32)
Growth	−0.148 (−0.97)	−0.000 (−0.07)	0.058 (0.53)	0.116 (1.15)
Cashflow	−0.843** (−1.98)	−0.011 (−1.59)	−0.306 (−0.99)	−0.288 (−0.92)
Capital	−0.075 (−1.29)	−0.003*** (−2.80)	−0.053 (−0.88)	−0.068 (−1.29)
HR	0.017*** (5.69)	0.000*** (5.64)	0.005* (1.88)	0.014*** (5.08)
LShare	0.010*** (2.87)	0.000*** (3.03)	0.009*** (3.03)	0.011*** (3.66)
MShare	0.003 (1.41)	0.000 (0.77)	0.005** (1.99)	0.003 (1.25)
State	0.100 (0.85)	0.001 (0.40)	0.099 (0.91)	0.139 (1.26)

表 4-8（续）

变量	LnRD	RD_Asset	Patent_all	Patent_inv
	(1)	(2)	(3)	(4)
Subsidy	5.935**	0.150	8.650***	8.065***
	(1.98)	(1.63)	(2.70)	(2.68)
GDP	0.214***	0.002**	0.031	0.088
	(2.63)	(2.43)	(0.44)	(1.27)
常数项	−1.523	0.054***	−10.887***	−11.325***
	(−1.03)	(2.87)	(−7.44)	(−7.73)
观测值	554	554	554	554
Adj-R^2	0.574	0.409	0.458	0.461
F	37.99	9.674	22.26	25.07

注：***、**、* 分别表示在1%、5%、10%的水平下显著，括号内为经过异方差修正后稳健标准误对应的 t 值。

表 4-8 列（3）和列（4）报告了客户技术距离对企业创新产出影响的实证结果，被解释变量分别采用企业创新产出数量（Patent_all）和创新产出质量（Patent_inv）。列（3）的结果显示，客户技术距离（Distance_tech）的回归系数为 0.542，在 1% 的水平下显著为正，说明企业与客户技术距离越近，企业创新产出越多。就其经济意义而言，在其他条件不变的情况下，由于模型（4-5）是半对数模型，如果客户技术距离（Distance_tech）从 0（企业与客户创新技术完全没有关系）增加到 1（企业与客户创新技术完全相关），企业专利申请绝对数量将会增加 54.2%；如果客户技术距离（Distance_tech）增加一个标准差（0.317），那么，企业专利申请绝对数量将会增加 17.18%（0.542×0.317），经济意义明显。

表 4-8 列（4）将被解释变量替换为企业创新产出质量（Patent_inv），结果显示，客户技术距离（Distance_tech）的回归系数为 0.856，在 1% 的水平下显著为正，说明企业与客户技术距离越近，企业创新产出质量越高。其经济意义为在其他条件不变的情况下，如果客户技术距离（Distance_tech）从 0（企业与客户创新技术完全没有关系）增加到 1（企业与客户创新技术完全相关），企业发明专利申请绝对数量将会增加 85.6%；如果客户技术距离（Distance_tech）增加一个标准差（0.317），那么，企业发明专利绝对数量将会增加 27.14%（0.856×0.317），相对于全部专利申请数量而言，客户技术距离邻近对发明专利申请数量的影响的经济意义更加明显。

4 客户关系对企业创新影响的实证分析

综上,上述实证结果表明,客户技术距离越近,研发投入越多,企业专利产出和发明专利产出也越多。其原因可能在于,企业与客户技术上越邻近,企业越有可能及时获得当前市场对企业现有产品或服务的及时反馈,并通过私人交流增加企业在产品或服务等方面的知识积累,促进企业创新,尤其是在实质创新方面的投资,从而证实了研究假设 H4-2。

4.7 稳健性和内生性检验

为保证上述研究结论的可靠性,本章通过更换解释变量、更换被解释变量、更换模型展开系列稳健性检验,并通过解释变量滞后一期、两阶段最小二乘法(2SLS)等排除反向因果关系和缓解遗漏变量的影响。

4.7.1 更换解释变量

考虑到第一大客户在企业客户关系中的重要作用,借鉴王迪等(2016)、江伟等(2017)的做法,采用企业向第一大客户销售额占营业收入比重(CC_first)和是否存在单一客户销售额超过营业收入 10%(CC_10%)重新衡量客户集中度,重新运行模型(4-4)和(4-5)。实证结果如表 4-9 与表 4-10 所示,无论是创新投入还是创新产出,企业向第一大客户销售额占销售收入比重(CC_first)和是否存在大客户(CC_10%)的回归系数均在 1% 的水平下显著为负,说明企业向第一大客户销售的比重越高,企业创新水平越低,再次证实了研究假设 H4-1。

表 4-9 客户集中度对企业创新投入影响的实证结果(更换解释变量)

变量	LnRD	LnRD	RD_Asset	RD_Asset
	(1)	(2)	(3)	(4)
CC_first	−0.572***		−0.008***	
	(−6.75)		(−6.54)	
CC_10%		−0.114***		−0.002***
		(−6.99)		(−6.18)
Size	0.897***	0.921***	−0.002***	−0.001***
	(74.04)	(86.26)	(−9.23)	(−8.87)
ROA	1.011***	1.286***	0.020***	0.024***
	(5.58)	(7.24)	(5.12)	(6.90)

表 4-9（续）

变量	LnRD (1)	LnRD (2)	RD_Asset (3)	RD_Asset (4)
Lev	−0.346*** (−5.03)	−0.394*** (−6.34)	0.000 (0.44)	0.001 (0.90)
Growth	0.016 (0.55)	0.048* (1.84)	0.001 (1.01)	0.001 (0.91)
Cashflow	−0.057 (−0.59)	−0.236*** (−2.69)	0.000 (0.05)	−0.001 (−0.62)
Capital	−0.164*** (−12.14)	−0.157*** (−12.71)	−0.004*** (−21.29)	−0.004*** (−22.00)
HR	0.014*** (21.90)	0.013*** (23.02)	0.000*** (30.01)	0.000*** (32.25)
LShare	0.002*** (3.60)	0.001** (2.10)	0.000** (2.35)	0.000 (0.57)
MShare	0.002*** (4.49)	0.002*** (4.99)	0.000 (0.75)	0.000 (0.89)
State	−0.066** (−2.39)	−0.086*** (−3.59)	−0.001** (−2.35)	−0.002*** (−5.94)
Subsidy	2.997*** (4.30)	2.980*** (4.63)	0.107*** (5.28)	0.094*** (5.54)
GDP	0.252*** (16.24)	0.253*** (18.47)	0.002*** (9.06)	0.003*** (12.45)
常数项	−2.950*** (−8.89)	−3.565*** (−12.05)	0.071*** (15.18)	0.061*** (16.00)
观测值	16 545	22 078	16 545	22 078
Adj-R^2	0.536	0.548	0.408	0.400
F	674.9	968.2	159.0	184.2

注：***、**、*分别表示在1%、5%、10%的水平下显著，括号内为经过异方差修正后稳健标准误对应的 t 值。

表 4-10 客户集中度对企业创新产出影响的实证结果(更换解释变量)

变量	Patent_all (1)	Patent_all (2)	Patent_inv (3)	Patent_inv (4)
CC_first	−0.390*** (−5.17)		−0.268*** (−3.69)	
CC_10%		−0.038** (−2.31)		−0.035** (−2.17)
Size	0.728*** (68.71)	0.748*** (84.79)	0.710*** (68.02)	0.732*** (84.28)
ROA	1.042*** (6.08)	1.090*** (7.20)	0.848*** (5.32)	0.856*** (6.04)
Lev	−0.103 (−1.62)	−0.105* (−1.91)	−0.201*** (−3.30)	−0.226*** (−4.27)
Growth	−0.002 (−0.06)	−0.010 (−0.39)	0.018 (0.67)	0.005 (0.20)
Cashflow	−0.287*** (−3.72)	−0.397*** (−5.88)	−0.228*** (−3.15)	−0.324*** (−5.06)
Capital	−0.150*** (−12.14)	−0.162*** (−14.94)	−0.126*** (−10.91)	−0.140*** (−13.64)
HR	0.006*** (10.29)	0.008*** (14.40)	0.014*** (23.39)	0.015*** (28.95)
LShare	−0.000 (−0.48)	−0.001* (−1.83)	−0.001* (−1.70)	−0.002*** (−2.89)
MShare	0.004*** (7.39)	0.003*** (7.08)	0.002*** (4.17)	0.002*** (3.92)
State	0.144*** (5.78)	0.136*** (6.47)	0.154*** (6.40)	0.145*** (7.13)
Subsidy	8.539*** (11.11)	7.867*** (11.67)	11.414*** (15.70)	10.668*** (16.46)
GDP	0.197*** (13.91)	0.195*** (16.10)	0.216*** (15.99)	0.218*** (18.77)
常数项	−13.411*** (−46.69)	−13.710*** (−56.68)	−14.546*** (−52.49)	−14.924*** (−64.10)

表 4-10(续)

变量	Patent_all	Patent_all	Patent_inv	Patent_inv
	(1)	(2)	(3)	(4)
观测值	16 545	22 078	16 545	22 078
Adj-R^2	0.460	0.485	0.436	0.468
F	572.3	895.6	608.8	941.1

注：***、**、* 分别表示在1%、5%、10%的水平下显著，括号内为经过异方差修正后稳健标准误对应的 t 值。

4.7.2 更换被解释变量

在企业创新产出方面，虽然企业专利申请量能够在一定程度上反映出企业的创新水平，但专利授予量比专利申请量更能反映出企业的创新质量，因此借鉴黎文靖等（2016）的做法，此处采用企业专利授予量衡量企业的创新水平。

表 4-11 的实证结果显示，无论是采用企业专利授予量（Patent_grantall）还是采用发明专利授予量（Patent_grantinv），公司向前五大客户销售比例之和（CC_five）和公司向前五大客户销售比例平方和（CC_squ）的回归系数均在 1% 的水平下显著为负，说明客户集中度越高，企业创新水平越低，再次证实了研究假设 H4-1。

表 4-11　客户集中度对企业创新水平影响的实证结果（采用专利授予量）

变量	Patent_grantall	Patent_grantall	Patent_grantinv	Patent_grantinv
	(1)	(2)	(3)	(4)
CC_five	−0.403*** (−9.72)		−0.253*** (−6.64)	
CC_squ		−0.722*** (−6.25)		−0.431*** (−4.16)
Size	0.717*** (77.96)	0.710*** (65.51)	0.638*** (68.69)	0.618*** (56.45)
ROA	0.499*** (3.44)	0.577*** (3.50)	−0.179 (−1.44)	−0.018 (−0.13)
Lev	−0.072 (−1.35)	−0.048 (−0.79)	−0.354*** (−7.52)	−0.297*** (−5.55)

表 4-11(续)

变量	Patent_grantall (1)	Patent_grantall (2)	Patent_grantinv (3)	Patent_grantinv (4)
Growth	−0.085*** (−3.49)	−0.093*** (−3.39)	−0.070*** (−3.30)	−0.070*** (−2.95)
Cashflow	−0.336*** (−5.31)	−0.219*** (−3.01)	−0.225*** (−4.04)	−0.100 (−1.59)
Capital	−0.153*** (−14.64)	−0.150*** (−12.52)	−0.108*** (−12.09)	−0.109*** (−10.75)
HR	0.005*** (9.07)	0.003*** (5.52)	0.014*** (30.32)	0.013*** (23.95)
LShare	−0.000 (−0.67)	−0.000 (−0.30)	−0.001 (−0.97)	−0.001 (−0.87)
MShare	0.003*** (6.69)	0.004*** (7.59)	0.000 (0.40)	0.001 (1.39)
State	0.106*** (5.24)	0.107*** (4.40)	0.114*** (6.09)	0.130*** (5.89)
Subsidy	6.749*** (10.38)	7.289*** (9.95)	8.674*** (14.24)	9.100*** (13.51)
GDP	0.169*** (14.38)	0.173*** (12.60)	0.187*** (18.06)	0.182*** (15.06)
常数项	−12.972*** (−53.31)	−12.988*** (−45.47)	−13.523*** (−56.94)	−13.033*** (−47.20)
观测值	22 078	16 411	22 078	16411
Adj-R^2	0.500	0.471	0.430	0.390
F	791.9	491.8	632.4	398.1

注：***、**、* 分别表示在 1%、5%、10% 的水平下显著，括号内为经过异方差修正后稳健标准误对应的 t 值。

表 4-12 的实证结果显示，虽然客户技术距离(Distance_tech)变量对企业专利授予量影响的回归系数为正，没有通过显著性检验，但客户技术距离(Distance_tech)变量对企业发明专利授予量影响的回归系数在 1% 的水平下显著为正，说明企业与客户之间技术上越邻近，企业发明专利授权量越多，企业创新质量越高，基本上证实了研究假设 H4-2。

表 4-12 客户技术距离对企业创新水平影响的实证结果（采用专利授予量）

变量	Patent_grantall (1)	Patent_grantinv (2)
Distance_tech	0.225	0.456***
	(1.42)	(3.30)
Size	0.676***	0.573***
	(11.93)	(10.87)
ROA	0.061	−1.171
	(0.07)	(−1.59)
Lev	−0.618**	−1.152***
	(−2.07)	(−4.33)
Growth	0.034	0.053
	(0.24)	(0.45)
Cashflow	−0.492	−0.462
	(−1.59)	(−1.54)
Capital	−0.042	−0.049
	(−0.73)	(−0.94)
HR	−0.000	0.007**
	(−0.10)	(2.44)
LShare	0.010***	0.008**
	(3.20)	(2.44)
MShare	0.004	0.002
	(1.39)	(0.77)
State	0.141	0.201*
	(1.17)	(1.81)
Subsidy	9.800***	6.291**
	(2.80)	(2.34)
GDP	0.003	0.130*
	(0.04)	(1.91)
常数项	−11.985***	−12.013***
	(−7.65)	(−8.16)
观测值	554	554
Adj-R^2	0.483	0.413
F	20.66	17.94

注：***、**、* 分别表示在1%、5%、10%的水平下显著，括号内为经过异方差修正后稳健标准误对应的 t 值。

4.7.3 更换估计模型

考虑到上述被解释变量涉及研发投入金额的自然对数(LnRD)、研发投入占总资产比重(RD_Asset)和专利申请量的自然对数(Patent_all 和 Patent_inv),这些变量的取值范围为(0,1)或者(0,+∞),存在下限边界,因此此处采用 Tobit 模型重新运行模型(4-4)和(4-5),实证结果如表 4-13 与表 4-14 所示。客户集中度变量和客户技术距离变量的回归系数结果没有发生实质性变化,主要实证结论不变,再次说明上述研究结论是稳健的。

表 4-13 客户关系对企业创新投入影响的实证结果(采用 Tobit 模型)

变量	LnRD	LnRD	RD_Asset	RD_Asset
	(1)	(2)	(3)	(4)
CC_five	−0.452*** (−9.25)		−0.006*** (−7.81)	
CC_squ		−0.984*** (−6.73)		−0.010*** (−4.63)
Size	0.906*** (84.93)	0.896*** (73.67)	−0.001*** (−9.73)	−0.002*** (−8.97)
ROA	1.234*** (6.98)	1.022*** (5.61)	0.023*** (6.74)	0.020*** (5.13)
Lev	−0.394*** (−6.35)	−0.346*** (−5.01)	0.001 (0.90)	0.000 (0.37)
Growth	0.061** (2.34)	0.016 (0.57)	0.001 (1.18)	0.001 (0.92)
Cashflow	−0.226*** (−2.60)	−0.045 (−0.46)	−0.001 (−0.50)	0.000 (0.04)
Capital	−0.152*** (−12.19)	−0.167*** (−12.30)	−0.004*** (−21.88)	−0.004*** (−21.42)
HR	0.013*** (23.24)	0.014*** (21.82)	0.000*** (32.36)	0.000*** (29.94)
LShare	0.001** (2.33)	0.002*** (3.54)	0.000 (0.72)	0.000** (2.38)

表 4-13(续)

变量	LnRD (1)	LnRD (2)	RD_Asset (3)	RD_Asset (4)
MShare	0.002*** (5.11)	0.002*** (4.41)	0.000 (1.04)	0.000 (0.75)
State	−0.087*** (−3.67)	−0.067** (−2.40)	−0.002*** (−6.03)	−0.001** (−2.25)
Subsidy	3.015*** (4.69)	3.009*** (4.31)	0.095*** (5.59)	0.106*** (5.26)
GDP	0.252*** (18.44)	0.254*** (16.23)	0.003*** (12.45)	0.002*** (9.09)
常数项	−5.202*** (−16.75)	−7.147*** (−11.15)	0.046*** (10.86)	0.040*** (8.32)
观测值	22 078	16 411	22 078	16 411
Pseudo R^2	0.204	0.203	−0.110	−0.111
F	336.2	242.8	185.1	137.4

注：***、**、* 分别表示在 1%、5%、10% 的水平下显著,括号内为经过异方差修正后稳健标准误对应的 t 值。

表 4-14 客户关系对企业创新产出影响的实证结果(采用 Tobit 模型)

变量	Patent_all (1)	Patent_all (2)	Patent_inv (3)	Patent_inv (4)
CC_five	−0.385*** (−8.31)		−0.292*** (−6.16)	
CC_squ		−0.743*** (−5.63)		−0.570*** (−4.27)
Size	0.756*** (78.77)	0.750*** (66.23)	0.775*** (78.20)	0.759*** (64.83)
ROA	1.124*** (6.83)	1.150*** (6.15)	0.970*** (5.87)	1.012*** (5.47)
Lev	−0.124** (−2.09)	−0.099 (−1.43)	−0.274*** (−4.49)	−0.226*** (−3.20)

表 4-14(续)

变量	Patent_all (1)	Patent_all (2)	Patent_inv (3)	Patent_inv (4)
Growth	0.005 (0.19)	−0.003 (−0.08)	0.022 (0.79)	0.020 (0.67)
Cashflow	−0.418*** (−5.70)	−0.293*** (−3.46)	−0.358*** (−4.77)	−0.249*** (−2.92)
Capital	−0.157*** (−13.41)	−0.152*** (−11.36)	−0.141*** (−11.90)	−0.131*** (−9.85)
HR	0.008*** (13.78)	0.006*** (9.68)	0.016*** (27.50)	0.014*** (22.17)
LShare	−0.001 (−1.49)	−0.001 (−0.74)	−0.002*** (−2.87)	−0.002** (−2.09)
MShare	0.004*** (7.34)	0.004*** (7.41)	0.002*** (4.30)	0.002*** (4.29)
State	0.150*** (6.72)	0.146*** (5.49)	0.166*** (7.20)	0.161*** (5.88)
Subsidy	8.264*** (11.44)	8.954*** (10.86)	11.789*** (16.22)	12.466*** (15.28)
GDP	0.209*** (15.86)	0.212*** (13.73)	0.250*** (18.43)	0.248*** (15.66)
常数项	−16.103*** (−58.24)	−17.013*** (−33.52)	−17.944*** (−63.83)	−18.570*** (−37.33)
观测值	22 078	16 411	22 078	16 411
Pseudo R^2	0.169	0.157	0.162	0.148
F	289.1	191.2	254.7	164.7

注：***、**、* 分别表示在 1%、5%、10% 的水平下显著，括号内为经过异方差修正后稳健标准误对应的 t 值。

4.7.4 排除反向因果关系影响

理论上客户关系对企业创新影响存在反向因果关系，即创新能力越强的企业，其客户集中度越低，客户技术距离越近。为了进一步排除反向因果关系的影响，此处将解释变量客户关系的主要变量滞后一期，重新运行模型(4-4)和模型(4-5),结果如表 4-15～表 4-17 所示,主要实证结果不变。

表 4-15　客户集中度对企业创新投入影响的实证结果(解释变量滞后一期)

变量	LnRD (1)	LnRD (2)	RD_Asset (3)	RD_Asset (4)
CC_five	−0.405*** (−8.63)		−0.006*** (−8.63)	
CC_squ		−0.988*** (−7.62)		−0.014*** (−7.70)
Size	0.883*** (81.20)	0.875*** (67.33)	−0.001*** (−8.70)	−0.001*** (−7.86)
ROA	1.934*** (9.64)	1.853*** (9.17)	0.025*** (8.99)	0.025*** (8.11)
Lev	−0.334*** (−5.45)	−0.308*** (−4.46)	0.000 (0.33)	−0.000 (−0.06)
Growth	0.155*** (6.21)	0.112*** (4.09)	0.000 (1.03)	0.000 (0.13)
Cashflow	−0.169** (−2.09)	−0.062 (−0.72)	0.003*** (2.93)	0.004*** (3.34)
Capital	−0.152*** (−14.29)	−0.154*** (−13.26)	−0.004*** (−20.61)	−0.004*** (−19.74)
HR	0.014*** (25.50)	0.015*** (25.31)	0.000*** (30.66)	0.000*** (29.27)
LShare	0.001 (1.33)	0.002*** (2.64)	−0.000 (−1.01)	0.000 (1.12)
MShare	0.002*** (3.88)	0.002*** (4.30)	0.000 (0.13)	0.000 (0.71)
State	−0.067*** (−2.78)	−0.034 (−1.24)	−0.001*** (−3.64)	−0.000 (−0.35)
Subsidy	2.061*** (3.21)	2.277*** (3.29)	0.069*** (5.24)	0.079*** (5.17)
GDP	0.226*** (15.80)	0.224*** (13.77)	0.002*** (10.25)	0.002*** (6.95)

表 4-15(续)

变量	LnRD	LnRD	RD_Asset	RD_Asset
	(1)	(2)	(3)	(4)
常数项	−2.306***	−2.188***	0.070***	0.074***
	(−7.78)	(−6.13)	(16.57)	(14.64)
观测值	17 643	13 361	17 643	13 361
Adj-R^2	0.573	0.559	0.412	0.410
F	999.1	656.4	137.6	118.5

注:***、**、*分别表示在1%、5%、10%的水平下显著,括号内为经过异方差修正后稳健标准误对应的 t 值。

表 4-16 客户集中度对企业创新产出影响的实证结果(解释变量滞后一期)

变量	Patent_all	Patent_all	Patent_inv	Patent_inv
	(1)	(2)	(3)	(4)
CC_five	−0.332***		−0.238***	
	(−6.85)		(−4.97)	
CC_squ		−0.611***		−0.402***
		(−4.46)		(−3.01)
Size	0.721***	0.718***	0.723***	0.712***
	(71.09)	(60.22)	(72.34)	(60.92)
ROA	1.834***	1.885***	1.511***	1.561***
	(10.26)	(9.40)	(9.03)	(8.36)
Lev	−0.116*	−0.103	−0.234***	−0.214***
	(−1.88)	(−1.43)	(−3.89)	(−3.09)
Growth	0.084***	0.065*	0.087***	0.081**
	(2.82)	(1.91)	(2.98)	(2.44)
Cashflow	−0.372***	−0.240***	−0.319***	−0.219***
	(−4.93)	(−2.80)	(−4.40)	(−2.68)
Capital	−0.154***	−0.153***	−0.141***	−0.135***
	(−12.48)	(−10.99)	(−12.04)	(−10.25)
HR	0.008***	0.007***	0.015***	0.014***
	(13.51)	(9.78)	(25.83)	(20.81)

表 4-16(续)

变量	Patent_all (1)	Patent_all (2)	Patent_inv (3)	Patent_inv (4)
LShare	−0.001*	−0.001	−0.002***	−0.001*
	(−1.89)	(−0.80)	(−2.63)	(−1.74)
MShare	0.004***	0.004***	0.002***	0.002***
	(7.37)	(7.24)	(4.17)	(4.11)
State	0.172***	0.171***	0.190***	0.189***
	(7.37)	(6.09)	(8.23)	(6.87)
Subsidy	7.009***	7.474***	9.886***	10.629***
	(9.44)	(8.87)	(13.73)	(13.19)
GDP	0.189***	0.193***	0.218***	0.219***
	(14.00)	(12.29)	(16.62)	(14.42)
常数项	−12.992***	−13.052***	−14.565***	−14.447***
	(−47.09)	(−40.46)	(−54.52)	(−46.44)
观测值	17 643	13 361	17 643	13 361
Adj-R^2	0.476	0.447	0.457	0.424
F	715.2	456.5	769.7	495.3

注：***、**、*分别表示在1%、5%、10%的水平下显著，括号内为经过异方差修正后稳健标准误对应的 t 值。

表 4-17 客户技术距离对企业创新水平影响的实证结果（解释变量滞后一期）

变量	LnRD (1)	RD_Asset (2)	Patent_all (3)	Patent_inv (4)
Distance_tech	0.279**	0.009**	0.265	0.476***
	(2.06)	(2.49)	(1.36)	(2.60)
Size	0.750***	−0.002**	0.639***	0.609***
	(14.30)	(−2.12)	(10.60)	(10.04)
ROA	3.903***	0.015	0.651	0.301
	(2.84)	(0.75)	(0.45)	(0.20)
Lev	0.317	0.008	0.026	−0.117
	(1.26)	(1.55)	(0.08)	(−0.37)

表 4-17(续)

变量	LnRD	RD_Asset	Patent_all	Patent_inv
	(1)	(2)	(3)	(4)
Growth	0.104	0.000	0.118	0.197
	(1.05)	(0.14)	(0.83)	(1.48)
Cashflow	−1.119**	−0.005	−0.423	−0.298
	(−2.01)	(−0.53)	(−0.95)	(−0.69)
Capital	−0.081	−0.003***	0.005	−0.019
	(−1.56)	(−2.97)	(0.07)	(−0.28)
HR	0.013***	0.000***	0.005	0.012***
	(4.72)	(5.24)	(1.28)	(3.28)
LShare	0.012***	0.000***	0.012***	0.014***
	(3.71)	(3.34)	(3.12)	(3.76)
MShare	−0.002	−0.000	0.007**	0.005*
	(−0.65)	(−0.78)	(2.25)	(1.75)
State	0.046	0.000	0.134	0.248*
	(0.39)	(0.22)	(0.97)	(1.82)
Subsidy	4.632	0.095	12.651***	14.265***
	(1.17)	(0.83)	(2.93)	(3.47)
GDP	0.333***	0.003**	0.104	0.211**
	(3.88)	(2.58)	(1.20)	(2.47)
常数项	−2.062	0.046**	−12.886***	−14.192***
	(−1.48)	(2.08)	(−7.11)	(−7.78)
观测值	466	466	466	466
Adj-R^2	0.583	0.413	0.424	0.410
F	41.38	6.624	16.64	18.62

注：***、**、*分别表示在1%、5%、10%的水平下显著,括号内为经过异方差修正后稳健标准误对应的 t 值。

4.7.5 缓解遗漏变量的影响

客户集中度和企业创新水平可能会同时受到一些无法观测变量的影响,从而引起遗漏变量的内生性问题。借鉴 Itzkowitz(2013)的研究方法,此处采用两阶段最小二乘法(2SLS)缓解潜在的内生性问题。

具体而言,变量滞后值可以很好地预测该变量的未来变化趋势,具有一定的相关性,同时滞后变量不会直接影响企业当期的创新水平。为确保之前年份企业与客户之间关系不影响当前的企业创新水平,分别采用 CC_five 滞后三期(L3. CC_five)和滞后五期(L5. CC_five)指标,作为客户集中度的工具变量。

表 4-18~表 4-21 报告了采用不同被解释变量(LnRD、RD_Asset、Patent_all 和 Patent_inv)两阶段最小二乘法的结果。这里以表 4-18 为例进行具体说明,其他结果与表 4-18 基本一致,因此不再赘述。

表 4-18 的回归结果显示,无论是采用 CC_five 滞后三期(L3. CC_five)指标,还是采用滞后五期(L5. CC_five)指标作为客户集中度的工具变量,第一阶段中工具变量均与解释变量在 1% 水平下显著正相关,第二阶段中解释变量预测变量(Predict_CC_five)的回归系数均在 1% 的水平下显著为负,这再次说明客户集中度与企业创新的负相关关系,说明上述研究结论是稳健的。

表 4-18　客户关系对企业创新投入绝对额(LnRD)影响的实证结果(2SLS)

变量	第一阶段 CC_five (1)	第二阶段 LnRD (2)	第一阶段 CC_five (3)	第二阶段 LnRD (4)
L3. CC_five	0.721*** (92.41)			
L5. CC_five			0.621*** (60.74)	
Predict_CC_five		−0.626*** (−7.64)		−0.646*** (−6.43)
Size	0.721*** (92.41)	0.909*** (79.44)	−0.018*** (−10.32)	0.941*** (69.65)
ROA	−0.012*** (−9.24)	0.977*** (5.42)	−0.036 (−1.24)	1.182*** (6.07)
Lev	−0.041* (−1.82)	−0.227*** (−2.92)	0.022** (1.97)	−0.219** (−2.40)
Growth	0.022*** (2.69)	0.032 (1.10)	0.004 (0.58)	0.001 (0.03)
Cashflow	−0.003 (−0.60)	−0.091 (−0.88)	0.003 (0.24)	−0.254** (−2.33)

表 4-18(续)

变量	第一阶段 CC_five (1)	第二阶段 LnRD (2)	第一阶段 CC_five (3)	第二阶段 LnRD (4)
Capital	0.022** (2.13)	−0.151*** (−11.20)	0.011*** (5.08)	−0.144*** (−9.71)
HR	0.005*** (3.24)	0.013*** (20.86)	−0.000 (−1.45)	0.012*** (17.35)
LShare	−0.000 (−1.19)	0.001** (1.99)	0.000 (0.12)	0.002** (2.24)
MShare	−0.000** (−2.46)	0.002*** (4.48)	−0.000*** (−2.84)	0.004*** (4.88)
State	−0.000** (−2.26)	−0.046* (−1.69)	0.021*** (5.57)	−0.039 (−1.31)
Subsidy	0.011*** (4.12)	2.750*** (3.36)	−0.211 (−1.37)	3.512*** (3.58)
GDP	−0.271** (−2.43)	0.220*** (14.33)	−0.000 (−0.09)	0.215*** (12.52)
常数项	−0.002 (−1.13)	−3.589*** (−9.72)	0.370*** (7.48)	−4.320*** (−10.47)
观测值	12 359	12 359	8 409	8 409
Cragg-Donald Wald F	15 107.67		5 836.31	
Kleibergen-Paap rk Wald F	8 540.28		3 689.51	

注：***、**、*分别表示在1%、5%、10%的水平下显著，括号内为经过异方差修正后稳健标准误对应的 t 值。

表 4-19　客户关系对企业创新投入相对额(RD_Asset)影响的实证结果(2SLS)

变量	第一阶段 CC_five (1)	第二阶段 RD_Asset (2)	第一阶段 CC_five (3)	第二阶段 RD_Asset (4)
L3.CC_five	0.721*** (92.41)			

表 4-19(续)

变量	第一阶段 CC_five (1)	第二阶段 RD_Asset (2)	第一阶段 CC_five (3)	第二阶段 RD_Asset (4)
L5.CC_five			0.621*** (60.74)	
Predict_CC_five		−0.009*** (−7.89)		−0.012*** (−7.66)
Size	0.721*** (92.41)	−0.001*** (−8.05)	−0.018*** (−10.32)	−0.001*** (−4.86)
ROA	−0.012*** (−9.24)	0.025*** (7.74)	−0.036 (−1.24)	0.027*** (7.13)
Lev	−0.041* (−1.82)	0.002* (1.91)	0.022** (1.97)	0.002 (1.21)
Growth	0.022*** (2.69)	−0.001* (−1.77)	0.004 (0.58)	−0.001 (−1.03)
Cashflow	−0.003 (−0.60)	0.002 (1.63)	0.003 (0.24)	0.001 (0.69)
Capital	0.022** (2.13)	−0.005*** (−19.34)	0.011*** (5.08)	−0.004*** (−16.56)
HR	0.005*** (3.24)	0.000*** (25.25)	−0.000 (−1.45)	0.000*** (20.46)
LShare	−0.000 (−1.19)	0.000 (0.47)	0.000 (0.12)	0.000 (0.22)
MShare	−0.000** (−2.46)	0.000 (1.39)	−0.000*** (−2.84)	0.000 (1.32)
State	−0.000** (−2.26)	−0.001*** (−3.89)	0.021*** (5.57)	−0.001*** (−2.65)
Subsidy	0.011*** (4.12)	0.098*** (5.73)	−0.211 (−1.37)	0.091*** (4.35)
GDP	−0.271** (−2.43)	0.002*** (10.27)	−0.000 (−0.09)	0.002*** (8.50)
常数项	−0.002 (−1.13)	0.071*** (14.45)	0.370*** (7.48)	0.062*** (10.59)
观测值	12 359	12 359	8 409	8 409
Cragg-Donald Wald F	15 107.67		5 836.31	
Kleibergen-Paap rk Wald F	8 540.28		3 689.51	

注:***、**、*分别表示在1%、5%、10%的水平下显著,括号内为经过异方差修正后稳健标准误对应的 t 值。

4 客户关系对企业创新影响的实证分析

表4-20 客户关系对企业专利申请总量(Patent_all)影响的实证结果(2SLS)

变量	第一阶段 CC_five (1)	第二阶段 Patent_all (2)	第一阶段 CC_five (3)	第二阶段 Patent_all (4)
L3.CC_five	0.721*** (92.41)			
L5.CC_five			0.621*** (60.74)	
Predict_CC_five		−0.467*** (−5.82)		−0.459*** (−3.99)
Size	0.721*** (92.41)	0.764*** (67.04)	−0.018*** (−10.32)	0.786*** (56.88)
ROA	−0.012*** (−9.24)	0.798*** (4.31)	−0.036 (−1.24)	0.663*** (3.00)
Lev	−0.041* (−1.82)	−0.146** (−2.03)	0.022** (1.97)	−0.091 (−1.04)
Growth	0.022*** (2.69)	0.029 (0.88)	0.004 (0.58)	0.011 (0.28)
Cashflow	−0.003 (−0.60)	−0.303*** (−3.39)	0.003 (0.24)	−0.257** (−2.34)
Capital	0.022** (2.13)	−0.177*** (−12.11)	0.011*** (5.08)	−0.184*** (−10.14)
HR	0.005*** (3.24)	0.008*** (11.32)	−0.000 (−1.45)	0.008*** (9.26)
LShare	−0.000 (−1.19)	−0.002** (−2.29)	0.000 (0.12)	−0.003*** (−2.98)
MShare	−0.000** (−2.46)	0.005*** (7.94)	−0.000*** (−2.84)	0.006*** (6.73)
State	−0.000** (−2.26)	0.173*** (6.65)	0.021*** (5.57)	0.193*** (6.32)
Subsidy	0.011*** (4.12)	9.097*** (9.50)	−0.211 (−1.37)	8.580*** (7.08)

表 4-20(续)

变量	第一阶段 CC_five (1)	第二阶段 Patent_all (2)	第一阶段 CC_five (3)	第二阶段 Patent_all (4)
GDP	−0.271** (−2.43)	0.185*** (11.95)	−0.000 (−0.09)	0.171*** (9.18)
常数项	−0.002 (−1.13)	−14.456*** (−43.93)	0.370*** (7.48)	−14.703*** (−37.16)
观测值	12 359	12 359	8 409	8 409
Cragg-Donald Wald F	15 107.67		5 836.31	
Kleibergen-Paap rk Wald F	8 540.28		3 689.51	

注：***、**、*分别表示在1％、5％、10％的水平下显著，括号内为经过异方差修正后稳健标准误对应的 t 值。

表 4-21　客户关系对企业发明专利申请总量(Patent_inv)影响的实证结果(2SLS)

变量	第一阶段 CC_five (1)	第二阶段 Patent_inv (2)	第一阶段 CC_five (3)	第二阶段 Patent_inv (4)
L3.CC_five	0.721*** (92.41)			
L5.CC_five			0.621*** (60.74)	
Predict_CC_five		−0.467*** (−5.82)		−0.429*** (−3.80)
Size	0.721*** (92.41)	0.770*** (67.62)	−0.018*** (−10.32)	0.803*** (58.52)
ROA	−0.012*** (−9.24)	0.581*** (3.28)	−0.036 (−1.24)	0.440** (2.02)
Lev	−0.041* (−1.82)	−0.324*** (−4.55)	0.022** (1.97)	−0.356*** (−4.12)
Growth	0.022*** (2.69)	0.037 (1.16)	0.004 (0.58)	0.033 (0.81)

表 4-21(续)

变量	第一阶段 CC_five (1)	第二阶段 Patent_inv (2)	第一阶段 CC_five (3)	第二阶段 Patent_inv (4)
Cashflow	−0.003 (−0.60)	−0.239*** (−2.75)	0.003 (0.24)	−0.227** (−2.13)
Capital	0.022** (2.13)	−0.169*** (−11.87)	0.011*** (5.08)	−0.181*** (−10.23)
HR	0.005*** (3.24)	0.015*** (22.46)	−0.000 (−1.45)	0.016*** (19.13)
LShare	−0.000 (−1.19)	−0.002*** (−2.83)	0.000 (0.12)	−0.003*** (−3.46)
MShare	−0.000** (−2.46)	0.003*** (3.91)	−0.000*** (−2.84)	0.003*** (2.98)
State	−0.000** (−2.26)	0.180*** (6.92)	0.021*** (5.57)	0.219*** (7.11)
Subsidy	0.011*** (4.12)	12.097*** (13.08)	−0.211 (−1.37)	12.720*** (10.99)
GDP	−0.271** (−2.43)	0.221*** (14.44)	−0.000 (−0.09)	0.220*** (11.86)
常数项	−0.002 (−1.13)	−16.001*** (−49.37)	0.370*** (7.48)	−16.551*** (−42.61)
观测值	12 359	12 359	8 409	8 409
Cragg-Donald Wald F	15 107.67		5 836.31	
Kleibergen-Paap rk Wald F	8 540.28		3 689.51	

注：***、**、* 分别表示在 1%、5%、10% 的水平下显著，括号内为经过异方差修正后稳健标准误对应的 t 值。

4.8 客户关系影响企业创新作用机理的异质性分析

上述研究发现，客户集中的议价风险会抑制企业创新，而企业与客户技术上邻近能够促进企业创新，支持了客户议价能力理论和客户知识溢出假说。为进一步探索客户关系影响企业创新的作用机理，以下分别从企业议价能力差异、客户创新能力和企业吸收能力等方面做进一步检验。

4.8.1 考虑企业相对议价能力差异的进一步分析

根据客户议价能力理论,大客户凭借其较强的议价能力,可能会掠夺企业创新投资的"可占用性准租",致使企业创新投资的积极性下降,抑制企业创新水平。相反,当企业的议价能力较强时,客户议价风险会得到一定程度的缓解,企业能将更多的资金投入到创新活动中去。因此,可以合理预期企业较强的议价能力对于客户集中度与企业创新的负相关关系具有一定的缓解作用。

由于企业的议价能力与其在市场中的地位息息相关,市场地位较高的企业通常具有较强的议价能力,因此,借鉴张新民等(2012)的做法,此处以企业销售收入占行业总销售收入的比重来衡量企业市场地位(FP)。同时,如果企业当年销售收入占行业总销售收入的比重超过行业年度中位数,则将企业市场地位虚拟变量(Dummy_FP)赋值为1,否则赋值为0。在此基础上,将企业市场地位虚拟变量及其与客户集中度变量的交乘项(Dummy_FP×CC)引入模型,构建模型(4-6)检验企业市场地位对客户集中度与企业创新水平关系的调节作用。

$$\begin{aligned}
\text{Innovation}_{i,t} =\ & \alpha_0 + \alpha_1 \text{CC}_{i,t} + \alpha_2 \text{Dummy\_FP}_{i,t} + \alpha_3 \text{CC}_{i,t} \times \text{Dummy\_FP}_{i,t} + \\
& \alpha_4 \text{Size}_{i,t} + \alpha_5 \text{ROA}_{i,t} + \alpha_6 \text{Lev}_{i,t} + \alpha_7 \text{Growth}_{i,t} + \\
& \alpha_8 \text{Cashflow}_{i,t} + \alpha_9 \text{Capital}_{i,t} + \alpha_{10} \text{HR}_{i,t} + \alpha_{11} \text{LShare}_{i,t} + \\
& \alpha_{12} \text{MShare}_{i,t} + \alpha_{13} \text{State} + \alpha_{14} \text{Subsidy} + \alpha_{15} \text{GDP}_{i,t} + \\
& \sum \text{Year} + \sum \text{Ind} + \varepsilon_{i,t}
\end{aligned} \tag{4-6}$$

表4-22和表4-23报告了企业市场地位对客户集中度与企业创新关系调节作用的实证结果。结果显示,除表4-23列(2),企业市场地位虚拟变量及其与客户集中度变量交乘项(Dummy_FP×CC)的回归系数均至少在5%的水平上显著为正,这说明企业市场地位越强(客户议价能力越弱),客户集中度与企业创新水平的负相关关系越弱,进一步证实了客户集中度通过议价能力抑制企业创新这一分析逻辑,研究假设H4-1得到进一步验证。

表4-22 企业市场地位对客户集中度(CC_five)与企业创新水平关系影响的实证结果

变量	LnRD	RD_Asset	Patent_all	Patent_inv
	(1)	(2)	(3)	(4)
CC_five	−0.646***	−0.007***	−0.564***	−0.434***
	(−8.67)	(−7.07)	(−9.98)	(−8.24)

表 4-22(续)

变量	LnRD	RD_Asset	Patent_all	Patent_inv
	(1)	(2)	(3)	(4)
Dummy_FP	0.123***	0.004***	−0.043	−0.061*
	(3.37)	(8.35)	(−1.33)	(−1.94)
CC_five×Dummy_FP	0.450***	0.003**	0.458***	0.423***
	(4.78)	(2.32)	(5.92)	(5.65)
Size	0.832***	−0.003***	0.707***	0.704***
	(62.32)	(−17.25)	(64.14)	(64.27)
ROA	1.044***	0.019***	0.991***	0.794***
	(5.86)	(5.44)	(6.50)	(5.55)
Lev	−0.475***	−0.001	−0.142**	−0.252***
	(−7.65)	(−0.86)	(−2.56)	(−4.73)
Growth	0.055**	0.001	−0.002	0.009
	(2.10)	(1.03)	(−0.07)	(0.36)
Cashflow	−0.198**	0.000	−0.386***	−0.318***
	(−2.29)	(0.08)	(−5.77)	(−5.00)
Capital	−0.143***	−0.004***	−0.153***	−0.134***
	(−11.50)	(−21.08)	(−14.05)	(−12.99)
HR	0.014***	0.000***	0.008***	0.015***
	(23.84)	(32.76)	(14.75)	(29.27)
LShare	0.001**	0.000	−0.001*	−0.002***
	(2.08)	(0.45)	(−1.66)	(−2.81)
MShare	0.003***	0.000**	0.003***	0.002***
	(5.96)	(2.06)	(7.50)	(4.21)
State	−0.091***	−0.002***	0.136***	0.144***
	(−3.82)	(−6.22)	(6.50)	(7.10)
Subsidy	4.053***	0.115***	8.334***	11.013***
	(6.38)	(6.73)	(12.35)	(16.99)
GDP	0.245***	0.002***	0.190***	0.214***
	(17.93)	(11.92)	(15.64)	(18.40)
常数项	−1.661***	0.096***	−12.734***	−14.237***
	(−4.95)	(21.74)	(−46.51)	(−53.16)

表 4-22(续)

变量	LnRD	RD_Asset	Patent_all	Patent_inv
	(1)	(2)	(3)	(4)
观测值	22 078	22 078	22 078	22 078
Adj-R^2	0.553	0.408	0.488	0.469
F	917.7	169.8	785.4	824.7

注:***、**、*分别表示在1%、5%、10%的水平下显著,括号内为经过异方差修正后稳健标准误对应的 t 值。

表 4-23 企业市场地位对客户集中度(CC_squ)与企业创新水平关系影响的实证结果

变量	LnRD	RD_Asset	Patent_all	Patent_inv
	(1)	(2)	(3)	(4)
CC_squ	−1.369***	−0.012***	−1.080***	−0.861***
	(−6.23)	(−4.02)	(−6.37)	(−5.56)
Dummy_FP	0.259***	0.006***	0.069**	0.049*
	(9.36)	(13.92)	(2.50)	(1.86)
CC_squ×Dummy_FP	0.807***	0.005	0.859***	0.869***
	(3.00)	(1.31)	(3.75)	(3.95)
Size	0.805***	−0.003***	0.694***	0.680***
	(51.81)	(−16.70)	(52.26)	(51.60)
ROA	0.803***	0.016***	0.996***	0.827***
	(4.42)	(3.97)	(5.74)	(5.14)
Lev	−0.435***	−0.001	−0.124*	−0.215***
	(−6.36)	(−1.28)	(−1.93)	(−3.49)
Growth	0.013	0.001	−0.005	0.014
	(0.47)	(0.84)	(−0.16)	(0.52)
Cashflow	−0.012	0.001	−0.262***	−0.209***
	(−0.13)	(0.53)	(−3.39)	(−2.88)
Capital	−0.155***	−0.004***	−0.148***	−0.124***
	(−11.41)	(−20.36)	(−11.89)	(−10.65)
HR	0.014***	0.000***	0.006***	0.014***
	(22.36)	(30.35)	(10.38)	(23.47)

表 4-23(续)

变量	LnRD	RD_Asset	Patent_all	Patent_inv
	(1)	(2)	(3)	(4)
LShare	0.002***	0.000**	−0.001	−0.001**
	(3.31)	(2.23)	(−0.87)	(−2.18)
MShare	0.003***	0.000*	0.004***	0.002***
	(5.43)	(1.93)	(7.77)	(4.48)
State	−0.064**	−0.001**	0.139***	0.149***
	(−2.31)	(−2.09)	(5.57)	(6.16)
Subsidy	4.138***	0.129***	9.010***	11.810***
	(5.99)	(6.31)	(11.68)	(16.19)
GDP	0.246***	0.002***	0.193***	0.213***
	(15.75)	(8.56)	(13.58)	(15.65)
常数项	−1.095***	0.106***	−12.677***	−13.905***
	(−2.86)	(20.37)	(−38.98)	(−43.58)
观测值	16 411	16 411	16 411	16 411
Adj-R^2	0.539	0.415	0.459	0.435
F	643.1	154.0	490.4	521.9

注:***、**、*分别表示在1%、5%、10%的水平下显著,括号内为经过异方差修正后稳健标准误对应的 t 值。

4.8.2 考虑客户创新能力和企业吸收能力差异的进一步分析

上述实证结果表明,企业与客户间的知识溢出提升了企业的创新水平。考虑到知识溢出受到客户本身创新能力和企业吸收能力的影响,此处进一步考虑客户创新能力和企业吸收能力差异对客户技术距离与企业创新关系的调节效应。

一方面,客户本身创新能力越强,说明知识溢出发生的可能性和强度越大,企业在与客户交往过程中越有可能将相关创新知识融入企业研发活动,从而提升企业创新水平;另一方面,企业吸收能力也是知识溢出的重要影响因素,如果企业没有相应的研发资源吸收客户的创新知识,那么知识溢出也无法发生。因此,可以预期客户创新能力越强,企业吸收能力越强,客户技术邻近对企业创新的促进作用越强。

具体而言,借鉴 Krolikowski 等(2017)的做法,此处构建模型(4-7)检验客户创新能力对客户技术距离与企业创新关系的调节效应,构建模型(4-8)检验企业吸收能力对客户技术距离与企业创新关系的调节效应。

$$\begin{aligned}
\text{Innovation}_{i,t} = &\ \alpha_0 + \alpha_1 \text{Distance\_tech}_{i,t} + \alpha_2 \text{Patent\_Customer}_{i,t} + \\
& \alpha_3 \text{Distance\_tech}_{i,t} \times \text{Patent\_Customer}_{i,t} + \alpha_4 \text{Size}_{i,t} + \\
& \alpha_5 \text{ROA}_{i,t} + \alpha_6 \text{Lev}_{i,t} + \alpha_7 \text{Growth}_{i,t} + \alpha_8 \text{Cashflow}_{i,t} + \\
& \alpha_9 \text{Capital}_{i,t} + \alpha_{10} \text{HR}_{i,t} + \alpha_{11} \text{LShare}_{i,t} + \alpha_{12} \text{MShare}_{i,t} + \\
& \alpha_{13} \text{State} + \alpha_{14} \text{Subsidy} + \alpha_{15} \text{GDP}_{i,t} + \\
& \sum \text{Year} + \sum \text{Ind} + \varepsilon_{i,t}
\end{aligned} \quad (4\text{-}7)$$

$$\begin{aligned}
\text{Innovation}_{i,t} = &\ \alpha_0 + \alpha_1 \text{Distance\_tech}_{i,t} + \alpha_2 \text{Staff\_RD}_{i,t} + \\
& \alpha_3 \text{Distance\_tech}_{i,t} \times \text{Staff\_RD}_{i,t} + \alpha_4 \text{Size}_{i,t} + \alpha_5 \text{ROA}_{i,t} + \\
& \alpha_6 \text{Lev}_{i,t} + \alpha_7 \text{Growth}_{i,t} + \alpha_8 \text{Cashflow}_{i,t} + \alpha_9 \text{Capital}_{i,t} + \\
& \alpha_{10} \text{HR}_{i,t} + \alpha_{11} \text{LShare}_{i,t} + \alpha_{12} \text{MShare}_{i,t} + \alpha_{13} \text{State} + \\
& \alpha_{14} \text{Subsidy} + \alpha_{15} \text{GDP}_{i,t} + \sum \text{Year} + \sum \text{Ind} + \varepsilon_{i,t}
\end{aligned} \quad (4\text{-}8)$$

其中,借鉴现有文献,模型(4-7)中客户创新能力(Patent_Customer)变量采用ln(1+客户当年发明专利、实用新型专利和外观设计专利总量)衡量,模型(4-8)中企业吸收能力(Staff_RD)变量主要考虑企业拥有的研发资源,采用ln(1+企业研发人员数量)衡量。

表4-24报告了考虑客户创新能力和企业吸收能力差异的客户技术距离对企业创新影响的实证结果。列(1)和列(2)的实证结果显示,客户创新能力与客户技术距离交乘项(Distance_tech×Patent_Customer)的回归系数至少在5%的水平上显著为正,说明客户创新能力越强,客户技术邻近对企业创新的影响越强,进一步证实了知识溢出假说。

列(3)和列(4)的实证结果显示,企业吸收能力变量与客户技术距离交乘项(Distance_tech×Staff_RD)的回归系数在1%的水平上显著为正,说明企业吸收能力越强,客户技术邻近对企业创新的影响越强,这与上述理论分析相一致,企业吸收能力有助于促进知识溢出,进一步证实了研究假设H4-2。

表4-24 考虑客户创新能力和企业吸收能力差异的客户技术距离对企业创新影响的实证结果

变量	Patent_all	Patent_inv	Patent_all	Patent_inv
	(1)	(2)	(3)	(4)
Distance_tech	−0.015	0.141	−2.222***	−1.540**
	(−0.06)	(0.63)	(−3.01)	(−2.11)

表 4-24(续)

变量	Patent_all (1)	Patent_inv (2)	Patent_all (3)	Patent_inv (4)
Patent_customer	−0.046* (−1.89)	−0.050** (−2.04)		
Distance_tech×Patent_Customer	0.139** (2.40)	0.181*** (3.27)		
Staff_RD			0.211** (2.34)	0.183** (2.16)
Distance_tech×Staff_RD			0.500*** (3.87)	0.424*** (3.30)
Size	0.660*** (14.65)	0.600*** (13.69)	0.209* (1.92)	0.244*** (2.63)
ROA	0.745 (0.97)	0.821 (1.16)	−0.061 (−0.08)	0.001 (0.00)
Lev	−0.496* (−1.94)	−0.695*** (−2.83)	−0.579* (−1.69)	−0.790** (−2.15)
Growth	0.059 (0.61)	0.087 (0.93)	0.067 (0.54)	0.139 (1.19)
Cashflow	−0.284 (−0.95)	−0.168 (−0.62)	−0.022 (−0.06)	0.155 (0.42)
Capital	−0.044 (−0.86)	−0.074* (−1.65)	0.031 (0.37)	0.038 (0.48)
HR	0.008*** (3.24)	0.015*** (6.75)	−0.001 (−0.43)	0.008*** (2.66)
LShare	0.008*** (2.86)	0.008*** (2.84)	0.016*** (3.43)	0.015*** (3.18)
MShare	0.005** (2.28)	0.003 (1.32)	0.007** (2.05)	0.004 (1.22)
State	0.075 (0.79)	0.149 (1.53)	−0.026 (−0.19)	−0.004 (−0.02)
Subsidy	7.916*** (3.02)	7.093*** (2.78)	3.565 (0.89)	4.866 (1.14)
GDP	0.033 (0.53)	0.122** (1.97)	−0.113 (−1.19)	−0.048 (−0.51)
常数项	−11.653*** (−9.40)	−11.878*** (−9.59)	−2.241 (−1.03)	−4.716** (−2.37)
观测值	723	723	361	361
Adj-R^2	0.497	0.491	0.601	0.564
F	27.99	30.24	18.43	16.62

注:***、**、*分别表示在1%、5%、10%的水平下显著,括号内为经过异方差修正后稳健标准误对应的 t 值。

4.9 客户关系影响企业创新搜索的进一步分析

4.9.1 理论分析

企业创新是一项系统性的复杂项目,仅从企业研发投入和专利产出往往无法深入了解企业创新的具体过程。此处深入企业创新的具体过程,进一步分析客户关系对企业创新广度和创新深度的影响。

在理论上,资源是有限的,企业无法满足每一个客户的差异化需求。此时,企业需要在满足现有大客户、一般客户以及未来客户之间进行权衡。然而,很多时候不同类型的客户的需求是不一致的,甚至存在相互冲突,由于现有大客户短期内可以给企业带来更多的收入和利润,因此一般企业往往优先满足现有大客户的需求(LeVitas,2013),其结果是客户集中度越高,管理层的注意力越被迫偏向于现有客户,将更多研发资源集中到满足现有大客户需求中(Klepper,1996),从而可能忽视未来客户的需求。另外,客户集中度越高,企业直接服务现有客户的数量越少,此时企业满足的客户需求往往也比较狭窄,从而限制企业创新边界的拓展。基于此,预期客户集中度越高,创新深度越深,而企业创新广度越窄。

在客户技术距离方面,前文研究表明企业与客户间技术距离越邻近,越有利于双方之间在市场需求方面及时反馈,在产品和技术等方面深入交流,从而促进知识溢出,提升企业创新水平。按照上述分析逻辑,这种创新知识方面的溢出,既能够促进企业向新的创新知识进行拓展,也有助于企业在现有创新领域进行深入探索。因此,预期客户技术距离越近,企业创新深度越深,而创新广度也越宽。

4.9.2 研究设计

为检验客户关系对企业创新广度和创新深度的影响,需要科学地构建相应指标测度企业的创新广度和创新深度。在创新广度方面,考察企业申请专利的分布领域,当公司的专利二级分类增加了过往没有进入的专利分类,则表明公司在不熟悉的技术领域进行了实验和探索,创造了新知识。因此,可以通过计算公司进入的 IPC 二级分类数量衡量公司的创新广度。

具体而言,采用公司当年申请专利跨越 IPC 二级分类的数量衡量企业创新广度(Patent_Class),具体计算公式为 ln(1+公司当年申请专利跨越 IPC 二级分类的数量)。该指标的值越大,说明企业创新广度越宽。

在创新深度测度方面,借鉴 Fitzgerald 等(2021)的方法,计算公司在开发新技术过程中对原来技术或知识的利用程度。具体而言,构建如下计算指标:

$$\text{ISP\_apply}_{i,t} = \frac{\sum_{k=1}^{124} f_{i,k,t} \times g_{i,k,t-1}}{\sqrt{\sum_{k=1}^{124} f_{i,k,t}^2} \times \sqrt{\sum_{k=1}^{124} g_{i,k,t-1}^2}} \tag{4-9}$$

其中,本章研究样本中共涉及 IPC 二级分类下专利类别 124 个,$f_{i,k,t}$ 为公司 i 在 t 年申请的 IPC 二级分类下第 k 个专利类别占比,$g_{i,k,t-1}$ 为公司 i 从成立至 $t-1$ 年累计申请的 IPC 二级分类下第 k 个专利类别占比。

如果一个公司在 t 年发明申请的专利技术类别与其历史专利类别在空间上没有任何重叠,则 $\text{ISP\_apply}_{i,t}$ 为 0;相反,如果一个公司在 t 年发明申请的专利技术类别与其历史专利类别空间完全重叠,则 $\text{ISP\_apply}_{i,t}$ 为 1。因此,$\text{ISP\_apply}_{i,t}$ 指标值越大,表明企业创新深度越深。除了采用专利申请分布计算外,此处还基于专利授权分布测度创新深度,相应构建指标为 ISP_grant。

4.9.3 主要实证结果及讨论

将模型(4-4)和模型(4-5)中被解释变量分别替换为企业创新广度变量和创新深度变量,然后重新运行模型,具体结果如表 4-25~表 4-27 所示。

表 4-25 报告了客户集中度对企业创新广度影响的实证结果。列(1)结果显示,公司向前五大客户销售比例之和(CC_five)指标的回归系数为 −0.139,在 1% 的水平下显著为负,说明客户集中度越高,企业创新广度越窄;列(2)采用企业向前五大客户销售比例平方和(CC_squ)指标衡量客户集中度的实证结果不变。上述实证结果表明,大客户的存在使得企业管理者将更多资源投资于满足现有大客户的需求,限制了企业创新边界的拓展。

表 4-25 客户集中度对企业创新广度影响的实证结果

变量	Patent_Class	Patent_Class
	(1)	(2)
CC_five	−0.139***	
	(−5.11)	
CC_squ		−0.314***
		(−4.11)

表 4-25(续)

变量	Patent_Class (1)	Patent_Class (2)
Size	0.419***	0.410***
	(72.28)	(59.73)
ROA	0.374***	0.394***
	(3.96)	(3.73)
Lev	−0.091***	−0.062
	(−2.59)	(−1.52)
Growth	0.019	0.017
	(1.24)	(0.97)
Cashflow	−0.248***	−0.183***
	(−5.84)	(−3.79)
Capital	−0.045***	−0.040***
	(−6.67)	(−5.31)
HR	0.006***	0.006***
	(19.20)	(14.81)
LShare	−0.001**	−0.001**
	(−2.28)	(−2.28)
MShare	0.001***	0.001***
	(3.47)	(3.75)
State	0.143***	0.138***
	(10.62)	(8.62)
Subsidy	5.661***	5.759***
	(13.32)	(12.20)
GDP	0.136***	0.138***
	(17.63)	(15.48)
常数项	−8.693***	−8.578***
	(−56.25)	(−46.97)
观测值	22 078	16 411
Adj-R^2	0.441	0.410
F	745.3	461.2

注：***、**、*分别表示在1%、5%、10%的水平下显著，括号内为经过异方差修正后稳健标准误对应的 t 值。

表 4-26 报告了客户集中度对企业创新深度影响的实证结果。结果显示,在四个回归方程中,客户集中度变量的回归系数均在 1% 的水平上显著为负,说明客户集中度越高,企业创新深度越浅,这与之前的理论预期不一致。大客户的存在并没有使得企业管理者在现有的创新领域进一步开展深入的探索,其原因可能在于转轨经济背景下,客户关系的建立和维持更多依靠私人关系,此时大客户的议价风险同样抑制了企业创新深度的拓展。

表 4-26　客户集中度对企业创新深度影响的实证结果

变量	ISP_apply (1)	ISP_apply (2)	ISP_grant (3)	ISP_grant (4)
CC_five	−0.109*** (−10.13)		−0.094*** (−7.02)	
CC_squ		−0.212*** (−6.72)		−0.132*** (−3.44)
Size	0.053*** (24.59)	0.052*** (20.23)	0.062*** (23.19)	0.064*** (20.15)
ROA	0.135*** (3.58)	0.153*** (3.70)	0.053 (1.14)	0.064 (1.23)
Lev	−0.036** (−2.54)	−0.036** (−2.19)	−0.091*** (−5.18)	−0.084*** (−4.19)
Growth	−0.042*** (−6.05)	−0.047*** (−5.98)	−0.029*** (−3.36)	−0.031*** (−3.14)
Cashflow	0.039** (2.29)	0.050** (2.53)	0.047** (2.16)	0.055** (2.25)
Capital	−0.019*** (−7.17)	−0.022*** (−6.99)	−0.026*** (−8.00)	−0.033*** (−8.68)
HR	0.002*** (16.26)	0.002*** (14.98)	0.003*** (16.49)	0.003*** (14.56)
LShare	−0.000 (−0.75)	0.000 (0.14)	−0.000 (−0.20)	0.000* (1.67)
MShare	0.000** (2.24)	0.000** (2.11)	0.000 (0.52)	−0.000 (−0.50)

表 4-26(续)

变量	ISP_apply (1)	ISP_apply (2)	ISP_grant (3)	ISP_grant (4)
State	0.011**	0.015**	−0.000	−0.002
	(2.07)	(2.39)	(−0.03)	(−0.33)
Subsidy	1.008***	1.097***	1.296***	1.384***
	(6.10)	(6.05)	(6.33)	(6.17)
GDP	0.024***	0.021***	0.018***	0.017***
	(7.64)	(5.66)	(4.55)	(3.82)
常数项	−0.492***	−0.426***	−0.611***	−0.593***
	(−7.97)	(−5.85)	(−7.87)	(−6.54)
观测值	18 686	13 931	15 762	11 804
Adj-R^2	0.128	0.119	0.120	0.115
F	131.1	84.64	101.1	70.54

注：***、**、* 分别表示在 1%、5%、10% 的水平下显著，括号内为经过异方差修正后稳健标准误对应的 t 值。

表 4-27 报告了客户技术距离对企业创新广度和深度影响的实证结果。结果显示，除以专利授权分布衡量创新深度外，客户技术距离变量的回归系数在各回归结果中均显著为正，说明企业与客户之间技术上越邻近，企业创新的广度越宽，创新深度也越深。其原因可能在于，企业与客户在技术上越接近，越有助于知识的共享和溢出，进而拓展企业的创新边界，也增加了企业创新的深度。

表 4-27 客户技术距离对企业创新广度和深度影响的实证结果

变量	Patent_Class (1)	ISP_apply (3)	ISP_grant (4)
Distance_tech	0.319***	0.229***	0.041
	(3.72)	(5.39)	(0.74)
Size	0.283***	0.075***	0.062***
	(9.30)	(4.79)	(3.35)
ROA	0.363	−0.172	−0.607**
	(0.65)	(−0.75)	(−2.19)
Lev	−0.191	−0.242***	−0.169*
	(−1.22)	(−2.98)	(−1.65)

表 4-27(续)

变量	Patent_Class	ISP_apply	ISP_grant
	(1)	(3)	(4)
Growth	0.108	0.026	−0.010
	(1.54)	(0.77)	(−0.15)
Cashflow	−0.256	0.015	0.145
	(−1.32)	(0.14)	(1.11)
Capital	−0.001	0.004	−0.018
	(−0.03)	(0.24)	(−0.78)
HR	0.008***	0.001	0.003**
	(4.67)	(1.57)	(2.46)
LShare	0.004**	0.002**	0.003**
	(2.21)	(2.16)	(2.32)
MShare	0.002	0.000	0.001
	(1.13)	(0.33)	(1.25)
State	0.105	−0.042	−0.009
	(1.57)	(−1.18)	(−0.23)
Subsidy	3.043	0.721	1.311
	(1.63)	(0.80)	(1.26)
GDP	0.044	0.020	0.050**
	(1.02)	(0.93)	(1.97)
常数项	−5.435***	−1.307***	−1.151**
	(−6.04)	(−2.89)	(−2.01)
观测值	554	528	419
Adj-R^2	0.416	0.150	0.123
F	15.88	5.878	2.822

注：***、**、*分别表示在1%、5%、10%的水平下显著，括号内为经过异方差修正后稳健标准误对应的 t 值。

综上，在深入到企业创新过程后研究发现，大客户的存在引起企业管理者更多关注和满足现有的少量大客户，忽视了未来的市场需求，从而限制了企业创新广度和深度的拓展；而企业与客户之间技术上的邻近性有助于促进知识溢出，拓展了企业创新广度和深度。上述结论与研究假设 H4-1 和 H4-2 的理论分析逻辑相一致。

4.10 本章小结

本章主要基于客户议价能力理论和知识溢出假说,利用中国沪深 A 股上市公司数据,从客户集中程度和企业与客户技术距离两个方面,研究客户关系对企业创新的影响规律,并在此基础上探索了企业议价能力差异、客户创新知识和企业吸收能力在客户与企业创新关系中的作用,并深入探索了客户对企业创新搜索的影响。

研究发现,客户集中度越高,企业创新投入越少,创新产出也越低;客户技术距离越近,企业创新水平越高;相对于议价能力较强的企业,客户集中度与企业创新的负相关关系在议价能力较弱的企业中更显著;客户创新知识和企业吸收能力是知识溢出的重要影响因素,客户创新知识越丰富,企业吸收能力越强,客户技术距离对企业创新的促进作用越强。

深入到企业创新搜索的具体过程发现,客户集中程度越高,企业创新广度和创新深度越小;客户技术距离越邻近,创新广度和创新深度越大。以上实证结果支持了客户议价能力理论和客户知识溢出假说,表明客户关系是企业创新决策的重要影响因素。

5 客户关系影响企业创新经济后果的实证分析

本章在第4章的基础上,将研究视角向下延伸到客户关系影响企业创新的价值实现问题,从产品市场和资本市场两个方面系统检验客户关系(包括客户议价和客户知识溢出)影响企业创新的经济后果。具体而言,理论分析并实证检验考虑客户关系的企业创新活动对企业产品竞争力、财务绩效和股票超额收益率的影响,以期补充客户关系影响企业创新的完整证据链。

5.1 客户关系影响企业创新经济后果的理论分析与研究假设

5.1.1 客户集中度与企业创新的经济后果

现有研究发现,客户集中对企业行为的影响存在两种不同的观点。部分学者基于议价能力的视角,认为当企业的销售收入集中于少数大客户时,客户集中度增强了客户的议价能力,失去这些大客户将会损害企业的财务业绩(Itzkowitz,2013),企业被迫增加现金持有等预防性措施以应对该风险(刘端等,2017)。部分学者基于运营效率的视角,认为客户集中度的增加能够提高企业运营效率。随着客户数量的减少,需求愈加集中,客户的强势地位倒逼企业进行管理创新和技术创新(Noll,2005),从而优化企业库存效率并增加资产回报率(AK et al.,2016;Patatoukas,2012)。

由于制度环境的差异,我国上市企业中存在相当比例的国有企业和关联方企业,它们与上市前的母体公司及其下属企业之间存在着千丝万缕的联系(陈晓等,2005)。在契约不完备和投资者权利保护不完善的情况下,客户集中赋予客户更强的议价能力,导致企业在筹资、投资和经营活动中更有可能承担被敲竹杠的风险,损害企业产品的市场竞争力和财务绩效:

在筹资方面,客户集中所传递出的风险信息往往会反映在资本市场上,投资者会因承担客户集中的风险而要求额外的回报,导致企业股权融资成本和债务融资成本上升(Dhaliwal et al.,2016),较高的融资成本将会损害企业产品在市场上的竞争力。

在创新投资方面,上一章的实证研究发现,大客户的议价能力导致企业在创新投资方面的积极性下降,降低了企业创新水平,尤其是高质量创新能力。另外,大客户的存在往往会引导企业将资源优先满足现有大客户的需求(Levitas,2013),其结果是客户集中度越高,管理层的注意力越被迫偏向于现有客户,将更多研发资源集中到满足现有客户需求中(Klepper,1996),从而可能忽视未来客户的需求,这也将影响企业产品在市场上的整体竞争力。

在经营方面,大客户往往凭借其较强的议价能力,要求企业提供更宽松的信用条款、更好的产品质量和更低的产品价格(Fabbri et al.,2016),为了维持这种客户关系,企业不得不接受更多的压迫性条款(徐淳厚等,2006),并且不得不持有更多的现金以满足客户的经营融资需求(Luo et al.,2013),导致企业产品获利能力下降,从而降低了产品在市场上的竞争力。

上述理论分析表明,客户集中影响了企业在筹资、投资和经营活动中的表现,损害了产品在市场中的竞争力,进而影响企业的财务业绩和股票市场表现。基于此,提出研究假设 H5-1、H5-2、H5-3。

H5-1:客户集中度与企业产品竞争力负相关。

H5-2:客户集中度与企业财务绩效负相关。

H5-3:客户集中度与企业股票超额收益率负相关。

企业为了维持现有的客户,在产品的外观、形状或构造等开发成本相对较小的形式创新方面进行投资将会浪费企业的现有资源(Katila,2002),导致企业难以开展充分的实质创新,降低了创新的投入与产出。另外,客户的集中使得企业产品范围变得较为狭窄,企业没有动力通过研发创新满足不同客户的多样化需求,限制了企业的创新广度。

同时,大客户为了保证自身的议价地位,保持技术的独占性,往往会设置诸多的限制条款以缩减该技术的使用范围,增加企业进一步挖掘技术的难度,限制了企业创新深度。综上,本章推测客户集中度通过抑制企业创新水平降低企业在产品市场和资本市场中的表现。基于此,提出研究假设 H5-4、H5-5、H5-6。

H5-4:客户集中度抑制企业创新进而降低企业产品竞争力。

H5-5:客户集中度抑制企业创新进而降低企业财务绩效。

H5-6:客户集中度抑制企业创新进而降低企业股票超额收益率。

5.1.2 客户技术距离与企业创新的经济后果

上一章的研究结果表明，企业与客户之间在技术上越邻近，越有利于双方在新产品和新技术开发方面的交流互动，促进客户创新知识的溢出；另外，技术上邻近也有利于客户在市场需求方面的及时反馈，促使企业更加迅速地改进或创新产品（Manso，2011），上述影响都能提升企业的创新能力，拓展企业创新的广度和深度。新产品的开发或原产品的升级改进无疑都有助于增强产品的市场竞争力，进而提升财务绩效和资本市场表现。基于此，提出以下研究假设：

H5-7：客户技术距离通过促进企业创新进而提升企业产品竞争力。

H5-8：客户技术距离通过促进企业创新进而提升企业财务绩效。

H5-9：客户技术距离通过促进企业创新进而提升股票超额收益率。

5.2 研究设计

5.2.1 样本选择与数据来源

为保证研究的连贯性，与第4章研究样本一致，本章选取2007—2021年中国沪深A股上市公司为初始研究样本。在此基础上，按照以下标准对样本进行筛选：① 剔除ST、PT类上市公司样本，这类公司财务状况异常；② 剔除IPO上市当年的样本，IPO将会对企业客户资源和创新等决策产生影响；③ 剔除某些指标数据缺失的样本。最终得到3 423家公司22 078个"公司—年度"观测值。最后，为避免异常值对研究结果的影响，对企业层面的所有连续型变量进行上下1%水平的缩尾处理。

客户集中度数据来源于CSMAR数据库和上市公司年报；企业创新数据主要来源于上市公司年报、佰腾网和国家知识产权局网站中专利检索及分析系统，同时对于部分缺失数据通过手工收集进行补充；计算股票超额收益率涉及股票个股收益率和股票市场收益率，数据主要来源于CSMAR数据库，其他财务数据和公司治理等数据来源于CSMAR数据库。

5.2.2 变量定义

（1）企业创新水平变量

与第4章变量定义一致，从创新投入和创新产出两方面衡量企业创新水平,其中,创新投入绝对数(LnRD)采用企业当年研发投入金额加 1 取自然对数衡量,创新投入相对数(RD_Asset)采用企业当年研发投入金额除以总资产衡量;创新产出数量(Patent_all)采用企业发明专利、实用新型专利和外观设计专利申请总量加 1 取自然对数衡量,创新产出质量(Patent_inv)采用企业发明专利申请数量加 1 取自然对数衡量。

(2) 客户集中度变量

关于客户集中度的测度,分别采用公司向前五大客户销售比例之和(CC_five)、公司向前五大客户销售比例平方和(CC_squ)衡量。

(3) 客户技术距离变量

关于客户技术距离的测度,通过计算企业与其前五大客户之间申请专利的分布情况衡量,具体见公式(4-3)。

(4) 经济后果相关变量

根据上述的理论分析,本章分别从产品竞争力、财务绩效和股票超额收益率三个方面考察客户关系影响企业创新的经济后果。

由于企业产品创新有助于向市场推出新产品,提高产品的售价,而企业的流程创新将会降低产品的生产成本,最终将会提高产品的销售毛利率,因此参考唐跃军(2009)的研究,采用销售毛利率(GPR)作为企业产品竞争力的替代变量,具体计算公式为(营业收入-营业成本)/营业收入。

对于财务绩效,参考赵珊等(2023)的研究,采用总资产报酬率(ROA)衡量企业的财务绩效,具体采用息税前利润/资产总额计算。

对于股票超额收益率,参考李双琦等(2022)、田高良等(2019)的研究,采用根据市场调整法计算的超额收益率(AR)作为衡量指标,具体计算方法如下:

$$AR = \prod_{j=(t,5)}^{(t+1,4)}(1+R_{ij}) - \prod_{j=(t,5)}^{(t+1,4)}(1+Rm_j) \tag{5-1}$$

考虑中国上市企业年报披露要求在会计期间结束第二年 4 月 30 日之前完成,因此个股收益率和市场收益率的计算期间选择当年 5 月 1 日到下一年 4 月 30 日。其中,R_{ij} 为上市公司 i 在 j 月考虑现金红利再投资的个股回报率,Rm_j 为上市公司所在交易所在 j 月考虑现金红利再投资的市场回报率。

(5) 控制变量

根据有关产品竞争力、财务绩效影响因素的文献(唐跃军,2009;赵爽等,2022;赵珊等,2023),本章在考察产品竞争力和财务绩效的影响因素时控制了以下变量:企业规模(Size)、资本结构(Lev)、成长性(Growth)、现金流(Cashflow)、资本密度(Capital)、大股东持股比例(LShare)、管理层持股比例(MShare)、企业性质(State)、政府补贴(Subsidy)、地区经济规模(GDP)、行业变量(Ind)和年度变量(Year)。

借鉴股票超额收益率影响因素的文献(田高良等,2019),本章在考察股票超额收益率的影响因素时控制了以下变量:企业规模(Size)、资本结构(Lev)、成长性(Growth)、现金流(Cashflow)、大股东持股比例(LShare)、管理层持股比例(MShare)、企业性质(State)、地区经济规模(GDP)、股票波动率(Sigma)、市场化指数(MKT)、行业变量(Ind)和年度变量(Year)。具体变量定义见表 5-1。

表 5-1 本章主要变量定义

变量名称	变量简称	计算方法
销售毛利率	GPR	(营业收入－营业成本)/营业收入
总资产报酬率	ROA	息税前利润/资产总额
股票超额收益率	AR	根据市场调整法计算的超额收益率,具体见公式(5-1)
研发投入绝对数	LnRD	ln(1＋企业研发投入金额)
研发投入相对数	RD_Asset	企业研发投入金额/总资产
创新产出数量	Patent_all	ln(1＋发明专利、实用新型专利和外观设计专利总量)
创新产出质量	Patent_inv	ln(1＋发明专利申请数量)
公司向前五大客户销售比例之和	CC_five	公司向前五大客户销售额合计/营业收入
公司向前五大客户销售比例平方和	CC_squ	公司向前五大客户销售额合计占年度销售额比例平方和
客户技术距离	Distance_tech	具体见公式(4-3)
创新广度	Patent_Class	ln(1＋公司当年申请专利跨越 IPC 二级分类的数量)
创新深度	ISP_apply	具体见公式(4-7)
企业规模	Size	ln(资产总额)
资本结构	Lev	负债总额/资产总额
企业成长性	Growth	本期营业收入/基期营业收入－1
现金流	Cashflow	经营活动产生的现金净流量/销售收入
资本密度	Capital	ln(固定资产净额/员工人数)

表 5-1(续)

变量名称	变量简称	计算方法
大股东持股比例	LShare	第一大股东持股比例
管理层持股比例	MShare	董事、监事和高级管理人员持股比例
企业性质	State	企业实际控制人为国有企业的赋值为 1,否则赋值为 0
政府补贴	Subsidy	政府财政补贴/营业收入
地区经济规模	GDP	ln(该地区生产总值)
股票波动率	Sigma	股票 i 在第 t 年周特有收益的标准差
市场化指数	MKT	各地区当年市场化指数中的总指数(樊纲指数)
行业变量	Ind	行业虚拟变量
年度变量	Year	年度虚拟变量

5.2.3 模型构建

借鉴赵珊等(2023)的研究,本章构建模型(5-2)、模型(5-3)以及模型(5-4)分别检验客户集中度影响企业创新的经济后果。

$$GPR_{i,t} = \beta_0 + \beta_1 CC_{i,t} + \beta_2 Size_{i,t} + \beta_3 Lev_{i,t} + \beta_4 Growth_{i,t} + \beta_5 Cashflow_{i,t} + \beta_6 Capital_{i,t} + \beta_7 LShare_{i,t} + \beta_8 MShare_{i,t} + \beta_9 State + \beta_{10} Subsidy + \beta_{11} GDP_{i,t} + \sum Year + \sum Ind + \varepsilon_{i,t} \quad (5-2)$$

$$ROA_{i,t} = \beta_0 + \beta_1 CC_{i,t} + \beta_2 Size_{i,t} + \beta_3 Lev_{i,t} + \beta_4 Growth_{i,t} + \beta_5 Cashflow_{i,t} + \beta_6 Capital_{i,t} + \beta_7 LShare_{i,t} + \beta_8 MShare_{i,t} + \beta_9 State + \beta_{10} Subsidy + \beta_{11} GDP_{i,t} + \sum Year + \sum Ind + \varepsilon_{i,t} \quad (5-3)$$

$$AR_{i,t} = \beta_0 + \beta_1 CC_{i,t} + \beta_2 Size_{i,t} + \beta_3 Lev_{i,t} + \beta_4 Growth_{i,t} + \beta_5 Cashflow_{i,t} + \beta_6 LShare_{i,t} + \beta_7 MShare_{i,t} + \beta_8 State_{i,t} + \beta_9 GDP_{i,t} + \beta_{10} Sigma_{i,t} + \beta_{11} MKT_{i,t} + \sum Year + \sum Ind + \varepsilon_{i,t} \quad (5-4)$$

参考温忠麟等(2014)的中介效应检验模型,构建模型(5-5)、模型(5-6)、模型(5-7)和模型(5-8)检验研究假设 H5-4、H5-5 和 H5-6。

$$Innovation_{i,t} = \beta_0 + \beta_1 CC_{i,t} + \beta_2 Size_{i,t} + \beta_3 Lev_{i,t} + \beta_4 Growth_{i,t} + \beta_5 Cashflow_{i,t} + \beta_6 Capital_{i,t} + \beta_7 LShare_{i,t} + \beta_8 MShare_{i,t} +$$

$$\beta_9 \text{State} + \beta_{10} \text{Subsidy} + \beta_{11} \text{GDP}_{i,t} + \sum \text{Year} + \sum \text{Ind} + \varepsilon_{i,t} \tag{5-5}$$

$$\begin{aligned} \text{GPR}_{i,t} = {} & \beta_0 + \beta_1 \text{CC}_{i,t} + \beta_2 \text{Size}_{i,t} + \beta_3 \text{Lev}_{i,t} + \beta_4 \text{Growth}_{i,t} + \\ & \beta_5 \text{Cashflow}_{i,t} + \beta_6 \text{Capital}_{i,t} + \beta_7 \text{LShare}_{i,t} + \beta_8 \text{MShare}_{i,t} + \\ & \beta_9 \text{State} + \beta_{10} \text{Subsidy} + \beta_{11} \text{GDP}_{i,t} + \sum \text{Year} + \sum \text{Ind} + \varepsilon_{i,t} \end{aligned} \tag{5-6}$$

$$\begin{aligned} \text{ROA}_{i,t} = {} & \beta_0 + \beta_1 \text{CC}_{i,t} + \beta_2 \text{Innovation}_{i,t} + \beta_3 \text{Size}_{i,t} + \beta_4 \text{Lev}_{i,t} + \\ & \beta_5 \text{Growth}_{i,t} + \beta_6 \text{Cashflow}_{i,t} + \beta_7 \text{Capital}_{i,t} + \beta_8 \text{LShare}_{i,t} + \\ & \beta_9 \text{MShare}_{i,t} + \beta_{10} \text{State}_{i,t} + \beta_{11} \text{Subsidy}_{i,t} + \beta_{12} \text{GDP}_{i,t} + \\ & \sum \text{Year} + \sum \text{Ind} + \varepsilon_{i,t} \end{aligned} \tag{5-7}$$

$$\begin{aligned} \text{AR}_{i,t} = {} & \beta_0 + \beta_1 \text{CC}_{i,t} + \beta_2 \text{Innovation}_{i,t} + \beta_3 \text{Size}_{i,t} + \beta_4 \text{Lev}_{i,t} + \\ & \beta_5 \text{Growth}_{i,t} + \beta_6 \text{Cashflow}_{i,t} + \beta_7 \text{LShare}_{i,t} + \beta_8 \text{MShare}_{i,t} + \\ & \beta_9 \text{State}_{i,t} + \beta_{10} \text{GDP}_{i,t} + \beta_{11} \text{Sigma}_{i,t} + \beta_{12} \text{MKT}_{i,t} + \\ & \sum \text{Year} + \sum \text{Ind} + \varepsilon_{i,t} \end{aligned} \tag{5-8}$$

其中,模型(5-2)~模型(5-4)中被解释变量分别为销售毛利率(GPR)、总资产报酬率(ROA)和股票超额收益率(AR);模型(5-5)~模型(5-8)中 $\text{Innovation}_{i,t}$ 表示反映企业创新水平的相关变量;$\text{CC}_{i,t}$ 表示反映客户集中度的相关变量。模型其他变量为一系列相关控制变量,Year 和 Ind 为一组年度和行业虚拟变量。

借鉴赵珊等(2023)的研究,本章构建模型(5-9)、模型(5-10)以及模型(5-11)分别检验客户技术距离影响企业创新的经济后果。

$$\begin{aligned} \text{GPR}_{i,t} = {} & \beta_0 + \beta_1 \text{Distance\_tech}_{i,t} + \beta_2 \text{Size}_{i,t} + \beta_3 \text{Lev}_{i,t} + \beta_4 \text{Growth}_{i,t} + \\ & \beta_5 \text{Cashflow}_{i,t} + \beta_6 \text{Capital}_{i,t} + \beta_7 \text{LShare}_{i,t} + \beta_8 \text{MShare}_{i,t} + \\ & \beta_9 \text{State}_{i,t} + \beta_{10} \text{Subsidy}_{i,t} + \beta_{11} \text{GDP}_{i,t} + \sum \text{Year} + \sum \text{Ind} + \varepsilon_{i,t} \end{aligned} \tag{5-9}$$

$$\begin{aligned} \text{ROA}_{i,t} = {} & \beta_0 + \beta_1 \text{Distance\_tech}_{i,t} + \beta_2 \text{Size}_{i,t} + \beta_3 \text{Lev}_{i,t} + \beta_4 \text{Growth}_{i,t} + \\ & \beta_5 \text{Cashflow}_{i,t} + \beta_6 \text{Capital}_{i,t} + \beta_7 \text{LShare}_{i,t} + \beta_8 \text{MShare}_{i,t} + \\ & \beta_9 \text{State}_{i,t} + \beta_{10} \text{Subsidy}_{i,t} + \beta_{11} \text{GDP}_{i,t} + \sum \text{Year} + \sum \text{Ind} + \varepsilon_{i,t} \end{aligned} \tag{5-10}$$

$$\text{AR}_{i,t} = \beta_0 + \beta_1 \text{Distance\_tech}_{i,t} + \beta_2 \text{Size}_{i,t} + \beta_3 \text{Lev}_{i,t} + \beta_4 \text{Growth}_{i,t} +$$

$$\beta_5 \text{Cashflow}_{i,t} + \beta_6 \text{LShare}_{i,t} + \beta_7 \text{MShare}_{i,t} + \beta_8 \text{State}_{i,t} +$$
$$\beta_9 \text{GDP}_{i,t} + \beta_{10} \text{Sigma}_{i,t} + \beta_{11} \text{MKT}_{i,t} + \sum \text{Year} + \sum \text{Ind} + \varepsilon_{i,t}$$
(5-11)

根据上述理论分析与研究假设,如果模型(5-2)~模型(5-4)中客户集中度(CC)变量的估计系数显著为负,则说明客户议价效应处于主导地位,客户敲竹杠的机会主义行为将会对企业产品竞争力、财务绩效和股票资本市场表现产生负面影响。

根据研究假设 H5-4~H5-6,预期模型(5-6)~模型(5-8)中客户关系集中度(CC)变量的估计系数显著为负,且小于模型(5-2)~模型(5-4)中该变量的估计系数,同时企业创新(Innovation)变量的估计系数显著为正,则说明客户的议价效应通过抑制企业创新降低了产品竞争力、财务绩效和股票资本市场表现。

根据研究假设 H5-7~H5-9,如果模型(5-9)~模型(5-11)中企业与客户间的技术距离(Distance_tech)变量的估计系数显著为正,则说明知识溢出效应处于主导地位,企业与客户间技术的邻近将会对企业产品竞争力、财务绩效和股票资本市场表现产生正面影响。之后,再将企业创新变量加入对应的模型中,考察客户技术距离(Distance_tech)是否通过企业创新影响企业产品竞争力、财务绩效和股票资本市场表现。

5.3 变量描述性统计

表 5-2 是主要变量的描述性统计结果。结果显示,销售毛利率(GPR)最大值为 0.989,最小值为 −2.978,说明样本中企业产品竞争力存在较大差异。总资产报酬率(ROA)的均值为 0.043,中位数为 0.042,标准差为 0.075,说明样本企业的财务绩效的差异也较大。股票超额收益率(AR)的最大值为 1.696,最小值为 −0.723,标准差为 0.407,无论从极端值还是标准差看,样本企业股票超额收益率均具有较大变动。其余变量的描述性统计与第 4 章类似,此处不再赘述。

表 5-2 主要变量的描述性统计表

变量	均值(mean)	中位数(P50)	标准差(SD)	最小值(min)	最大值(max)	样本数(n)
GPR	0.294	0.261	0.179	−2.978	0.989	22 078
ROA	0.043	0.042	0.075	−1.130	0.969	22 078

表 5-2(续)

变量	均值(mean)	中位数(P50)	标准差(SD)	最小值(min)	最大值(max)	样本数(n)
AR	0.010	−0.061	0.407	−0.723	1.696	22 078
CC_five	0.311	0.255	0.211	0.022	0.942	22 078
CC_squ	0.049	0.017	0.085	0	0.499	16 411
Distance_tech	0.305	0.179	0.317	0	1	561
LnRD	17.860	17.890	1.707	0	24.410	22 078
RD_Asset	0.024	0.020	0.023	0	0.534	22 078
Patent_inv	2.340	2.303	1.509	0	6.389	22 078
Patent_all	3.222	3.296	1.580	0	7.142	22 078
Size	22.174	21.975	1.261	19.951	26.190	22 078
Lev	0.409	0.403	0.196	0.050	0.865	22 078
Growth	0.182	0.126	0.353	−0.469	2.037	22 078
Cashflow	0.094	0.085	0.142	−0.356	0.570	22 078
Capital	12.520	12.534	1.052	9.262	15.262	22 078
LShare	33.690	31.360	14.537	8.480	73.330	22 078
MShare	14.869	2.045	19.910	0	69.566	22 078
State	0.320	0	0.467	0	1	22 078
Subsidy	0.010	0.006	0.012	0	0.078	22 078
GDP	10.571	10.606	0.776	6.566	11.731	22 078
Sigma	0.064	0.060	0.024	0.015	2.038	21 791
MKT	9.646	9.860	1.694	−0.161	12.390	22 078

5.4 单变量检验

表 5-3 报告了主要变量的单变量检验检验结果。与第 4 章一致，分别按照公司向前五大客户销售比例之和(CC_five)、公司向前五大客户销售比例平方和(CC_squ)和客户技术距离(Distance_tech)等变量的行业年度均值，将样本划分为高客户集中度组和低客户集中度组，远客户技术距离组和近客户技术距离组，然后分别统计各组中被解释变量的均值和中位数，并进行统计量检验。

表 5-3　主要变量的单变量检验结果

Panel A 前五大客户销售比例之和（CC_five）与主要被解释变量的单变量检验

	低客户集中度组		高客户集中度组		均值差异检验 (t)	中位数差异检验 (z)
	均值	中位数	均值	中位数		
GPR	0.302	0.269	0.286	0.253	6.531***	38.178***
ROA	0.046	0.043	0.040	0.040	5.633***	12.727***
AR	0.014	−0.056	0.006	−0.065	1.465	4.467**

Panel B 前五大客户销售比例平方和（CC_squ）与主要被解释变量的单变量检验

	低客户集中度组		高客户集中度组		均值差异检验 (t)	中位数差异检验 (z)
	均值	中位数	均值	中位数		
GPR	0.307	0.277	0.290	0.257	6.048***	36.427***
ROA	0.045	0.043	0.039	0.039	4.951***	17.192***
AR	0.018	−0.053	0.008	−0.061	1.648*	1.581

Panel C 企业与客户间技术距离（Distance_tech）与主要被解释变量的单变量检验

	近客户技术距离组		远客户技术距离组		均值差异检验 (t)	中位数差异检验 (z)
	均值	中位数	均值	中位数		
GPR	0.283	0.255	0.263	0.233	1.447	1.112
ROA	0.038	0.038	0.039	0.040	−0.071	0.217
AR	−0.005	−0.070	0.029	−0.067	−1.048	0.016

表 5-3 Panel A 报告了基于公司向前五大客户销售比例之和（CC_five）的分组统计检验结果。结果显示，相对于低客户集中度组企业，高客户集中度组企业的销售毛利率、总资产报酬率和股票超额收益率的均值和中位数均显著更低，说明客户集中度越高，企业产品竞争力越弱，财务绩效股票市场表现也越差。Panel B 基于公司向前五大客户销售比例平方和（CC_squ）的结果基本一致。上述单变量检验结果初步支持了研究假设 H5-1、H5-2 和 H5-3。

Panel C 基于客户技术距离的单变量检验结果显示，远客户技术距离组企业和近客户技术距离组企业的销售毛利率、总资产报酬率和股票超额收益率的均值或中位数均不存在显著差异，研究假设 H5-7、H5-8 和 H5-9 没有得到支持，需要在多元回归分析中控制其他影响因素后做进一步分析。

5.5 相关性分析

表 5-4 报告了本章主要变量的 Pearson 相关系数。结果显示,客户集中度变量(CC_five 和 CC_squ)与销售毛利率(GPR)、总资产报酬率(ROA)和股票超额收益率(AR)均至少在 10% 的水平下显著负相关,与单变量检验结果一致,说明客户集中度越高,企业产品竞争力越弱,财务绩效越差,股票超额收益率也越低,初步支持了研究假设 H5-1、H5-2 和 H5-3。产品竞争力变量、财务绩效与股票超额收益率变量均显著正相关,这也与本章理论分析基本相一致。

表 5-4 主要变量的 Pearson 相关系数

	GPR	ROA	AR	LnRD	RD_Asset	Patent_inv	Patent_all	CC_five	CC_squ
GPR	1								
ROA	0.389***	1							
AR	0.037***	0.161***	1						
LnRD	0.025***	0.096***	0.020***	1					
RD_Asset	0.298***	0.095***	0.023***	0.439***	1				
Patent_inv	−0.028***	0.059***	0.013**	0.620***	0.274***	1			
Patent_all	−0.080***	0.049***	0.00700	0.600***	0.205***	0.893***	1		
CC_five	−0.100***	−0.053***	−0.016**	−0.106***	0.007	−0.041***	−0.032***	1	
CC_squ	−0.071***	−0.033***	−0.015*	−0.067***	−0.019**	−0.009	−0.003	0.840***	1
Distance_tech	0.112***	−0.012	0.003	0.253***	0.319***	0.302***	0.179***	0.111***	0.140***

注:***、**、* 分别表示在 1%、5%、10% 的水平下显著。

另外,客户技术距离(Distance_tech)变量与销售毛利率(GPR)在 1% 的水平下显著正相关,但与总资产报酬率(ROA)和股票超额收益率(AR)不相关,说明需要做进一步检验。

5.6 回归结果分析及讨论

5.6.1 客户集中度对企业产品竞争力、财务绩效和资本市场表现影响的实证结果

表 5-5 报告了模型(5-1)~模型(5-3)的实证结果。

表 5-5　客户集中度对企业产品竞争力、财务绩效和资本市场表现影响的实证结果

变量	GPR	ROA	AR
	(1)	(2)	(3)
CC_five	−0.070***	−0.009***	−0.054***
	(−13.00)	(−3.95)	(−3.91)
Size	0.006***	0.015***	0.017***
	(6.18)	(25.26)	(5.51)
Lev	−0.254***	−0.146***	0.0020
	(−37.29)	(−37.81)	(0.11)
Growth	0.041***	0.060***	0.157***
	(13.00)	(29.73)	(16.97)
Cashflow	0.322***	0.124***	0.207***
	(32.45)	(27.85)	(10.00)
LShare	0.001	0.001***	0.001***
	(0.84)	(15.36)	(4.44)
MShare	0.001***	0.001***	−0.001
	(14.15)	(10.73)	(−1.19)
State	−0.035***	0.001	−0.001
	(−16.12)	(0.42)	(−0.19)
GDP	−0.008***	0.003***	−0.002
	(−5.78)	(4.02)	(−0.39)
Capital	−0.018***	−0.009***	
	(−15.21)	(−15.83)	
Subsidy	1.384***	−0.318***	
	(13.56)	(−7.83)	
Sigma			3.192***
			(16.90)
MKT			0.005*
			(1.76)
常数项	0.448***	−0.140***	−0.801***
	(16.37)	(−10.19)	(−9.06)
观测值	22 078	22 078	21 796
Adj-R^2	0.548	0.339	0.093
F	382.975	162.701	32.825

注：***、**、* 分别表示在1%、5%、10%的水平下显著，括号内为经过异方差修正后稳健标准误对应的 t 值。

表 5-5 列(1)结果显示,公司向前五大客户销售比例之和(CC_five)的回归系数为-0.070,在 1%的水平下显著为负,说明客户集中度越高,企业销售毛利率越低。就其经济意义而言,在其他条件不变的情况下,公司向前五大客户销售比例之和(CC_five)增加一个标准差(0.211),企业销售毛利率将会下降 1.5%(0.070×0.211),相对于企业销售毛利率均值 29.4%而言,具有一定的经济意义。

表 5-5 列(2)结果显示,公司向前五大客户销售比例之和(CC_five)的回归系数为-0.009,在 1%的水平下显著为负,说明客户集中度越高,企业总资产报酬率越低。就其经济意义而言,在其他条件不变的情况下,公司向前五大客户销售比例之和(CC_five)增加一个标准差(0.211),企业总资产报酬率将会下降 0.19%(0.009×0.211),相对于企业总资产报酬均值 4.3%,具有一定的经济意义。

表 5-5 列(3)结果显示,公司向前五大客户销售比例之和(CC_five)的回归系数为-0.054,在 1%的水平下显著为负,说明客户集中度越高,股票超额收益率越低。就其经济意义而言,在其他条件不变的情况下,公司向前五大客户销售比例之和(CC_five)增加一个标准差(0.211),股票超额收益率将会下降 1.1%(0.054×0.211),相对于股票超额收益率均值 1%,具有十分重要的经济意义。这一经济含义相对于销售毛利率和总资产报酬率的影响更大,说明资本市场投资者对企业存在大客户的消极反应更加明显。

综上,上述实证结果表明,客户集中度越高,企业销售毛利率、总资产报酬率和股票超额收益率越低,说明大客户的议价能力降低了企业在产品市场的竞争力,其财务绩效和资本市场股票表现也越差,证实了研究假设 H5-1、H5-2 和 H5-3。

5.6.2 客户集中度通过创新影响企业产品竞争力的实证结果

表 5-6 报告了客户集中度通过企业创新投入影响产品竞争力的实证结果。

表 5-6 客户集中度通过企业创新投入影响产品竞争力的中介效应检验结果

变量	LnRD	GPR	GPR	RD_Asset	GPR	GPR
	(1)	(2)	(3)	(4)	(5)	(6)
CC_five	-0.455***	-0.070***	-0.067***	-0.005***	-0.070***	-0.063***
	(-9.16)	(-13.00)	(-12.34)	(-7.32)	(-13.00)	(-11.84)

表 5-6(续)

变量	LnRD	GPR	GPR	RD_Asset	GPR	GPR
	(1)	(2)	(3)	(4)	(5)	(6)
LnRD			0.007***			
			(8.29)			
RD_Asset						1.382***
						(23.60)
Size	0.947***	0.006***	−0.001	−0.001**	0.006***	0.006***
	(89.32)	(6.18)	(−0.95)	(−2.39)	(6.18)	(6.91)
Lev	−0.661***	−0.254***	−0.249***	−0.006***	−0.254***	−0.247***
	(−11.06)	(−37.29)	(−36.39)	(−5.77)	(−37.29)	(−36.83)
Growth	0.147***	0.041***	0.040***	0.003***	0.041***	0.037***
	(5.65)	(13.00)	(12.71)	(4.57)	(13.00)	(12.37)
Cashflow	−0.108	0.322***	0.323***	0.001	0.322***	0.320***
	(−1.32)	(32.45)	(32.48)	(1.05)	(32.45)	(32.79)
LShare	0.001**	0.001	0.001	−0.001	0.001	0.001
	(2.04)	(0.84)	(0.69)	(−0.20)	(0.84)	(0.90)
MShare	0.003***	0.001***	0.001***	0.001***	0.001***	0.001***
	(6.73)	(14.15)	(13.75)	(3.39)	(14.15)	(13.65)
State	−0.029	−0.035***	−0.035***	−0.001	−0.035***	−0.034***
	(−1.22)	(−16.12)	(−16.06)	(−0.94)	(−16.12)	(−16.27)
GDP	0.226***	−0.008***	−0.010***	0.002***	−0.008***	−0.010***
	(16.39)	(−5.78)	(−6.90)	(8.25)	(−5.78)	(−7.73)
Capital	−0.169***	−0.018***	−0.017***	−0.004***	−0.018***	−0.012***
	(−13.67)	(−15.21)	(−14.03)	(−23.04)	(−15.21)	(−10.10)
Subsidy	4.613***	1.384***	1.349***	0.145***	1.384***	1.184***
	(7.13)	(13.56)	(13.31)	(7.69)	(13.56)	(12.06)
常数项	−5.223***	0.448***	0.487***	0.047***	0.448***	0.383***
	(−16.50)	(16.37)	(17.40)	(10.69)	(16.37)	(14.42)
观测值	22 077	22 077	22 077	22 077	22 077	22 077
Adj-R^2	0.534	0.548	0.550	0.334	0.548	0.569
F	319.056	353.388	349.018	182.481	353.388	369.725

注：***、**、*分别表示在1%、5%、10%的水平下显著，括号内为经过异方差修正后稳健标准误对应的 t 值。

表 5-6 列(1)结果显示,公司向前五大客户销售比例之和(CC_five)的回归系数为－0.455,在 1%的水平下显著为负,说明客户集中度越高,企业创新投入越少。表 5-6 列(2)结果显示,公司向前五大客户销售比例之和(CC_five)与销售毛利率显著负相关,与上文研究结论一致。

表 5-6 列(3)加入企业创新投入绝对数(LnRD)变量的回归结果显示,公司向前五大客户销售比例之和(CC_five)的回归系数为－0.067,相对于列(2)中的回归系数－0.070 而言有一定幅度的下降(均为比较绝对值,下同),并且企业创新投入(LnRD)的回归系数为 0.007,在 1%的水平上显著为正,说明企业创新水平越高,销售毛利率越高。以上实证结果说明,企业创新投入在客户集中度与企业产品竞争力关系中发挥部分中介作用,证实了研究假设 H5-4。表 5-6 列(4)~列(6)基于企业研发投入相对数(RD_Asset)的回归结果没有发生实质性变化,进一步证实了研究假设 H5-4。

表 5-7 报告了客户集中度通过企业创新产出影响产品竞争力的实证结果。

表 5-7 客户集中度通过企业创新产出影响产品竞争力的中介效应检验结果

变量	Patent_all	GPR	GPR	Patent_inv	GPR	GPR
	(1)	(2)	(3)	(4)	(5)	(6)
CC_five	－0.362***	－0.070***	－0.069***	－0.239***	－0.070***	－0.069***
	(－8.27)	(－13.00)	(－12.70)	(－5.57)	(－13.00)	(－12.76)
Patent_all			0.005***			
			(5.90)			
Patent_inv						0.006***
						(8.18)
Size	0.762***	0.006***	0.002*	0.762***	0.006***	0.001
	(86.79)	(6.18)	(1.92)	(87.18)	(6.18)	(0.81)
Lev	－0.298***	－0.254***	－0.253***	－0.466***	－0.254***	－0.251***
	(－5.66)	(－37.29)	(－37.12)	(－9.10)	(－37.29)	(－36.99)
Growth	0.068***	0.041***	0.041***	0.083***	0.041***	0.040***
	(2.81)	(13.00)	(12.91)	(3.50)	(13.00)	(12.87)
Cashflow	－0.285***	0.322***	0.323***	－0.254***	0.322***	0.324***
	(－4.43)	(32.45)	(32.54)	(－4.08)	(32.45)	(32.58)
LShare	－0.001	0.001	0.001	－0.002***	0.001	0.001
	(－1.43)	(0.84)	(0.91)	(－3.32)	(0.84)	(1.05)

表 5-7(续)

变量	Patent_all (1)	GPR (2)	GPR (3)	Patent_inv (4)	GPR (5)	GPR (6)
MShare	0.004*** (8.32)	0.001*** (14.15)	0.001*** (13.80)	0.003*** (5.62)	0.001*** (14.15)	0.001*** (13.84)
State	0.171*** (8.17)	−0.035*** (−16.12)	−0.036*** (−16.46)	0.213*** (10.32)	−0.035*** (−16.12)	−0.036*** (−16.70)
GDP	0.179*** (14.70)	−0.008*** (−5.78)	−0.009*** (−6.36)	0.186*** (15.77)	−0.008*** (−5.78)	−0.009*** (−6.61)
Capital	−0.169*** (−15.56)	−0.018*** (−15.21)	−0.017*** (−14.24)	−0.151*** (−14.50)	−0.018*** (−15.21)	−0.017*** (−14.18)
Subsidy	8.689*** (12.90)	1.384*** (13.56)	1.342*** (13.07)	12.666*** (19.16)	1.384*** (13.56)	1.302*** (12.59)
常数项	−15.303*** (−60.52)	0.448*** (16.37)	0.521*** (17.62)	−16.074*** (−66.06)	0.448*** (16.37)	0.552*** (18.38)
观测值	22 078	22 078	22 078	22 078	22 078	22 078
Adj-R^2	0.481	0.548	0.549	0.445	0.548	0.549
F	292.684	382.975	378.967	254.124	382.975	380.058

注:***、**、* 分别表示在 1%、5%、10%的水平下显著,括号内为经过异方差修正后稳健标准误对应的 t 值。

表 5-7 列(1)结果显示,公司向前五大客户销售比例之和(CC_five)的回归系数为−0.362,在 1%的水平下显著为负,说明客户集中度越高,企业创新产出越少。表 5-7 列(2)结果显示,公司向前五大客户销售比例之和(CC_five)与销售毛利率显著负相关,与上文研究结论一致。

表 5-7 列(3)加入企业创新产出数量(Patent_all)变量的回归结果显示,公司向前五大客户销售比例之和(CC_five)的回归系数为−0.069,相对于列(2)中的回归系数−0.070 而言有一定的下降,并且企业创新产出数量(Patent_all)的回归系数为 0.005,在 1%的水平上显著为正,说明企业创新水平越高,销售毛利率越高。以上实证结果说明,企业创新产出在客户集中度与企业产品竞争力关系中发挥部分中介作用,证实了研究假设 H5-4。

表 5-7 列(4)~列(6)基于企业创新质量(Patent_inv)的回归结果没有发生实质性变化,进一步证实了研究假设 H5-4。

5.6.3 客户集中度通过创新影响企业财务绩效的实证结果

表 5-8 报告了客户集中度通过企业创新投入影响财务绩效的检验结果。

表 5-8 客户集中度通过企业创新投入影响财务绩效的中介效应检验结果

变量	LnRD (1)	ROA (2)	ROA (3)	RD_Asset (4)	ROA (5)	ROA (6)
CC_five	−0.455***	−0.009***	−0.008***	−0.005***	−0.009***	−0.008***
	(−9.16)	(−3.95)	(−3.32)	(−7.32)	(−3.95)	(−3.36)
LnRD			0.003***			
			(7.18)			
RD_Asset						0.234***
						(4.31)
Size	0.947***	0.015***	0.011***	−0.001**	0.015***	0.015***
	(89.32)	(25.26)	(15.62)	(−2.39)	(25.26)	(25.43)
Lev	−0.661***	−0.146***	−0.144***	−0.006***	−0.146***	−0.145***
	(−11.06)	(−37.81)	(−36.99)	(−5.77)	(−37.81)	(−36.71)
Growth	0.147***	0.060***	0.060***	0.003***	0.060***	0.059***
	(5.65)	(29.73)	(29.58)	(4.57)	(29.73)	(29.64)
Cashflow	−0.108	0.123***	0.124***	0.001	0.123***	0.123***
	(−1.32)	(27.85)	(27.92)	(1.05)	(27.85)	(27.53)
LShare	0.001**	0.001***	0.001***	−0.001	0.001***	0.001***
	(2.04)	(15.36)	(15.23)	(−0.20)	(15.36)	(15.27)
MShare	0.003***	0.001***	0.001***	0.001***	0.001***	0.001***
	(6.73)	(10.73)	(10.35)	(3.39)	(10.73)	(10.46)
State	−0.029	0.001	0.001	−0.001	0.001	0.001
	(−1.22)	(0.42)	(0.51)	(−0.94)	(0.42)	(0.49)
GDP	0.226***	0.003***	0.002***	0.002***	0.003***	0.002***
	(16.39)	(4.02)	(2.83)	(8.25)	(4.02)	(3.39)
Capital	−0.169***	−0.009***	−0.009***	−0.004***	−0.009***	−0.008***
	(−13.67)	(−15.83)	(−14.84)	(−23.04)	(−15.83)	(−13.08)
Subsidy	4.613***	−0.318***	−0.333***	0.145***	−0.318***	−0.352***
	(7.13)	(−7.83)	(−8.22)	(7.69)	(−7.83)	(−8.89)

表 5-8（续）

变量	LnRD (1)	ROA (2)	ROA (3)	RD_Asset (4)	ROA (5)	ROA (6)
常数项	−5.223*** (−16.50)	−0.140*** (−10.19)	−0.123*** (−8.78)	0.047*** (10.69)	−0.140*** (−10.19)	−0.151*** (−10.92)
观测值	22 078	22 078	22 078	22 078	22 078	22 078
Adj-R^2	0.534	0.339	0.341	0.334	0.339	0.342
F	319.056	77.770	77.369	182.481	77.770	78.154

注：***、**、*分别表示在1%、5%、10%的水平下显著，括号内为经过异方差修正后稳健标准误对应的 t 值。

表 5-8 列（1）和列（2）中客户集中度影响企业创新投入和财务绩效的结果不变，列（3）加入企业创新投入绝对数（LnRD）变量的回归结果显示，公司向前五大客户销售比例之和（CC_five）的回归系数为 −0.008 小于列（2）中的回归系数 −0.009，并且企业创新投入绝对数（LnRD）的回归系数为 0.003，在 1% 的水平上显著为正，说明企业创新水平越高，企业总资产报酬率越高。以上实证结果说明，较高的客户集中度通过抑制企业创新投入降低了总资产报酬率，企业创新投入在客户集中度与财务绩效关系中发挥部分中介作用，证实了研究假设 H5-5。

表 5-8 列（4）～列（6）基于企业研发投入相对数（RD_Asset）的回归结果没有发生实质性变化，进一步证实了研究假设 H5-5。

表 5-9 报告了客户集中度通过企业创新产出影响财务绩效的检验结果。

表 5-9　客户集中度通过企业创新产出影响财务绩效的中介效应检验结果

变量	Patent_all (1)	ROA (2)	ROA (3)	Patent_inv (4)	ROA (5)	ROA (6)
CC_five	−0.362*** (−8.27)	−0.009*** (−3.96)	−0.008*** (−3.54)	−0.239*** (−5.57)	−0.009*** (−3.96)	−0.009*** (−3.69)
Patent_all			0.003*** (7.24)			
Patent_inv						0.003*** (7.40)

表 5-9(续)

变量	Patent_all (1)	ROA (2)	ROA (3)	Patent_inv (4)	ROA (5)	ROA (6)
Size	0.762*** (86.79)	0.015*** (25.23)	0.012*** (18.74)	0.762*** (87.18)	0.015*** (25.23)	0.012*** (19.21)
Lev	−0.298*** (−5.66)	−0.146*** (−37.79)	−0.145*** (−37.59)	−0.466*** (−9.10)	−0.146*** (−37.79)	−0.145*** (−37.52)
Growth	0.068*** (2.81)	0.060*** (29.63)	0.060*** (29.61)	0.083*** (3.50)	0.060*** (29.63)	0.060*** (29.58)
Cashflow	−0.285*** (−4.43)	0.123*** (27.83)	0.124*** (28.02)	−0.254*** (−4.08)	0.123*** (27.83)	0.124*** (27.99)
LShare	−0.001 (−1.43)	0.001*** (15.32)	0.001*** (15.43)	−0.002*** (−3.32)	0.001*** (15.32)	0.001*** (15.52)
MShare	0.004*** (8.32)	0.001*** (10.73)	0.001*** (10.32)	0.003*** (5.62)	0.001*** (10.73)	0.001*** (10.47)
State	0.171*** (8.17)	0.001 (0.39)	−0.001 (−0.06)	0.213*** (10.32)	0.001 (0.39)	−0.001 (−0.16)
GDP	0.179*** (14.70)	0.003*** (3.99)	0.002*** (3.19)	0.186*** (15.77)	0.003*** (3.99)	0.002*** (3.17)
Capital	−0.169*** (−15.56)	−0.009*** (−15.85)	−0.009*** (−14.81)	−0.151*** (−14.50)	−0.009*** (−15.85)	−0.009*** (−15.01)
Subsidy	8.689*** (12.90)	−0.318*** (−7.83)	−0.342*** (−8.43)	12.666*** (19.16)	−0.318*** (−7.83)	−0.353*** (−8.64)
常数项	−15.303*** (−60.52)	−0.140*** (−10.13)	−0.096*** (−6.49)	−16.074*** (−66.06)	−0.140*** (−10.13)	−0.095*** (−6.36)
观测值	22 078	22 078	22 078	22 078	22 078	22 078
Adj-R^2	0.481	0.339	0.341	0.445	0.339	0.341
F	282.687	162.701	161.722	254.124	162.701	161.633

注：***、**、*分别表示在1%、5%、10%的水平下显著,括号内为经过异方差修正后稳健标准误对应的 t 值。

表 5-9 列(1)和列(2)客户集中度影响企业创新产出和财务绩效的结果不变,列(3)加入企业创新产出数量(Patent_all)变量的回归结果显示,公司向前五大客户销售比例之和(CC_five)的回归系数为−0.008,小于列(2)中的回归系数

−0.009，并且企业创新产出数量（Patent_all）的回归系数为 0.003，在 1% 的水平上显著为正，说明企业创新水平越高，企业总资产报酬率越高。以上实证结果说明，较高的客户集中度通过抑制企业创新产出降低了总资产报酬率，企业创新产出在客户集中度与财务绩效关系中发挥部分中介作用，证实了研究假设 H5-5。

表 5-9 列（4）～列（6）基于创新质量（Patent_inv）的回归结果没有发生实质性变化，进一步证实了研究假设 H5-5。

5.6.4　客户集中度通过创新影响企业资本市场表现的实证结果

表 5-10 报告了客户集中度通过企业创新投入影响资本市场表现的实证结果。

表 5-10　客户集中度通过企业创新投入影响股票超额收益率的中介效应检验结果

变量	LnRD	AR	AR	RD_Asset	AR	AR
	(1)	(2)	(3)	(4)	(5)	(6)
CC_five	−0.512***	−0.054***	−0.051***	−0.007***	−0.054***	−0.050***
	(−10.41)	(−3.90)	(−3.70)	(−9.07)	(−3.90)	(−3.65)
LnRD			0.005**			
			(2.19)			
RD_Asset						0.494***
						(3.43)
Size	0.913***	0.017***	0.012***	−0.001***	0.017***	0.017***
	(82.92)	(5.54)	(3.20)	(−7.89)	(5.54)	(5.73)
Lev	−0.680***	0.002	0.006	−0.006***	0.002	0.005
	(−11.04)	(0.11)	(0.32)	(−6.47)	(0.11)	(0.29)
Growth	0.151***	0.157***	0.156***	0.003***	0.157***	0.155***
	(5.73)	(16.91)	(16.83)	(4.72)	(16.91)	(16.76)
Cashflow	−0.205**	0.206***	0.208***	−0.001	0.206***	0.207***
	(−2.51)	(10.00)	(10.03)	(−0.83)	(10.00)	(10.02)
LShare	0.001**	0.001***	0.001***	0.001	0.001***	0.001***
	(2.14)	(4.41)	(4.37)	(0.05)	(4.41)	(4.41)
MShare	0.003***	−0.001	−0.001	0.001***	−0.001	−0.001
	(7.50)	(−1.17)	(−1.28)	(4.46)	(−1.17)	(−1.28)

表 5-10(续)

变量	LnRD (1)	AR (2)	AR (3)	RD_Asset (4)	AR (5)	AR (6)
State	−0.019 (−0.81)	−0.001 (−0.21)	−0.001 (−0.19)	−0.001 (−0.61)	−0.001 (−0.21)	−0.001 (−0.19)
GDP	0.116*** (5.34)	−0.003 (−0.41)	−0.003 (−0.51)	0.001 (1.47)	−0.003 (−0.41)	−0.003 (−0.44)
Sigma	0.695 (1.51)	3.193*** (16.91)	3.190*** (16.88)	0.015** (2.16)	3.193*** (16.91)	3.186*** (16.86)
MKT	0.067*** (6.72)	0.005* (1.76)	0.005 (1.63)	0.001*** (6.26)	0.005* (1.76)	0.005 (1.61)
常数项	−6.106*** (−18.72)	−0.802*** (−9.07)	−0.769*** (−8.61)	0.019*** (4.11)	−0.802*** (−9.07)	−0.812*** (−9.17)
观测值	21 790	21 790	21 790	21 790	21 790	21 790
Adj-R^2	0.531	0.093	0.093	0.311	0.093	0.093
F	309.265	29.744	29.377	197.326	29.744	29.645

注：***、**、*分别表示在1%、5%、10%的水平下显著，括号内为经过异方差修正后稳健标准误对应的 t 值。

表5-10列(1)和列(2)中客户集中度影响企业创新投入和资本市场表现的回归结果基本不变,列(3)加入企业研发投入绝对数(LnRD)变量的回归结果显示,公司向前五大客户销售比例之和(CC_five)的回归系数为−0.051,相对于列(2)中的回归系数−0.054而言有一定下降,并且企业研发投入绝对数(LnRD)的回归系数为0.005,在5%的水平上显著为正,说明企业创新水平越高,股票超额收益率越高。以上实证结果说明,客户集中度通过抑制企业创新投入进而降低了股票超额收益率,企业创新投入在客户集中度与股票超额收益率关系中发挥部分中介作用,证实了研究假设 H5-6。

表5-10列(4)～列(6)基于企业研发投入相对数(RD_Asset)的回归结果没有发生实质性变化,进一步证实了研究假设 H5-6。

表5-11报告了客户集中度通过企业创新产出影响股票超额收益率的实证结果。

表 5-11　客户集中度通过企业创新产出影响股票超额收益率的中介效应检验结果

变量	Patent_all (1)	AR (2)	AR (3)	Patent_inv (4)	AR (5)	AR (6)
CC_five	−0.420***	−0.054***	−0.051***	−0.287***	−0.054***	−0.052***
	(−9.55)	(−3.90)	(−3.73)	(−6.63)	(−3.90)	(−3.76)
Patent_all			0.005**			
			(2.37)			
Patent_inv						0.007***
						(2.87)
Size	0.715***	0.017***	0.013***	0.719***	0.017***	0.012***
	(80.31)	(5.54)	(3.77)	(80.93)	(5.54)	(3.44)
Lev	−0.321***	0.002	0.004	−0.505***	0.002	0.005
	(−5.98)	(0.11)	(0.21)	(−9.65)	(0.11)	(0.30)
Growth	0.061**	0.157***	0.156***	0.058**	0.157***	0.156***
	(2.48)	(16.91)	(16.88)	(2.41)	(16.91)	(16.89)
Cashflow	−0.356***	0.206***	0.208***	−0.279***	0.206***	0.208***
	(−5.54)	(10.00)	(10.09)	(−4.47)	(10.00)	(10.08)
LShare	−0.001	0.001***	0.001***	−0.002***	0.001***	0.001***
	(−1.61)	(4.41)	(4.44)	(−3.81)	(4.41)	(4.48)
MShare	0.004***	−0.001	−0.001	0.003***	−0.001	−0.001
	(9.07)	(−1.17)	(−1.30)	(6.20)	(−1.17)	(−1.28)
State	0.174***	−0.001	−0.002	0.218***	−0.001	−0.003
	(8.14)	(−0.21)	(−0.34)	(10.34)	(−0.21)	(−0.41)
GDP	0.112***	−0.003	−0.003	0.084***	−0.003	−0.003
	(5.86)	(−0.41)	(−0.50)	(4.56)	(−0.41)	(−0.50)
Sigma	−0.658	3.193***	3.197***	0.168	3.193***	3.192***
	(−1.52)	(16.91)	(16.93)	(0.39)	(16.91)	(16.90)
MKT	0.038***	0.005*	0.005*	0.055***	0.005*	0.005
	(4.52)	(1.76)	(1.69)	(6.67)	(1.76)	(1.63)
常数项	−15.936***	−0.802***	−0.718***	−16.388***	−0.802***	−0.694***
	(−61.61)	(−9.07)	(−7.57)	(−65.00)	(−9.07)	(−7.20)
观测值	21 796	21 796	21 796	21 796	21 796	21 796
Adj-R^2	0.471	0.0930	0.0930	0.433	0.093	0.093
F	278.403	32.805	32.429	238.621	32.805	32.467

注：***、**、*分别表示在1%、5%、10%的水平下显著，括号内为经过异方差修正后稳健标准误对应的 t 值。

表 5-11 中列（1）和列（2）客户集中度影响企业创新产出和资本市场表现的回归结果基本不变，列（3）加入企业创新产出数量（Patent_all）变量的回归结果显示，公司向前五大客户销售比例之和（CC_five）的回归系数为－0.051，小于列（1）中该变量的回归系数－0.054。以上实证结果说明，较高的客户集中度通过抑制企业创新产出降低了股票超额收益率，企业创新产出在客户集中度与股票超额收益率关系中发挥部分中介作用。表 5-11 列（4）～列（6）基于企业创新数量（Patent_inv）的回归结果没有发生实质性变化，进一步证实了研究假设 H5-6。

5.6.5 客户技术距离对企业产品竞争力、财务绩效和资本市场表现影响的实证结果

表 5-12 报告了模型（5-9）～模型（5-11）的实证结果。

表 5-12　客户技术距离对企业产品竞争力、财务绩效和资本市场表现影响的实证结果

变量	GPR	ROA	AR
	（1）	（2）	（3）
Distance_tech	0.006	0.006	0.002
	(0.34)	(0.74)	(0.04)
Size	0.001	0.008**	－0.007
	(0.03)	(2.57)	(－0.40)
Lev	－0.242***	－0.111***	0.197*
	(－7.84)	(－5.26)	(1.86)
Growth	0.056***	0.045***	0.165**
	(3.94)	(5.38)	(2.48)
Cashflow	0.270***	0.079***	0.102
	(6.06)	(2.93)	(0.74)
LShare	－0.001*	0.001	0.001
	(－1.68)	(1.54)	(0.55)
MShare	0.001	0.001	0.001
	(0.65)	(1.31)	(1.01)
State	－0.045***	0.007	－0.007
	(－3.57)	(1.30)	(－0.16)

表 5-12(续)

变量	GPR (1)	ROA (2)	AR (3)
GDP	−0.001 (−0.10)	0.003 (0.97)	0.030 (0.64)
Capital	−0.005 (−0.70)	−0.005 (−1.23)	
Subsidy	1.251*** (2.78)	−0.519** (−2.42)	
Sigma			4.803*** (4.20)
MKT			−0.005 (−0.23)
常数项	0.489*** (2.96)	−0.065 (−0.85)	0.458 (0.77)
观测值	561	561	554
Adj-R^2	0.653	0.426	0.250
F	16.005	6.308	2.788

注：***、**、* 分别表示在 1%、5%、10% 的水平下显著，括号内为经过异方差修正后稳健标准误对应的 t 值。

表 5-12 列(1)结果显示，客户技术距离(Distance_tech)变量的回归系数为 0.006，说明企业与客户间技术距离与产品竞争力正相关，但没有通过显著性检验，研究假设 H5-7 没有得到验证。列(2)和列(3)结果显示，客户技术距离(Distance_tech)变量的回归系数同样没有通过显著性检验，研究假设 H5-8 和 H5-9 均没有得到实证数据支持。

可能的原因是，在技术邻近的客户关系中，知识溢出是一个缓慢的过程，同时基于溢出的知识开发新产品同样需要时间，新产品上市也需要一个过程，其结果是客户技术距离影响创新的后果不会立刻体现在当期产品竞争力中，进而也无法对财务绩效和股票市场表现产生明显影响，研究假设 H5-7、H5-8 和 H5-9 没有得到验证。

5.7 稳健性检验

为保证上述研究结论的可靠性,通过更换解释变量和被解释变量等方式进行一系列稳健性检验。

5.7.1 更换解释变量

证监会鼓励上市企业分别披露前五大客户名称和销售额等信息,借鉴江伟等(2019)的做法,采用公司向前五大客户销售比例平方和(CC_squ)衡量客户集中度,重新运行模型(5-2)~模型(5-4)。

表5-13结果显示,无论是采用产品竞争力、财务绩效还是股票超额收益率作为企业经济后果变量,公司向前五大客户销售比例平方和(CC_squ)回归系数均在1%的水平下显著为负,说明企业客户集中度越高,企业产品竞争力越弱,财务绩效和资本市场表现越差,再次证实了研究假设H5-1、H5-2和H5-3。

表5-13 更换解释变量的稳健性检验结果

变量	GPR	ROA	AR
	(1)	(2)	(3)
CC_squ	−0.118***	−0.022***	−0.107***
	(−5.71)	(−3.00)	(−2.91)
Size	0.009***	0.015***	0.013***
	(7.89)	(21.28)	(3.59)
Lev	−0.276***	−0.149***	0.014
	(−33.32)	(−31.55)	(0.69)
Growth	0.042***	0.062***	0.162***
	(11.41)	(26.09)	(15.54)
Cashflow	0.300***	0.129***	0.233***
	(25.26)	(23.93)	(9.99)
LShare	0.001	0.002***	0.002***
	(0.62)	(13.38)	(3.57)
MShare	0.002***	0.001***	−0.001
	(12.76)	(9.28)	(−0.70)

表 5-13(续)

变量	GPR	ROA	AR
	(1)	(2)	(3)
State	−0.027***	0.004***	−0.001
	(−10.13)	(3.09)	(−0.02)
GDP	−0.008***	0.003***	−0.008
	(−4.63)	(4.02)	(−1.06)
Capital	−0.017***	−0.010***	
	(−12.67)	(−13.90)	
Subsidy	1.436***	−0.303***	
	(12.25)	(−6.37)	
Sigma			3.090***
			(14.41)
MKT			0.007*
			(1.96)
常数项	0.408***	−0.169***	−0.522***
	(11.37)	(−9.35)	(−3.29)
观测值	16 411	16 411	16 170
Adj-R^2	0.545	0.335	0.101
F	282.04	119.19	27.05

注：***、**、* 分别表示在1%、5%、10%的水平下显著，括号内为经过异方差修正后稳健标准误对应的 t 值。

更换解释变量后中介效应检验结果如表 5-14～表 5-19 所示，各回归结果均显示，在加入企业创新变量后，公司向前五大客户销售比例平方和（CC_squ）的回归系数均有下降，且企业创新变量的回归系数均显著为正，再次证实了研究假设 H5-4、H5-5 和 H5-6。

表 5-14 客户集中度通过企业创新投入影响产品竞争力的中介效应检验结果（更换解释变量）

变量	LnRD	GPR	GPR	RD_Asset	GPR	GPR
	(1)	(2)	(3)	(4)	(5)	(6)
CC_squ	−0.942***	−0.118***	−0.108***	−0.008***	−0.118***	−0.105***
	(−6.32)	(−5.71)	(−5.25)	(−3.79)	(−5.71)	(−5.17)

表 5-14(续)

变量	LnRD (1)	GPR (2)	GPR (3)	RD_Asset (4)	GPR (5)	GPR (6)
LnRD			0.010***			
			(8.08)			
RD_Asset						1.508***
						(23.08)
Size	0.934***	0.009***	−0.001	−0.001***	0.009***	0.010***
	(77.37)	(7.89)	(−0.21)	(−3.31)	(7.89)	(8.97)
Lev	−0.613***	−0.276***	−0.270***	−0.006***	−0.276***	−0.267***
	(−9.01)	(−33.32)	(−32.44)	(−5.33)	(−33.32)	(−32.86)
Growth	0.102***	0.041***	0.040***	0.003***	0.041***	0.037***
	(3.64)	(11.41)	(11.24)	(3.82)	(11.41)	(10.78)
Cashflow	0.063	0.300***	0.300***	0.002	0.300***	0.297***
	(0.69)	(25.26)	(25.22)	(1.37)	(25.26)	(25.38)
LShare	0.002***	0.001	0.001	0.001	0.001	0.001
	(2.67)	(0.62)	(0.37)	(0.92)	(0.62)	(0.39)
MShare	0.003***	0.001***	0.001***	0.001***	0.001***	0.001***
	(6.06)	(12.76)	(12.31)	(3.12)	(12.76)	(12.26)
State	−0.003	−0.026***	−0.026***	0.001**	−0.026***	−0.028***
	(−0.09)	(−10.13)	(−10.15)	(2.45)	(−10.13)	(−10.96)
GDP	0.225***	−0.007***	−0.010***	0.001***	−0.007***	−0.010***
	(14.24)	(−4.63)	(−5.87)	(5.53)	(−4.63)	(−6.19)
Capital	−0.184***	−0.017***	−0.015***	−0.004***	−0.017***	−0.010***
	(−13.72)	(−12.67)	(−11.23)	(−22.27)	(−12.67)	(−7.62)
Subsidy	5.141***	1.436***	1.386***	0.168***	1.436***	1.183***
	(7.33)	(12.25)	(11.93)	(7.41)	(12.25)	(10.49)
常数项	−6.938***	0.408***	0.476***	0.048***	0.408***	0.336***
	(−10.75)	(11.37)	(12.48)	(9.28)	(11.37)	(9.57)
观测值	16 411	16 411	16 411	16 411	16 411	16 411
Adj-R^2	0.515	0.545	0.549	0.333	0.545	0.569
F	230.575	266.553	261.709	113.865	266.553	280.177

注：***、**、* 分别表示在1%、5%、10%的水平下显著，括号内为经过异方差修正后稳健标准误对应的 t 值。

表 5-15　客户集中度通过企业创新产出影响产品竞争力的中介效应检验结果(更换解释变量)

变量	Patent_all (1)	GPR (2)	GPR (3)	Patent_inv (4)	GPR (5)	GPR (6)
CC_squ	−0.670*** (−5.39)	−0.118*** (−5.71)	−0.113*** (−5.50)	−0.413*** (−3.41)	−0.118*** (−5.71)	−0.114*** (−5.56)
Patent_all			0.007*** (7.28)			
Patent_inv						0.009*** (9.62)
Size	0.753*** (72.42)	0.009*** (7.89)	0.004*** (2.67)	0.743*** (71.73)	0.009*** (7.89)	0.002 (1.58)
Lev	−0.274*** (−4.48)	−0.276*** (−33.32)	−0.274*** (−33.20)	−0.431*** (−7.31)	−0.276*** (−33.32)	−0.272*** (−33.11)
Growth	0.064** (2.34)	0.041*** (11.41)	0.041*** (11.32)	0.092*** (3.52)	0.041*** (11.41)	0.041*** (11.23)
Cashflow	−0.152** (−2.05)	0.300*** (25.26)	0.301*** (25.35)	−0.127* (−1.79)	0.300*** (25.26)	0.302*** (25.37)
LShare	−0.001 (−0.64)	0.001 (0.62)	0.001 (0.67)	−0.002*** (−2.80)	0.001 (0.62)	0.001 (0.86)
MShare	0.004*** (8.36)	0.001*** (12.76)	0.001*** (12.24)	0.003*** (5.67)	0.001*** (12.76)	0.001*** (12.32)
State	0.167*** (6.69)	−0.026*** (−10.13)	−0.028*** (−10.57)	0.210*** (8.58)	−0.026*** (−10.13)	−0.028*** (−10.85)
GDP	0.186*** (13.02)	−0.007*** (−4.63)	−0.009*** (−5.38)	0.189*** (13.62)	−0.007*** (−4.63)	−0.009*** (−5.64)
Capital	−0.165*** (−13.37)	−0.017*** (−12.67)	−0.016*** (−11.61)	−0.143*** (−12.27)	−0.017*** (−12.67)	−0.016*** (−11.56)
Subsidy	9.301*** (12.17)	1.436*** (12.25)	1.372*** (11.62)	13.525*** (18.31)	1.436*** (12.25)	1.315*** (11.03)
常数项	−16.028*** (−38.58)	0.408*** (11.37)	0.518*** (13.31)	−16.355*** (−46.06)	0.408*** (11.37)	0.555*** (14.06)
观测值	16 411	16 411	16 411	16 411	16 411	16 411
Adj-R^2	0.453	0.545	0.547	0.4130	0.545	0.548
F	195.091	282.042	280.162	165.851	282.042	281.517

注：***、**、* 分别表示在1%、5%、10%的水平下显著,括号内为经过异方差修正后稳健标准误对应的 t 值。

5 客户关系影响企业创新经济后果的实证分析

表 5-16　客户集中度通过企业创新投入影响财务绩效的中介效应检验结果（更换解释变量）

变量	LnRD (1)	ROA (2)	ROA (3)	RD_Asset (4)	ROA (5)	ROA (6)
CC_squ	−0.942*** (−6.32)	−0.021*** (−3.00)	−0.018** (−2.57)	−0.008*** (−3.79)	−0.021*** (−3.00)	−0.020*** (−2.68)
LnRD			0.003*** (5.41)			
RD_Asset						0.218*** (2.99)
Size	0.934*** (77.37)	0.015*** (21.27)	0.012*** (13.20)	−0.001*** (−3.31)	0.015*** (21.27)	0.015*** (21.56)
Lev	−0.613*** (−9.01)	−0.149*** (−31.54)	−0.147*** (−30.91)	−0.006*** (−5.33)	−0.149*** (−31.54)	−0.147*** (−30.43)
Growth	0.102*** (3.64)	0.062*** (26.07)	0.062*** (26.01)	0.003*** (3.82)	0.062*** (26.07)	0.062*** (26.05)
Cashflow	0.063 (0.69)	0.128*** (23.92)	0.128*** (23.85)	0.002 (1.37)	0.128*** (23.92)	0.128*** (23.50)
LShare	0.002*** (2.67)	0.001*** (13.36)	0.001*** (13.18)	0.001 (0.92)	0.001*** (13.36)	0.001*** (13.24)
MShare	0.003*** (6.06)	0.001*** (9.28)	0.001*** (8.95)	0.001*** (3.12)	0.001*** (9.28)	0.001*** (9.03)
State	−0.003 (−0.09)	0.004*** (3.08)	0.004*** (3.09)	0.001** (2.45)	0.004*** (3.08)	0.004*** (2.91)
GDP	0.225*** (14.24)	0.003*** (4.01)	0.002*** (3.02)	0.001*** (5.53)	0.003*** (4.01)	0.003*** (3.61)
Capital	−0.184*** (−13.72)	−0.010*** (−13.95)	−0.009*** (−13.02)	−0.004*** (−22.27)	−0.010*** (−13.95)	−0.009*** (−11.31)
Subsidy	5.141*** (7.33)	−0.303*** (−6.37)	−0.320*** (−6.72)	0.168*** (7.41)	−0.303*** (−6.37)	−0.340*** (−7.46)
常数项	−6.938*** (−10.75)	−0.169*** (−9.30)	−0.146*** (−7.74)	0.048*** (9.28)	−0.169*** (−9.30)	−0.179*** (−9.82)
观测值	16 411	16 411	16 411	16 411	16 411	16 411
Adj-R^2	0.515	0.335	0.337	0.333	0.335	0.338
F	230.575	53.777	53.630	133.865	53.777	54.033

注：***、**、* 分别表示在 1%、5%、10% 的水平下显著，括号内为经过异方差修正后稳健标准误对应的 t 值。

表 5-17 客户集中度通过企业创新产出影响财务绩效的中介效应检验结果(更换解释变量)

变量	Patent_all (1)	ROA (2)	ROA (3)	Patent_inv (4)	ROA (5)	ROA (6)
CC_squ	−0.670*** (−5.39)	−0.021*** (−3.00)	−0.020*** (−2.74)	−0.413*** (−3.41)	−0.021*** (−3.00)	−0.020*** (−2.84)
Patent_all			0.003*** (6.06)			
Patent_inv						0.003*** (6.46)
Size	0.753*** (72.42)	0.015*** (21.27)	0.013*** (15.84)	0.743*** (71.73)	0.015*** (21.27)	0.013*** (16.27)
Lev	−0.274*** (−4.48)	−0.149*** (−31.54)	−0.148*** (−31.36)	−0.431*** (−7.31)	−0.149*** (−31.54)	−0.147*** (−31.33)
Growth	0.064** (2.34)	0.062*** (26.07)	0.062*** (26.04)	0.092*** (3.52)	0.062*** (26.07)	0.062*** (25.98)
Cashflow	−0.152** (−2.05)	0.128*** (23.91)	0.129*** (24.03)	−0.127* (−1.79)	0.128*** (23.91)	0.129*** (24.00)
LShare	−0.001 (−0.64)	0.001*** (13.36)	0.001*** (13.41)	−0.002*** (−2.80)	0.001*** (13.36)	0.001*** (13.52)
MShare	0.004*** (8.36)	0.001*** (9.28)	0.001*** (8.86)	0.003*** (5.67)	0.001*** (9.28)	0.001*** (9.00)
State	0.167*** (6.69)	0.004*** (3.08)	0.004*** (2.71)	0.210*** (8.58)	0.004*** (3.08)	0.003*** (2.60)
GDP	0.186*** (13.02)	0.003*** (4.01)	0.003*** (3.32)	0.189*** (13.62)	0.003*** (4.01)	0.003*** (3.28)
Capital	−0.165*** (−13.37)	−0.010*** (−13.94)	−0.009*** (−13.08)	−0.143*** (−12.27)	−0.010*** (−13.94)	−0.009*** (−13.24)
Subsidy	9.301*** (12.17)	−0.303*** (−6.37)	−0.330*** (−6.92)	13.525*** (18.31)	−0.303*** (−6.37)	−0.343*** (−7.16)
常数项	−16.028*** (−38.58)	−0.169*** (−9.30)	−0.122*** (−6.30)	−16.355*** (−46.06)	−0.169*** (−9.30)	−0.120*** (−6.18)
观测值	16 411	16 411	16 411	16 411	16 411	16,411
Adj-R^2	0.4530	0.335	0.337	0.413	0.335	0.337
F	195.095	119.194	118.438	165.851	119.194	118.438

注:***、**、*分别表示在1%、5%、10%的水平下显著,括号内为经过异方差修正后稳健标准误对应的 t 值。

表 5-18 客户集中度通过创新投入影响资本市场表现的中介效应检验结果(更换解释变量)

变量	LnRD (1)	AR (2)	AR (3)	RD_Asset (4)	AR (5)	AR (6)
CC_squ	−0.991*** (−6.61)	−0.108*** (−2.92)	−0.100*** (−2.71)	−0.010*** (−4.35)	−0.108*** (−2.92)	−0.102*** (−2.76)
LnRD			0.008*** (2.76)			
RD_Asset						0.619*** (3.52)
Size	0.899*** (70.83)	0.013*** (3.61)	0.006 (1.48)	−0.001*** (−7.36)	0.013*** (3.61)	0.014*** (3.85)
Lev	−0.650*** (−9.27)	0.014 (0.68)	0.019 (0.92)	−0.007*** (−6.36)	0.014 (0.68)	0.018 (0.90)
Growth	0.112*** (3.92)	0.162*** (15.54)	0.162*** (15.49)	0.003*** (4.02)	0.162*** (15.54)	0.161*** (15.39)
Cashflow	−0.046 (−0.51)	0.233*** (9.99)	0.234*** (10.00)	−0.001 (−0.21)	0.233*** (9.99)	0.233*** (9.99)
LShare	0.002*** (2.84)	0.001*** (3.57)	0.001*** (3.50)	0.001 (1.13)	0.001*** (3.57)	0.001*** (3.53)
MShare	0.003*** (6.97)	−0.001 (−0.70)	−0.001 (−0.84)	0.001*** (4.30)	−0.001 (−0.70)	−0.001 (−0.83)
State	0.015 (0.54)	−0.001 (−0.02)	−0.001 (−0.03)	0.001*** (3.19)	−0.001 (−0.02)	−0.001 (−0.12)
GDP	0.115*** (4.59)	−0.008 (−1.07)	−0.009 (−1.19)	−0.001 (−0.68)	−0.008 (−1.07)	−0.008 (−1.05)
Sigma	0.075 (0.14)	3.091*** (14.41)	3.091*** (14.40)	0.008 (0.93)	3.091*** (14.41)	3.087*** (14.37)
MKT	0.066*** (5.67)	0.007** (1.97)	0.006* (1.82)	0.001*** (6.02)	0.007** (1.97)	0.006* (1.79)
常数项	−7.886*** (−12.16)	−0.524*** (−3.30)	−0.464*** (−2.91)	0.021*** (3.99)	−0.524*** (−3.30)	−0.537*** (−3.38)
观测值	16 166	16 166	16 166	16 166	16 166	16 166
Adj-R^2	0.510	0.101	0.102	0.306	0.101	0.102
F	223.722	23.194	23.000	148.773	23.194	23.189

注：***、**、* 分别表示在1%、5%、10%的水平下显著，括号内为经过异方差修正后稳健标准误对应的 t 值。

表 5-19　客户集中度通过创新产出影响资本市场表现的中介效应检验结果（更换解释变量）

变量	Patent_all (1)	AR (2)	AR (3)	Patent_inv (4)	AR (5)	AR (6)
CC_squ	−0.733*** (−5.84)	−0.108*** (−2.92)	−0.101*** (−2.73)	−0.458*** (−3.74)	−0.108*** (−2.92)	−0.103*** (−2.79)
Patent_all			0.009*** (3.55)			
Patent_inv						0.010*** (3.97)
Size	0.710*** (66.62)	0.013*** (3.61)	0.007 (1.63)	0.703*** (65.90)	0.013*** (3.61)	0.006 (1.39)
Lev	−0.319*** (−5.09)	0.014 (0.68)	0.017 (0.82)	−0.489*** (−8.08)	0.014 (0.68)	0.019 (0.93)
Growth	0.060** (2.12)	0.162*** (15.54)	0.162*** (15.51)	0.071*** (2.64)	0.162*** (15.54)	0.162*** (15.51)
Cashflow	−0.215*** (−2.89)	0.233*** (9.99)	0.235*** (10.08)	−0.147** (−2.06)	0.233*** (9.99)	0.235*** (10.06)
LShare	−0.001 (−0.86)	0.001*** (3.57)	0.001*** (3.59)	−0.002*** (−3.37)	0.001*** (3.57)	0.001*** (3.67)
MShare	0.005*** (9.14)	−0.001 (−0.70)	−0.001 (−0.94)	0.003*** (6.33)	−0.001 (−0.70)	−0.001 (−0.89)
State	0.178*** (6.97)	−0.001 (−0.02)	−0.002 (−0.22)	0.226*** (8.99)	−0.001 (−0.02)	−0.003 (−0.31)
GDP	0.103*** (4.52)	−0.008 (−1.07)	−0.009 (−1.20)	0.067*** (3.05)	−0.008 (−1.07)	−0.009 (−1.17)
Sigma	−0.934* (−1.87)	3.091*** (14.41)	3.100*** (14.45)	−0.254 (−0.52)	3.091*** (14.41)	3.094*** (14.42)
MKT	0.045*** (4.46)	0.007** (1.97)	0.006* (1.85)	0.064*** (6.48)	0.007** (1.97)	0.006* (1.77)
常数项	−16.528*** (−39.33)	−0.524*** (−3.30)	−0.373** (−2.27)	−16.449*** (−45.45)	−0.524*** (−3.30)	−0.351** (−2.13)
观测值	16 166	16 166	16 166	16 166	16 166	16 166
Adj-R^2	0.443	0.101	0.102	0.398	0.101	0.102
F	184.616	27.057	26.867	153.925	27.057	26.918

注：***、**、*分别表示在1%、5%、10%的水平下显著，括号内为经过异方差修正后稳健标准误对应的 t 值。

5.7.2 更换被解释变量

考虑到从研发投入和专利产出到产品市场需要一定的时间,借鉴 Itzkowitz(2013)、徐凤敏等(2023)、杨晓兰等(2016)的做法,此处采用后一期的销售毛利率(FGPR)、净资产收益率(FROE)与未经市场调整法计算的股票超额收益率(ER)作为替代被解释变量,重新运行模型(5-2)~模型(5-4)。

表 5-20 实证结果显示,无论是采用后一期的销售毛利率、净资产收益率还是未经市场调整法计算的股票超额收益率作为企业经济后果替代变量,公司向前五大客户销售比例之和(CC_five)的回归系数均在 1% 的水平下显著为负,说明企业客户集中度越高,产品竞争力越弱,财务绩效和资本市场表现越差,再次证实了研究假设 H5-1、H5-2 和 H5-3。

表 5-20 更换被解释变量的稳健性检验结果

变量	FGPR	FROE	ER
	(1)	(2)	(3)
CC_five	−0.076***	−0.018***	−0.052***
	(−13.71)	(−4.51)	(−3.60)
Size	0.003***	0.028***	0.049***
	(2.64)	(28.46)	(15.71)
Lev	−0.228***	−0.176***	−0.081***
	(−31.89)	(−24.12)	(−4.49)
Growth	0.034***	0.100***	0.220***
	(9.18)	(35.06)	(21.62)
Cashflow	0.309***	0.167***	0.243***
	(28.82)	(24.84)	(11.49)
LShare	0.001	0.001***	0.001*
	(0.64)	(15.93)	(1.76)
MShare	0.001***	0.001***	−0.001***
	(10.17)	(8.38)	(−3.17)
State	−0.033***	−0.003	0.007
	(−13.68)	(−1.30)	(1.04)
GDP	−0.007***	0.005***	0.002
	(−4.44)	(4.72)	(0.35)

表 5-20(续)

变量	FGPR	FROE	ER
	(1)	(2)	(3)
Capital	−0.017***	−0.016***	
	(−12.70)	(−15.80)	
Subsidy	1.296***	−0.530***	
	(12.47)	(−8.12)	
Sigma			9.176***
			(46.04)
MKT			0.005*
			(1.75)
常数项	0.462***	−0.337***	−1.862***
	(14.16)	(−13.34)	(−18.74)
观测值	17 455	22 076	21 791
Adj-R^2	0.523	0.271	0.255
F	278.035	118.431	107.278

注:***、**、*分别表示在1%、5%、10%的水平下显著,括号内为经过异方差修正后稳健标准误对应的 t 值。

更换被解释变量后中介效应检验结果如表 5-21～表 5-26 所示,各回归结果均显示,在加入企业创新变量后,公司向前五大客户销售比例之和(CC_five)的回归系数均有下降,且企业创新变量的回归系数均显著为正,这再次说明较高的客户集中度通过抑制企业创新降低了产品竞争力,并损害了企业财务绩效和资本市场表现,再次证实了研究假设 H5-4、H5-5 和 H5-6。

表 5-21 客户集中度通过创新投入影响产品竞争力的中介效应检验结果(更换被解释变量)

变量	LnRD	FGPR	FGPR	RD_Asset	FGPR	FGPR
	(1)	(2)	(3)	(4)	(5)	(6)
CC_five	−0.444***	−0.076***	−0.072***	−0.007***	−0.076***	−0.067***
	(−9.32)	(−13.71)	(−12.99)	(−8.88)	(−13.71)	(−12.24)
LnRD			0.009***			
			(9.58)			
RD_Asset						1.406***
						(21.88)

表 5-21(续)

变量	LnRD (1)	FGPR (2)	FGPR (3)	RD_Asset (4)	FGPR (5)	FGPR (6)
Size	0.921***	0.003***	−0.006***	−0.001***	0.003***	0.004***
	(91.80)	(2.64)	(−3.89)	(−4.00)	(2.64)	(3.49)
Lev	−0.644***	−0.228***	−0.222***	−0.005***	−0.228***	−0.221***
	(−10.89)	(−31.89)	(−31.11)	(−5.68)	(−31.89)	(−31.32)
Growth	0.096***	0.034***	0.033***	0.001***	0.034***	0.032***
	(3.87)	(9.18)	(8.99)	(3.22)	(9.18)	(8.91)
Cashflow	−0.142**	0.309***	0.311***	0.004***	0.309***	0.303***
	(−1.99)	(28.82)	(28.89)	(4.11)	(28.82)	(28.53)
LShare	0.001	0.001	0.001	−0.001	0.001	0.001
	(1.04)	(0.64)	(0.56)	(−0.84)	(0.64)	(0.81)
MShare	0.002***	0.001***	0.001***	0.001***	0.001***	0.001***
	(4.86)	(10.17)	(9.87)	(2.99)	(10.17)	(9.73)
State	−0.039*	−0.033***	−0.033***	0.001	−0.033***	−0.034***
	(−1.67)	(−13.68)	(−13.57)	(0.88)	(−13.68)	(−14.12)
GDP	0.210***	−0.007***	−0.009***	0.002***	−0.007***	−0.010***
	(15.10)	(−4.44)	(−5.59)	(7.85)	(−4.44)	(−6.04)
Capital	−0.166***	−0.017***	−0.016***	−0.004***	−0.017***	−0.011***
	(−15.02)	(−12.70)	(−11.42)	(−21.16)	(−12.70)	(−8.04)
Subsidy	3.562***	1.296***	1.262***	0.118***	1.296***	1.130***
	(5.44)	(12.47)	(12.25)	(8.45)	(12.47)	(11.23)
常数项	−4.650***	0.462***	0.506***	0.050***	0.462***	0.391***
	(−15.07)	(14.16)	(15.28)	(11.64)	(14.16)	(12.25)
观测值	17 455	17 455	17 455	17 455	17 455	17 455
Adj-R^2	0.566	0.523	0.526	0.345	0.523	0.542
F	306.265	278.035	254.393	153.582	278.035	271.156

注：***、**、* 分别表示在1%、5%、10%的水平下显著，括号内为经过异方差修正后稳健标准误对应的 t 值。

表 5-22　客户集中度通过创新产出影响产品竞争力的中介效应检验结果(更换被解释变量)

变量	Patent_all (1)	FGPR (2)	FGPR (3)	Patent_inv (4)	FGPR (5)	FGPR (6)
CC_five	−0.339***	−0.076***	−0.075***	−0.253***	−0.076***	−0.075***
	(−6.87)	(−13.71)	(−13.43)	(−5.20)	(−13.71)	(−13.45)
Patent_all			0.004***			
			(4.95)			
Patent_inv						0.006***
						(7.02)
Size	0.760***	0.003***	−0.001	0.761***	0.003***	−0.002
	(75.11)	(2.64)	(−0.34)	(75.20)	(2.64)	(−1.35)
Lev	−0.260***	−0.228***	−0.227***	−0.449***	−0.228***	−0.225***
	(−4.32)	(−31.89)	(−31.72)	(−7.62)	(−31.89)	(−31.52)
Growth	0.066**	0.034***	0.033***	0.073***	0.034***	0.033***
	(2.43)	(9.18)	(9.11)	(2.72)	(9.18)	(9.08)
Cashflow	−0.247***	0.309***	0.311***	−0.216***	0.309***	0.311***
	(−3.35)	(28.82)	(28.86)	(−3.06)	(28.82)	(28.89)
LShare	−0.001**	0.001	0.001	−0.002***	0.001	0.001
	(−2.19)	(0.64)	(0.74)	(−3.57)	(0.64)	(0.85)
MShare	0.004***	0.001***	0.001***	0.003***	0.001***	0.001***
	(7.41)	(10.17)	(9.88)	(5.25)	(10.17)	(9.89)
State	0.177***	−0.033***	−0.034***	0.223***	−0.033***	−0.035***
	(7.57)	(−13.68)	(−14.00)	(9.60)	(−13.68)	(−14.23)
GDP	0.174***	−0.007***	−0.008***	0.184***	−0.007***	−0.008***
	(12.64)	(−4.44)	(−4.90)	(13.79)	(−4.44)	(−5.13)
Capital	−0.173***	−0.017***	−0.017***	−0.153***	−0.017***	−0.016***
	(−14.08)	(−12.70)	(−11.89)	(−12.98)	(−12.70)	(−11.82)
Subsidy	9.060***	1.296***	1.255***	12.460***	1.296***	1.218***
	(12.02)	(12.47)	(12.02)	(16.81)	(12.47)	(11.64)
常数项	−15.104***	0.462***	0.529***	−15.914***	0.462***	0.561***
	(−52.39)	(14.16)	(15.10)	(−57.03)	(14.16)	(15.72)
观测值	17 455	17 455	17 455	17 455	17 455	17 455
Adj-R^2	0.473	0.523	0.523	0.437	0.523	0.524
F	227.603	278.035	274.936	197.112	278.035	275.756

注：***、**、*分别表示在1%、5%、10%的水平下显著,括号内为经过异方差修正后稳健标准误对应的 t 值。

表 5-23 客户集中度通过创新投入影响财务绩效的中介效应检验结果（更换被解释变量）

变量	LnRD (1)	FROE (2)	FROE (3)	RD_Asset (4)	FROE (5)	FROE (6)
CC_five	−0.455***	−0.018***	−0.015***	−0.005***	−0.018***	−0.016***
	(−9.16)	(−4.51)	(−3.82)	(−7.32)	(−4.51)	(−3.89)
LnRD			0.006***			
			(7.29)			
RD_Asset						0.417***
						(6.18)
Size	0.947***	0.028***	0.022***	−0.001**	0.028***	0.028***
	(89.32)	(28.46)	(18.00)	(−2.39)	(28.46)	(28.60)
Lev	−0.661***	−0.176***	−0.172***	−0.006***	−0.176***	−0.173***
	(−11.06)	(−24.12)	(−23.55)	(−5.77)	(−24.12)	(−23.64)
Growth	0.147***	0.100***	0.099***	0.003***	0.100***	0.098***
	(5.65)	(35.06)	(34.87)	(4.57)	(35.06)	(34.73)
Cashflow	−0.108	0.167***	0.168***	0.001	0.167***	0.167***
	(−1.32)	(24.85)	(24.89)	(1.05)	(24.85)	(24.58)
LShare	0.001**	0.001***	0.001***	−0.001	0.001***	0.001***
	(2.04)	(15.93)	(15.79)	(−0.20)	(15.93)	(15.89)
MShare	0.003***	0.001***	0.001***	0.001***	0.001***	0.001***
	(6.73)	(8.38)	(7.94)	(3.39)	(8.38)	(8.11)
State	−0.029	−0.003	−0.002	−0.001	−0.003	−0.002
	(−1.22)	(−1.30)	(−1.21)	(−0.94)	(−1.30)	(−1.23)
GDP	0.226***	0.005***	0.004***	0.002***	0.005***	0.005***
	(16.39)	(4.72)	(3.52)	(8.25)	(4.72)	(4.11)
Capital	−0.169***	−0.016***	−0.015***	−0.004***	−0.016***	−0.014***
	(−13.67)	(−15.80)	(−14.79)	(−23.04)	(−15.80)	(−13.42)
Subsidy	4.613***	−0.530***	−0.557***	0.145***	−0.530***	−0.590***
	(7.13)	(−8.12)	(−8.50)	(7.69)	(−8.12)	(−9.05)
常数项	−5.223***	−0.337***	−0.306***	0.047***	−0.337***	−0.357***
	(−16.50)	(−13.34)	(−11.97)	(10.69)	(−13.34)	(−14.03)
观测值	22 077	22 077	22 077	22 077	22 077	22 077
Adj-R^2	0.534	0.271	0.275	0.334	0.271	0.275
F	319.056	62.602	62.648	182.481	62.602	62.591

注：***、**、*分别表示在1%、5%、10%的水平下显著，括号内为经过异方差修正后稳健标准误对应的 t 值。

表 5-24 客户集中度通过创新产出影响财务绩效的中介效应检验结果（更换被解释变量）

变量	Patent_all (1)	FROE (2)	FROE (3)	Patent_inv (4)	FROE (5)	FROE (6)
CC_five	−0.362***	−0.018***	−0.016***	−0.239***	−0.018***	−0.017***
	(−8.76)	(−4.74)	(−4.20)	(−5.87)	(−4.74)	(−4.39)
Patent_all			0.006***			
			(9.25)			
Patent_inv						0.006***
						(8.96)
Size	0.762***	0.028***	0.023***	0.762***	0.028***	0.023***
	(87.69)	(34.87)	(25.36)	(88.93)	(34.87)	(25.35)
Lev	−0.298***	−0.176***	−0.174***	−0.466***	−0.176***	−0.173***
	(−5.87)	(−38.00)	(−37.68)	(−9.30)	(−38.00)	(−37.44)
Growth	0.068***	0.100***	0.099***	0.083***	0.100***	0.099***
	(3.01)	(48.59)	(48.48)	(3.72)	(48.59)	(48.44)
Cashflow	−0.285***	0.167***	0.169***	−0.254***	0.167***	0.169***
	(−4.81)	(30.99)	(31.33)	(−4.35)	(30.99)	(31.29)
LShare	−0.001	0.001***	0.001***	−0.002***	0.001***	0.001***
	(−1.47)	(15.22)	(15.34)	(−3.35)	(15.22)	(15.44)
MShare	0.004***	0.001***	0.001***	0.003***	0.001***	0.001***
	(8.21)	(7.55)	(7.04)	(5.52)	(7.55)	(7.22)
State	0.171***	−0.003	−0.004*	0.213***	−0.003	−0.004**
	(8.23)	(−1.35)	(−1.86)	(10.40)	(−1.35)	(−1.98)
GDP	0.179***	0.005***	0.004***	0.186***	0.005***	0.004***
	(15.09)	(5.01)	(4.05)	(15.91)	(5.01)	(4.03)
Capital	−0.169***	−0.016***	−0.015***	−0.151***	−0.016***	−0.015***
	(−17.66)	(−18.11)	(−16.93)	(−15.94)	(−18.11)	(−17.09)
Subsidy	8.689***	−0.530***	−0.579***	12.666***	−0.530***	−0.600***
	(13.23)	(−8.85)	(−9.66)	(19.54)	(−8.85)	(−9.96)
常数项	−15.303***	−0.337***	−0.250***	−16.074***	−0.337***	−0.248***
	(−63.17)	(−15.27)	(−10.45)	(−67.24)	(−15.27)	(−10.23)
观测值	22 078	22 078	22 078	22 078	22 078	22 078
Adj-R^2	0.480	0.271	0.274	0.445	0.271	0.274
F	292.676	118.430	118.417	254.115	118.430	118.313

注：***、**、*分别表示在1%、5%、10%的水平下显著，括号内为经过异方差修正后稳健标准误对应的t值。

表 5-25　客户集中度通过创新投入影响资本市场表现中介效应检验结果（更换被解释变量）

变量	LnRD (1)	ER (2)	ER (3)	RD_Asset (4)	ER (5)	ER (6)
CC_five	−0.512*** (−10.41)	−0.052*** (−3.60)	−0.048*** (−3.34)	−0.007*** (−9.07)	−0.052*** (−3.60)	−0.048*** (−3.32)
LnRD			0.007*** (3.28)			
RD_Asset						0.553*** (3.68)
Size	0.913*** (82.92)	0.049*** (15.71)	0.042*** (11.57)	−0.001*** (−7.89)	0.049*** (15.71)	0.050*** (15.90)
Lev	−0.680*** (−11.04)	−0.081*** (−4.49)	−0.076*** (−4.21)	−0.006*** (−6.47)	−0.081*** (−4.49)	−0.077*** (−4.29)
Growth	0.151*** (5.73)	0.220*** (21.62)	0.219*** (21.51)	0.003*** (4.72)	0.220*** (21.62)	0.219*** (21.49)
Cashflow	−0.205** (−2.51)	0.243*** (11.49)	0.245*** (11.55)	−0.001 (−0.83)	0.243*** (11.49)	0.244*** (11.51)
LShare	0.001** (2.14)	0.001* (1.76)	0.001* (1.72)	0.001 (0.05)	0.001* (1.76)	0.001* (1.76)
MShare	0.003*** (7.50)	−0.001*** (−3.17)	−0.001*** (−3.31)	0.001*** (4.46)	−0.001*** (−3.17)	−0.001*** (−3.29)
State	−0.019 (−0.81)	0.007 (1.04)	0.007 (1.06)	−0.001 (−0.61)	0.007 (1.04)	0.007 (1.06)
GDP	0.116*** (5.34)	0.002 (0.35)	0.001 (0.22)	0.001 (1.47)	0.002 (0.35)	0.002 (0.32)
Sigma	0.695 (1.51)	9.176*** (46.04)	9.171*** (46.03)	0.015** (2.16)	9.176*** (46.04)	9.168*** (45.99)
MKT	0.067*** (6.72)	0.005* (1.75)	0.004 (1.58)	0.001*** (6.26)	0.005* (1.75)	0.004 (1.58)
常数项	−6.106*** (−18.72)	−1.862*** (−18.74)	−1.819*** (−18.17)	0.019*** (4.11)	−1.862*** (−18.74)	−1.872*** (−18.83)
观测值	21 790	21 790	21 790	21 790	21 790	21 790
Adj-R^2	0.531	0.255	0.255	0.311	0.255	0.255
F	309.265	65.229	64.726	197.326	65.229	64.814

注：***、**、*分别表示在1%、5%、10%的水平下显著，括号内为经过异方差修正后稳健标准误对应的 t 值。

表5-26 客户集中度通过创新产出影响资本市场表现中介效应检验结果（更换被解释变量）

变量	Patent_all (1)	ER (2)	ER (3)	Patent_inv (4)	ER (5)	ER (6)
CC_five	−0.420*** (−9.55)	−0.052*** (−3.60)	−0.048*** (−3.34)	−0.287*** (−6.63)	−0.052*** (−3.60)	−0.049*** (−3.40)
Patent_all			0.009*** (3.78)			
Patent_inv						0.010*** (4.27)
Size	0.715*** (80.31)	0.049*** (15.71)	0.043*** (12.05)	0.719*** (80.93)	0.049*** (15.71)	0.042*** (11.62)
Lev	−0.321*** (−5.98)	−0.081*** (−4.49)	−0.078*** (−4.33)	−0.505*** (−9.65)	−0.081*** (−4.49)	−0.076*** (−4.20)
Growth	0.061** (2.48)	0.220*** (21.62)	0.220*** (21.59)	0.058** (2.41)	0.220*** (21.62)	0.220*** (21.60)
Cashflow	−0.356*** (−5.54)	0.243*** (11.49)	0.246*** (11.63)	−0.279*** (−4.47)	0.243*** (11.49)	0.246*** (11.61)
LShare	−0.001 (−1.61)	0.001* (1.76)	0.001* (1.81)	−0.002*** (−3.81)	0.001* (1.76)	0.001* (1.88)
MShare	0.004*** (9.07)	−0.001*** (−3.17)	−0.001*** (−3.38)	0.003*** (6.20)	−0.001*** (−3.17)	−0.001*** (−3.33)
State	0.174*** (8.14)	0.007 (1.04)	0.006 (0.82)	0.218*** (10.34)	0.007 (1.04)	0.005 (0.72)
GDP	0.112*** (5.86)	0.002 (0.35)	0.001 (0.19)	0.084*** (4.56)	0.002 (0.35)	0.001 (0.21)
Sigma	−0.658 (−1.52)	9.176*** (46.04)	9.182*** (46.06)	0.168 (0.39)	9.176*** (46.04)	9.174*** (46.04)
MKT	0.038*** (4.52)	0.005* (1.75)	0.004 (1.63)	0.055*** (6.67)	0.005* (1.75)	0.004 (1.55)
常数项	−15.936*** (−61.61)	−1.862*** (−18.74)	−1.724*** (−16.31)	−16.388*** (−65.00)	−1.862*** (−18.74)	−1.698*** (−15.90)
观测值	21 791	21 791	21 791	21 791	21 791	21 791
Adj-R^2	0.471	0.255	0.255	0.433	0.255	0.255
F	278.247	107.278	106.030	238.479	107.278	106.112

注：***、**、*分别表示在1%、5%、10%的水平下显著，括号内为经过异方差修正后稳健标准误对应的t值。

5.8 拓展性分析

与前文一致,此处进一步考察企业创新广度和创新深度的中介作用。创新广度(Patent_Class)和创新深度(ISP_grant 和 ISP_apply)指标计算参考第 4 章的相关指标构建。

表 5-27～表 5-29 报告了采用创新广度作为中介变量的检验结果,在加入创新广度(Patent_Class)变量后,公司向前五大客户销售比例之和(CC_five)的回归系数均有下降,且企业创新广度(Patent_Class)变量的回归系数均显著为正,这同样说明了较高的客户集中度通过抑制企业创新广度损害了企业在产品市场和资本市场的表现。

表 5-27 客户集中度通过企业创新广度影响产品竞争力的中介效应检验结果

变量	Patent_Class	GPR	GPR
	(1)	(2)	(3)
CC_five	−0.138***	−0.070***	−0.070***
	(−5.17)	(−16.05)	(−15.95)
Patent_Class			0.003**
			(2.47)
Size	0.436***	0.006***	0.005***
	(77.77)	(6.35)	(4.48)
Lev	−0.195***	−0.254***	−0.254***
	(−5.96)	(−47.33)	(−47.20)
Growth	0.050***	0.041***	0.041***
	(3.43)	(17.15)	(17.09)
Cashflow	−0.218***	0.322***	0.323***
	(−5.70)	(51.34)	(51.40)
LShare	−0.001***	0.001	0.001
	(−2.70)	(0.82)	(0.86)
MShare	0.001***	0.001***	0.001***
	(4.48)	(14.55)	(14.47)
State	0.171***	−0.035***	−0.035***
	(12.80)	(−15.80)	(−15.96)

表 5-27(续)

变量	Patent_Class (1)	GPR (2)	GPR (3)
GDP	0.123*** (16.06)	−0.008*** (−6.30)	−0.008*** (−6.53)
Capital	−0.051*** (−8.26)	−0.018*** (−17.80)	−0.018*** (−17.64)
Subsidy	6.488*** (15.30)	1.384*** (19.88)	1.366*** (19.53)
Patent_Class5			
常数项	−9.708*** (−62.07)	0.448*** (17.46)	0.475*** (17.06)
观测值	22 077	22 077	22 077
Adj-R^2	0.431	0.547	0.548
F	239.902	382.956	377.723

注：***、**、* 分别表示在1%、5%、10%的水平下显著，括号内为经过异方差修正后稳健标准误对应的 t 值。

表 5-28　客户集中度通过企业创新广度影响财务绩效的中介效应检验结果

变量	Patent_Class (1)	ROA (2)	ROA (3)
CC_five	−0.138*** (−5.17)	−0.009*** (−4.24)	−0.008*** (−4.05)
Patent_Class			0.003*** (5.34)
Size	0.436*** (77.77)	0.015*** (31.41)	0.013*** (25.36)
Lev	−0.195*** (−5.96)	−0.146*** (−54.12)	−0.146*** (−53.89)
Growth	0.050*** (3.43)	0.060*** (50.13)	0.060*** (50.02)

表 5-28(续)

变量	Patent_Class (1)	ROA (2)	ROA (3)
Cashflow	−0.218*** (−5.70)	0.123*** (39.15)	0.124*** (39.35)
LShare	−0.001*** (−2.70)	0.001*** (14.76)	0.001*** (14.86)
MShare	0.001*** (4.48)	0.001*** (10.57)	0.001*** (10.41)
State	0.171*** (12.80)	0.001 (0.41)	−0.001 (−0.05)
GDP	0.123*** (16.06)	0.003*** (4.04)	0.002*** (3.45)
Capital	−0.051*** (−8.26)	−0.009*** (−18.34)	−0.009*** (−18.03)
Subsidy	6.488*** (15.30)	−0.318*** (−9.09)	−0.337*** (−9.60)
常数项	−9.708*** (−62.07)	−0.140*** (−10.84)	−0.111*** (−7.95)
观测值	22 077	22 077	22 077
Adj-R^2	0.431	0.339	0.340
F	239.902	162.641	160.953

注：***、**、*分别表示在1%、5%、10%的水平下显著，括号内为经过异方差修正后稳健标准误对应的 t 值。

表 5-29　客户集中度通过企业创新广度影响股票超额收益率的中介效应检验结果

变量	Patent_Class (1)	AR (2)	AR (3)
CC_five	−0.155*** (−5.76)	−0.054*** (−3.81)	−0.052*** (−3.72)
Patent_Class			0.008** (2.19)

表 5-29(续)

变量	Patent_Class (1)	AR (2)	AR (3)
Size	0.420***	0.017***	0.014***
	(73.83)	(5.67)	(4.08)
Lev	−0.212***	0.002	0.004
	(−6.35)	(0.12)	(0.21)
Growth	0.034**	0.157***	0.156***
	(2.29)	(20.24)	(20.20)
Cashflow	−0.207***	0.206***	0.208***
	(−5.39)	(10.28)	(10.35)
LShare	−0.001***	0.001***	0.001***
	(−3.19)	(4.36)	(4.40)
MShare	0.001***	−0.001	−0.001
	(4.82)	(−1.23)	(−1.30)
State	0.177***	−0.001	−0.003
	(12.99)	(−0.20)	(−0.39)
GDP	0.068***	−0.003	−0.003
	(5.67)	(−0.40)	(−0.49)
Sigma	0.320	3.193***	3.191***
	(1.15)	(21.91)	(21.89)
MKT	0.029***	0.005*	0.005*
	(5.40)	(1.74)	(1.66)
常数项	−9.674***	−0.802***	−0.727***
	(−59.52)	(−9.44)	(−7.94)
观测值	21 790	21 790	21 790
Adj-R^2	0.425	0.093	0.093
F	231.483	32.765	32.377

注:***、**、*分别表示在1%、5%、10%的水平下显著,括号内为经过异方差修正后稳健标准误对应的 t 值。

表 5-30～表 5-32 报告了采用创新深度作为中介变量的检验结果,在加入企业创新深度(ISP_grant 和 ISP_apply)变量后,公司向前五大客户销售比例之和(CC_five)的回归系数均有下降,且企业创新深度变量(ISP_grant 和 ISP_apply)的回归系数均显著为正,这同样说明了较高的客户集中度通过抑制企业创新深度损害了企业在产品市场和资本市场的表现。

表 5-30 客户集中度通过企业创新深度影响产品竞争力的中介效应检验结果

变量	ISP_grant	GPR	GPR	ISP_apply	GPR	GPR
	(1)	(2)	(3)	(4)	(5)	(6)
CC_five	−0.111***	−0.071***	−0.069***	−0.094***	−0.070***	−0.068***
	(−10.66)	(−15.23)	(−14.77)	(−7.15)	(−13.74)	(−13.43)
ISP_grant			0.018***			
			(5.46)			
ISP_apply						0.016***
						(5.25)
Size	0.058***	0.004***	0.003***	0.068***	0.004***	0.002**
	(26.85)	(4.19)	(3.06)	(24.84)	(3.36)	(2.28)
Lev	−0.072***	−0.253***	−0.251***	−0.126***	−0.259***	−0.257***
	(−5.58)	(−43.66)	(−43.44)	(−7.72)	(−41.27)	(−40.91)
Growth	−0.031***	0.042***	0.042***	−0.022***	0.040***	0.040***
	(−5.49)	(16.32)	(16.54)	(−2.98)	(14.39)	(14.52)
Cashflow	0.053***	0.331***	0.330***	0.051***	0.317***	0.317***
	(3.43)	(48.16)	(48.05)	(2.60)	(42.23)	(42.15)
LShare	−0.001	0.001	0.001	−0.001	0.001	0.001
	(−1.08)	(0.52)	(0.57)	(−0.68)	(0.11)	(0.14)
MShare	0.001***	0.001***	0.001***	0.001	0.001***	0.001***
	(3.28)	(13.83)	(13.70)	(1.43)	(11.92)	(11.87)
State	0.020***	−0.033***	−0.034***	0.013**	−0.031***	−0.031***
	(3.96)	(−14.43)	(−14.59)	(2.05)	(−12.57)	(−12.66)
GDP	0.020***	−0.009***	−0.010***	0.011***	−0.009***	−0.009***
	(6.47)	(−6.88)	(−7.14)	(2.92)	(−6.05)	(−6.17)
Capital	−0.021***	−0.019***	−0.018***	−0.028***	−0.020***	−0.020***
	(−8.71)	(−17.05)	(−16.68)	(−8.95)	(−16.84)	(−16.44)

表 5-30(续)

变量	ISP_grant	GPR	GPR	ISP_apply	GPR	GPR
	(1)	(2)	(3)	(4)	(5)	(6)
Subsidy	1.276***	1.316***	1.293***	1.677***	1.306***	1.279***
	(7.83)	(17.98)	(17.66)	(8.20)	(16.59)	(16.22)
常数项	−0.646***	0.497***	0.509***	−0.671***	0.525***	0.536***
	(−10.17)	(17.40)	(17.78)	(−7.92)	(16.09)	(16.40)
观测值	18 686	18 686	18 686	15 762	15 762	15 762
Adj-R^2	0.116	0.563	0.563	0.106	0.567	0.568
F	35.902	344.340	340.435	28.379	304.226	300.724

注：***、**、*分别表示在1%、5%、10%的水平下显著，括号内为经过异方差修正后稳健标准误对应的 t 值。

表 5-31 客户集中度通过企业创新深度影响财务绩效的中介效应检验结果

变量	ISP_grant	ROA	ROA	ISP_apply	ROA	ROA
	(1)	(2)	(3)	(4)	(5)	(6)
CC_five	−0.111***	−0.009***	−0.008***	−0.094***	−0.008***	−0.007***
	(−10.66)	(−3.68)	(−3.34)	(−7.15)	(−3.15)	(−3.02)
ISP_grant			0.007***			
			(4.31)			
ISP_apply						0.003**
						(2.16)
Size	0.058***	0.014***	0.013***	0.068***	0.013***	0.013***
	(26.85)	(27.62)	(26.28)	(24.83)	(24.93)	(24.04)
Lev	−0.072***	−0.141***	−0.141***	−0.126***	−0.144***	−0.144***
	(−5.58)	(−48.64)	(−48.44)	(−7.72)	(−44.69)	(−44.48)
Growth	−0.031***	0.061***	0.061***	−0.022***	0.063***	0.063***
	(−5.49)	(47.35)	(47.51)	(−2.98)	(44.22)	(44.26)
Cashflow	0.053***	0.134***	0.133***	0.051***	0.132***	0.132***
	(3.44)	(38.74)	(38.64)	(2.60)	(34.14)	(34.09)
LShare	−0.001	0.001***	0.001***	−0.001	0.001***	0.001***
	(−1.08)	(13.70)	(13.74)	(−0.68)	(12.98)	(13.00)

表 5-31(续)

变量	ISP_grant (1)	ROA (2)	ROA (3)	ISP_apply (4)	ROA (5)	ROA (6)
MShare	0.001*** (3.28)	0.001*** (8.51)	0.001*** (8.41)	0.001 (1.43)	0.001*** (7.90)	0.001*** (7.87)
State	0.020*** (3.96)	0.001 (0.07)	−0.001 (−0.05)	0.013** (2.05)	0.003** (2.28)	0.003** (2.25)
GDP	0.019*** (6.46)	0.002*** (3.07)	0.002*** (2.86)	0.011*** (2.92)	0.002*** (3.11)	0.002*** (3.06)
Capital	−0.021*** (−8.71)	−0.010*** (−17.76)	−0.010*** (−17.46)	−0.028*** (−8.95)	−0.011*** (−16.99)	−0.010*** (−16.80)
Subsidy	1.276*** (7.83)	−0.347*** (−9.44)	−0.356*** (−9.68)	1.677*** (8.20)	−0.354*** (−8.74)	−0.360*** (−8.87)
常数项	−0.646*** (−10.17)	−0.103*** (−7.18)	−0.098*** (−6.85)	−0.671*** (−7.92)	−0.102*** (−6.11)	−0.100*** (−5.96)
观测值	18 685	18 685	18 685	15 761	15 761	15 761
Adj-R^2	0.116	0.345	0.345	0.106	0.348	0.349
F	35.888	141.260	139.663	28.373	124.929	123.215

注:***、**、*分别表示在1%、5%、10%的水平下显著,括号内为经过异方差修正后稳健标准误对应的 t 值。

表 5-32 客户集中度通过企业创新深度影响股票超额收益率的中介效应检验结果

变量	ISP_grant (1)	AR (2)	AR (3)	ISP_apply (4)	AR (5)	AR (6)
CC_five	−0.114*** (−10.94)	−0.059*** (−3.78)	−0.055*** (−3.51)	−0.099*** (−7.45)	−0.049*** (−2.86)	−0.045*** (−2.64)
ISP_grant			0.035*** (3.18)			
ISP_apply						0.037*** (3.61)
Size	0.052*** (23.76)	0.017*** (5.34)	0.016*** (4.71)	0.059*** (21.45)	0.020*** (5.56)	0.017*** (4.87)

表 5-32(续)

变量	ISP_grant (1)	AR (2)	AR (3)	ISP_apply (4)	AR (5)	AR (6)
Lev	−0.069***	0.002	0.005	−0.126***	−0.001	0.004
	(−5.27)	(0.12)	(0.24)	(−7.62)	(−0.05)	(0.17)
Growth	−0.032***	0.165***	0.167***	−0.020***	0.172***	0.173***
	(−5.60)	(19.19)	(19.31)	(−2.65)	(18.33)	(18.41)
Cashflow	0.045***	0.220***	0.219***	0.036*	0.200***	0.199***
	(2.95)	(9.65)	(9.58)	(1.85)	(8.00)	(7.95)
LShare	−0.001	0.001***	0.001***	−0.001	0.001***	0.001***
	(−1.59)	(4.02)	(4.06)	(−0.89)	(3.50)	(3.53)
MShare	0.001***	−0.001	−0.001	0.001**	−0.001	−0.001
	(3.70)	(−0.76)	(−0.85)	(2.02)	(−0.75)	(−0.81)
State	0.022***	0.002	0.002	0.015**	−0.002	−0.002
	(4.23)	(0.30)	(0.20)	(2.25)	(−0.22)	(−0.29)
GDP	−0.007	−0.001	−0.001	−0.013**	−0.003	−0.003
	(−1.55)	(−0.20)	(−0.16)	(−2.13)	(−0.41)	(−0.35)
Sigma	−0.188*	3.222***	3.229***	−0.349**	3.067***	3.080***
	(−1.75)	(20.09)	(20.13)	(−2.57)	(17.68)	(17.76)
MKT	0.015***	0.006*	0.005	0.013***	0.005	0.004
	(7.34)	(1.76)	(1.58)	(5.05)	(1.35)	(1.20)
常数项	−0.624***	−0.843***	−0.821***	−0.678***	−0.821***	−0.795***
	(−9.62)	(−8.68)	(−8.44)	(−7.84)	(−7.42)	(−7.18)
观测值	18 450	18 450	18 450	15 557	15 557	15 557
Adj-R^2	0.113	0.091	0.091	0.100	0.089	0.090
F	34.6349	27.328	27.099	26.538	23.405	23.273

注：***、**、* 分别表示在 1%、5%、10% 的水平下显著，括号内为经过异方差修正后稳健标准误对应的 t 值。

5.9 本章小结

本章主要基于客户议价能力理论和知识溢出假说，利用中国沪深 A 股上市公司数据，从客户集中程度和技术距离方面研究客户关系对企业经济后果的影响规律,并在此基础上探索了企业创新的中介作用。

研究发现,客户集中度越高,企业产品竞争力越弱,财务绩效和资本市场表现越差;较高的客户集中度通过抑制企业创新进而损害了企业在产品市场和资本市场的表现;由于创新的价值效应需要经过一定的时间和过程,企业与客户间的技术距离与企业产品竞争力、财务绩效和资本市场表现短期内没有显现出显著的关系。

6 时空距离压缩视角下企业创新的客户关系治理实证分析

前文研究表明,大客户利用其信息优势,存在攫取企业创新投资"可占用性准租"的机会主义行为,致使企业事前的创新投资激励不足,同时客户在商品或服务交易过程中的知识转移又有助于促进知识溢出。本章基于交易成本理论和信息不对称理论,从时空距离压缩的视角,探讨企业创新的客户关系治理机制。理论上,企业和主要客户的时空距离(时间距离和空间距离)压缩能够缓解双方的信息不对称与交易成本,约束客户的机会主义行为,促进其知识溢出。然后,利用沪深 A 股上市公司数据,构建高铁开通、地理距离等变量表征企业与主要客户的时空距离,在此基础上检验时空距离压缩在抑制客户机会主义行为和促进知识溢出方面的作用,以期丰富客户关系的治理机制。

6.1 时空距离压缩视角下企业创新的客户关系治理理论分析与研究假设

6.1.1 高铁开通对客户集中程度和客户技术距离的影响分析

经典引力模型指出两个经济主体之间的地理距离对其交易量有负向影响(Tinbergen,1962),交通基础设施的完善可以缓解地理距离的负向影响,促进经济主体之间的交易量(Bougheas et al.,1999)。四横四纵的高铁网络对中国经济发展有多方面影响,不仅在宏观层面塑造了中国的经济空间布局(董艳梅等,2016),而且在微观层面改变了企业客户的空间分布格局(刘成昆等,2023)。高铁开通压缩了企业和客户之间的时空距离,提升了双方信息传递的效率,能够缓解双方的信息不对称与交易成本,拓展了企业客户分布的时空范围。

首先,高铁开通提高了企业信息获取与传递的效率,缓解了企业与远距离客户的信息不对称。全国五大高铁经济区到五大核心城市的时间因高铁开通而大大缩短,其所节省的时间约占原通勤总时间的 34.3%(陆军,2016),这意味着高铁开通压缩了企业间的时空距离,并使企业可出行地区扩大到以"出行时间"而非"地理距离"计算的区域(龙玉等,2017)。高铁开通的"时空压缩效应"为企业与远距离客户提供了实地考察的便利,方便交易双方的实地考察与面对面交流,促使双方了解未能在财务报表列示但又对企业发展至关重要的软信息(龙玉等,2017)。同时,高铁通车后,传递与解读信息的人员在不同地区的流动速度加快,有利于促进技术等信息流动速度的提升(赵玲等,2019),降低了因地理距离造成的信息损失。总之,高铁开通有助于缩短企业出行的时间距离,加速信息获取与提升传递效率,能够优化企业客户布局,并促进客户知识溢出。

其次,高铁开通降低了企业与远距离客户的交易成本,有助于企业拓展新的客户渠道。一方面,高铁开通使企业与客户之间的信息不对称得到缓解,企业能以较低的成本搜寻新的客户(李雅婷等,2022)。另一方面,高铁开通便于企业与远距离客户的实地调研和考察,交易双方可以更好地获取彼此的软信息,降低因信息不对称带来的交易风险(刘成昆等,2023),并增加双方技术交流的频率。搜寻成本与交易风险的下降降低了企业间的交易成本。当企业开发新客户的交易成本更低时,企业会选择与地理距离和技术距离更加匹配的新客户进行交易,从而降低客户集中程度和技术距离。

基于以上分析,提出研究假设 H6-1 和 H6-2。

H6-1:企业办公所在地开通高铁能够降低客户集中程度。

H6-2:企业办公所在地开通高铁能够降低客户技术距离。

6.1.2 客户关系、地理距离与企业创新

根据新地理经济学,地理距离是影响企业与客户关系的重要因素。地理距离影响交易双方获取信息的数量与质量,且信息搜寻成本随地理距离的增加而变大(钱雪松等,2017)。而地理距离邻近具有地缘信息优势,能够降低信息不对称,并增进企业与客户的信任,从而缓解客户议价的负面影响,促进知识溢出。

一方面,企业在地理上邻近客户,有助于提升企业获取客户信息的能力。企业为避免客户敲竹杠,并增加对客户需求和创新知识的获取,倾向于实地考察客户情况。对于地理距离邻近的客户,企业在收集客户相关信息时花费的时间、精力、金钱更少,能够增强企业获取客户信息的能力(Mian,2016)。企业在实地考察中了解客户的实际经营行为与财务状况,直接获取客户的"软信息"(田利辉等,2019),挖掘隐藏的风险信息(罗进辉等,2017),并加深对客户需求和创新知识的理解。同时,较近的地理距离有助于加快交易双方的信息传递效

率,不易出现信息损耗与失真(吉利等,2019),尤其是"软信息"的传递效率,有助于避免客户实施机会主义行为,增进知识交流。

另一方面,较近的地理距离能大幅度提升双方的沟通与交流,促进信息共享,并约束客户的机会主义行为。频繁的交流能够增进彼此的信任,建立更强的关系纽带,密切高管之间的私人关系(张亮亮、李强,2019),促进双方的信息共享(Frazier et al.,2009)。另外,关系是中国企业建立交易的重要基础(Shou et al.,2011),交易一般建立在形成关系之后(池睿等,2022)。当双方建立紧密的关系时,企业认为双方有高度一致的目标和利益,促使企业加大创新投入。同时,出于高管之间的密切的私人关系,客户高管碍于"面子",也会减少实施机会主义行为(Gu et al.,2008),并加速知识的溢出。

总之,企业与客户的地理距离越近,越能够以较低的成本获取数量更多和质量更优的信息,降低信息不对称程度,抑制客户机会主义行为的实施。同时,地理上邻近能够加强彼此的信任与关系,促进知识溢出。

基于以上分析,提出研究假设 H6-3 和 H6-4。

H6-3:地理距离邻近能够缓解较高客户集中度对企业创新的抑制作用。

H6-4:地理距离邻近能够增强客户技术邻近对企业创新的促进作用。

6.2 研究设计

6.2.1 样本选择与数据来源

由于我国证监会要求上市公司从 2007 年开始在公司年度报告中披露向前五大客户的销售额和销售占比信息,同时 2007 年我国开始实施新的会计准则,因此选取 2007—2021 年中国沪深 A 股主板上市公司为初始研究样本。在此基础上,按照以下标准对样本进行了筛选:① 剔除银行、保险等金融类上市公司;② 剔除 ST、PT 类上市公司样本,这类公司财务状况异常;③ 剔除同时发行 B 股和 H 股的上市公司,这类公司面临的监管环境不同;④ 剔除 IPO 上市当年的样本,IPO 将会对企业当年投融资产生重大影响;⑤ 剔除客户关系等指标数据缺失的样本。最终得到 3 423 家上市公司 15 年共计 22 078 条"公司—年度"观测值。为了减少极端值的影响,本章对所有连续型变量在 1% 水平下进行缩尾处理。

高铁开通时间和所经城市数据来自国家铁路局等网站披露的每条高铁线

路开通公告,并经手工整理所得,上市公司办公所在地和相关财务数据来自CSMAR数据库。企业与客户之间地理距离变量需要确定企业与客户的地理经纬度坐标,采用百度地图确定企业的经纬度坐标,然后计算客户地理距离。

与第4章一致,客户集中度数据来源于CSMAR数据库和上市公司年报;企业创新数据主要来源于上市公司年报、佰腾网和国家知识产权局网站中专利检索及分析系统,同时对于部分缺失数据通过手工收集进行补充。其他财务数据和公司治理等数据来源于CSMAR数据库。

6.2.2 变量定义

(1) 高铁开通变量

为便于后文构建多时点的双重差分模型,此处借鉴张亮亮、李强(2019)等高铁开通研究的相关做法,构建样本期间是否开通高铁(HSR)变量和高铁开通前后(After)变量。

具体而言,如果某企业办公所在地在样本观测期间内开通高铁,即截至2021年12月31日前开通高铁,则是否为高铁开通城市(HSR)赋值1,否则赋值0。如果当年高铁开通时间晚于7月1日,则高铁开通对企业影响时间不超过半年,因此将其归为下一年开通高铁,基于此设置高铁开通前后(After)变量,如果某企业办公所在地当年7月1日前开通高铁,则将After赋值1,否则赋值0。

(2) 客户地理距离变量

本章从地理距离方面刻画企业与客户的地理距离。对于客户地理距离,由于知识在空间中的传播存在时滞性,知识溢出随距离增加而衰减,尤其对于那些难以被编码的知识而言,距离成为知识溢出的重要阻碍(Audretsch et al.,1996;郭嘉仪等,2012)。

借鉴Jaffe(1989)、Audretsch等(2004)等文献,使用企业与前五大客户总部之间的地理距离平均值(Distance_phy)衡量,具体采用物理距离进行度量。

物理地理距离(Distance_phy):反映地球上两个地方之间的实际距离,若两点的地理纬度坐标的经纬度为(lon_i, lat_i)、(lon_j, lat_j),则计算公式为:

$$\text{Distance\_phy} = \arccos[\cos(lat_i) \times \cos(lon_i) \times \cos(lat_j) \times \\ \cos(lon_j) + \cos(lat_i) \times \sin(lon_i) \times \cos(lat_j) \times \\ \sin(lon_j)\sin(lat_i) \times \sin(lat_j)] \times \frac{2\pi r}{360} \quad (6\text{-}1)$$

其中，r 为地球半径，近似值为 6 378.8 km，经纬度信息精确到地级市，数据来源于百度地图。

(3) 客户集中度变量

关于客户集中度的测度，同样与第 4 章一致，分别采用公司向前五大客户销售额合计占年度销售额的比例（CC_five）和公司向前五大客户销售额占年度销售额比例的平方和（CC_squ）衡量。

(4) 客户技术距离变量

关于客户技术距离的测度，同样与第 4 章一致，通过计算企业与其前五大客户之间申请专利的分布情况衡量，具体见公式(4-3)。

(5) 企业创新水平变量

与第 4 章变量定义一致，从创新投入和创新产出两方面衡量企业创新水平，其中，创新投入绝对数(LnRD)采用企业当年研发投入金额加 1 取自然对数衡量，创新投入相对数(RD_Asset)采用企业当年研发投入金额除以总资产衡量；创新产出数量(Patent_all)采用企业发明专利、实用新型专利和外观设计专利申请总量加 1 取自然对数衡量，创新产出质量(Patent_inv)采用企业发明专利申请量加 1 取自然对数衡量。

(6) 相关控制变量

借鉴陈胜蓝等(2020)的研究，选择企业规模(Size)、盈利能力(ROA)、成长性(Growth)、资本结构(Capital)、大股东持股比例(LShare)、管理层持股比例(MShare)、企业性质(State)、有形资产比例(Tangi)和企业年龄(Age)作为控制变量，其余模型控制变量与第 4 章一致，此处不再赘述。

本章主要变量定义如表 6-1 所示。

表 6-1 本章主要变量定义

变量名称	变量简称	计算方法
研发投入绝对数	LnRD	ln(1＋企业研发投入金额)
研发投入相对数	RD_Asset	企业研发投入金额/总资产
创新产出数量	Patent_all	ln(1＋发明专利、实用新型专利和外观设计专利总量)
创新产出质量	Patent_inv	ln(1＋发明专利申请数量)

表 6-1(续)

变量名称	变量简称	计算方法
公司向前五大客户销售比例之和	CC_five	公司向前五大客户销售额合计/营业收入
公司向前五大客户销售比例平方和	CC_squ	公司向前五大客户销售额合计占年度销售额比例平方和
客户技术距离	Distance_tech	具体见公式(4-3)
是否为高铁开通城市	HSR	如果企业所在城市在样本截止时间(2021年12月31日)开通高铁则赋值为1,否则为0
高铁开通前后	After	如果某企业办公所在地当年7月1日前开通高铁,则将 After 赋值1,否则赋值0
企业与前五大客户之间的地理距离平均值	Distance_phy	具体见公式(6-1)
企业规模	Size	ln(资产总额)
资本结构	Lev	负债总额/资产总额
盈利能力	ROA	EBIT/资产总额
人力资本	HR	企业本科以上学历员工数/员工总数
现金流	Cashflow	经营活动产生的现金净流量/销售收入
资本密度	Capital	固定资产净额/员工人数
成长性	Growth	当期营业收入/上期营业收入－1
管理层持股比例	MShare	董事长持股数量/企业发行在外股票数量
大股东持股比例	LShare	第一大股东持股比例
企业性质	State	企业实际控制人为国有企业赋值1,否则赋值0
政府补贴	Subsidy	政府财政补贴/营业收入
地区经济规模	GDP	ln(该地区生产总值)
有形资产比例	Tangi	企业有形资产与总资产的比例
企业年龄	Age	ln(企业成立年数)
行业变量	Ind	行业虚拟变量
年度变量	Year	年度虚拟变量

6.2.3 模型构建

(1) 高铁开通对客户集中程度和客户技术距离影响的检验模型

为了检验研究假设 H6-1 和 H6-2,借鉴陈胜蓝等(2020)的做法,由于高铁开通城市是在多个不同时点先后相继开通,因此构建多时点双重差分模型(6-2)和模型(6-3)进行检验。

$$CC_{i,t} = \gamma_0 + \gamma_1 HSR_{i,t} \times After_{i,t} + \gamma_2 Size_{i,t} + \gamma_3 ROA_{i,t} + \gamma_4 Lev_{i,t} + \gamma_5 Growth_{i,t} + \gamma_6 Cashflow_{i,t} + \gamma_7 Captial_{i,t} + \gamma_8 LShare_{i,t} + \gamma_9 MShare_{i,t} + r_{10} State_{i,t} + \gamma_{11} Age_{i,t} + \gamma_{12} Tangi_{i,t} + \sum Year + \sum Ind + \varepsilon_{i,t} \quad (6-2)$$

$$Distance\_tech_{i,t} = \gamma_0 + \gamma_1 HSR_{i,t} \times After_{i,t} + \gamma_2 Size_{i,t} + \gamma_3 ROA_{i,t} + \gamma_4 Lev_{i,t} + \gamma_5 Growth_{i,t} + \gamma_6 Cashflow_{i,t} + \gamma_7 Captial_{i,t} + \gamma_8 LShare_{i,t} + \gamma_9 MShare_{i,t} + r_{10} State_{i,t} + \gamma_{11} Age_{i,t} + r_{12} Tangi_{i,t} + \sum Year + \sum Ind + \varepsilon_{i,t} \quad (6-3)$$

根据研究假设 H6-1,如果模型(6-2)中高铁开通与高铁开通前后变量交乘项的估计系数 γ_1 显著为负,那么对于办公所在地城市开通高铁的企业而言,高铁开通降低了企业的客户集中程度。同理,如果模型(6-3)中高铁开通与高铁开通前后变量交乘项的估计系数 γ_1 显著为正(客户技术距离指标值越大,表示企业与客户之间技术越邻近),则说明高铁开通促使企业与客户间技术上更加邻近,降低了客户技术距离。

为了进一步考察高铁开通影响客户集中度的内在机理,此处进一步引入企业与客户地理距离变量($Distance\_phy_{i,t}$),并将其作为被解释变量,构建模型(6-4),考察高铁开通对企业与主要客户地理距离的影响。

$$Distance\_phy_{i,t} = \gamma_0 + \gamma_1 HSR_{i,t} \times After_{i,t} + \gamma_2 Size_{i,t} + \gamma_3 ROA_{i,t} + \gamma_4 Lev_{i,t} + \gamma_5 Growth_{i,t} + \gamma_6 Cashflow_{i,t} + \gamma_7 Captial_{i,t} + \gamma_8 LShare_{i,t} + \gamma_9 MShare_{i,t} + r_{10} State_{i,t} + \gamma_{11} Age_{i,t} + \gamma_{12} Tangi_{i,t} + \sum Year + \sum Ind + \varepsilon_{i,t} \quad (6-4)$$

如果模型(6-4)中高铁开通与高铁开通前后变量交乘项的估计系数 γ_1 显著为正,则说明高铁开通增加了企业与主要客户的地理距离,促使企业寻找距离更远的客户。

(2)客户地理距离调节作用的检验模型

为了检验研究假设 H6-3 和 H6-4,本章分别在模型(4-4)和模型(4-5)的基础上,加入客户地理距离变量及其与客户集中度变量的交乘项和客户地理距离变量及其与客户技术距离的交乘项,构建模型(6-5)~(6-6)。

$$Innovation_{i,t} = \gamma_0 + \gamma_1 CC_{i,t} + \gamma_2 Distance\_phy_{i,t} + \gamma_3 CC_{i,t} \times$$

$$\text{Distance\_phy}_{i,t} + \gamma_4 \text{Size}_{i,t} + \gamma_5 \text{ROA}_{i,t} + \gamma_6 \text{Lev}_{i,t} +$$
$$\gamma_7 \text{Growth}_{i,t} + \gamma_8 \text{Cashflow}_{i,t} + \gamma_9 \text{Captial}_{i,t} + r_{10} \text{HR}_{i,t} +$$
$$\gamma_{11} \text{LShare}_{i,t} + \gamma_{12} \text{MShare}_{i,t} + r_{13} \text{State}_{i,t} + \gamma_{14} \text{Subsidy}_{i,t} +$$
$$\gamma_{15} \text{GDP}_{i,t} + \sum \text{Year} + \sum \text{Ind} + \varepsilon_{i,t} \quad (6\text{-}5)$$

$$\text{Innovation}_{i,t} = \gamma_0 + \gamma_2 \text{Distance\_tech}_{i,t} + \gamma_2 \text{Distance\_phy}_{i,t} +$$
$$\gamma_3 \text{Distnce\_tech}_{i,t} + \gamma_4 \text{Size}_{i,t} + \gamma_5 \text{ROA}_{i,t} + \gamma_6 \text{Lev}_{i,t} +$$
$$\gamma_7 \text{Growth}_{i,t} + \gamma_8 \text{Cashflow}_{i,t} + \gamma_9 \text{Captial}_{i,t} + r_{10} \text{HR}_{i,t} +$$
$$\gamma_{11} \text{LShare}_{i,t} + r_{12} \text{MShare}_{i,t} + r_{13} \text{State}_{i,t} + \gamma_{14} \text{Subsidy}_{i,t} +$$
$$\gamma_{15} \text{GDP}_{i,t} + \sum \text{Year} + \sum \text{Ind} + \varepsilon_{i,t} \quad (6\text{-}6)$$

在上述模型中，$\text{Distance\_phy}_{i,t}$ 是衡量客户地理距离的变量，$\text{Innovation}_{i,t}$ 是衡量企业创新水平的相关变量，$\text{CC}_{i,t}$ 是衡量客户集中度的相关变量，$\text{Distance\_tech}_{i,t}$ 是衡量客户技术距离的变量。

根据研究假设 H6-3 和 H6-4，重点关注模型（6-5）和模型（6-6）中交乘项估计系数 γ_3 的符号，如果 γ_3 显著为负（客户地理距离越小，表明企业与客户之间地理距离越近），则表明企业与客户地理上邻近有助于缓解客户集中对企业创新的不利影响，并促进知识溢出，进而提升企业创新水平。

6.3 变量描述性统计

表 6-2 报告了主要变量的描述性统计。统计结果显示，我国上市公司办公所在地约有 97.7% 的城市开通高铁，企业所在地在高铁开通之后的观测值约为 85.6%，这些结果与张亮亮、李强（2019）基于国内企业统计的结果基本一致。客户地理距离（Distance_phy）变量均值为 5.972，最大值为 8.177，最小值为 0，中位数 6.453，存在一定左偏现象。其他变量的描述性统计结果如表 6-2 所示，此处不再赘述。

表 6-2 主要变量的描述性统计表

变量	均值(mean)	中位数(P50)	标准差(SD)	最小值(min)	最大值(max)
LnRD	17.860	1.707	17.890	0	24.410
RD_Asset	0.024	0.023	0.020	0	0.534
Patent_all	3.222	1.580	3.296	0	7.142
Patent_inv	2.340	1.509	2.303	0	6.389

表 6-2(续)

变量	均值(mean)	中位数(P50)	标准差(SD)	最小值(min)	最大值(max)
CC_five	0.311	0.211	0.255	0.022	0.942
CC_squ	0.049	0.085	0.017	0	0.499
Distance_tech	0.305	0.317	0.179	0	1
HSR	0.977	1	0.150	0	1
After	0.856	1	0.351	0	1
Distance_phy	5.972	6.453	1.534	0	8.177
Size	22.170	1.261	21.970	19.950	26.190
Lev	0.409	0.196	0.403	0.050	0.865
ROA	0.054	0.065	0.052	−0.230	0.237
HR	29.310	20.790	23.510	0	100
Cashflow	0.094	0.142	0.085	−0.356	0.570
Capital	12.520	1.052	12.530	9.262	15.260
Growth	0.182	0.353	0.126	−0.469	2.037
MShare	0.149	0.199	0.021	0	0.696
LShare	0.337	0.145	0.313	0.085	0.733
State	0.320	0.467	0	0	1
Subsidy	0.010	0.013	0.006	0	0.078
GDP	10.570	0.776	10.610	6.566	11.730
Tangi	0.210	0.182	0.147	0	0.876
Age	2.870	2.890	0.361	0.693	7.612

6.4 相关性分析

表 6-3 报告了主要变量的 Pearson 相关系数。结果显示,企业所在地开通高铁与客户集中度呈正相关关系,与研究假设 H6-1 相反,需在后续回归分析中进一步控制相关变量的影响。此外,企业所在地开通高铁与客户地理距离在 5% 和 1% 的水平上显著负相关,说明高铁开通降低了客户地理距离,这一结论也需要在多元回归分析中做进一步讨论。其余变量的相关性分析与第 4 章一致,此处不再赘述。

表 6-3 主要变量的 Pearson 相关系数

	LnRD	RD_Asset	Patent all	Patent inv	CC_five	CC_squ	Distance_phy	HSR
LnRD	1							
RD_Asset	0.439***	1						
Patent all	0.600***	0.205***	1					
Patent inv	0.620***	0.274***	0.893***	1				
CC_five	−0.105***	0.007	−0.032***	−0.042***	1			
CC_squ	−0.067***	−0.019**	−0.003	−0.009	0.840***	1		
Distance_phy	0.071***	0.044***	0.033**	0.029*	−0.042**	−0.056***	1	
HSR	0.051***	0.062***	0.060***	0.059***	0.001	0.007	−0.048***	1
After	0.188***	0.134***	0.177***	0.173***	0.020**	0.018**	−0.037**	0.374***

注：***、**、* 分别表示在 1%、5%、10% 的水平下显著。

6.5 回归结果分析及讨论

6.5.1 高铁开通与客户集中度

表 6-4 报告了高铁开通对企业客户集中度和客户技术距离影响的实证结果。

表 6-4 高铁开通对客户集中度影响的实证结果

变量	CC_five	CC_squ	Distance_tech
	（1）	（2）	（3）
HSR×After	−0.021***	−0.005**	0.072**
	(−5.05)	(−2.44)	(2.14)
Size	−0.046***	−0.008***	0.028*
	(−35.67)	(−11.87)	(1.88)
ROA	−0.129***	−0.024**	−0.013
	(−5.89)	(−2.26)	(−0.04)
Growth	0.039***	0.011***	0.004
	(8.95)	(4.57)	(0.09)

表 6-4(续)

变量	CC_five (1)	CC_squ (2)	Distance_tech (3)
Capital	0.029***	0.006***	0.004
	(14.59)	(5.74)	(0.17)
LShare	0.001***	0.000***	0.001
	(6.65)	(5.53)	(0.72)
MShare	0.000	0.000	−0.001
	(1.17)	(1.37)	(−1.19)
State	0.022***	0.013***	0.003
	(6.45)	(6.76)	(0.09)
Age	−0.017***	−0.004*	−0.033
	(−4.02)	(−1.67)	(−0.75)
Tangi	−0.117***	−0.030***	0.069
	(−8.62)	(−4.18)	(0.51)
常数项	1.024***	0.167***	−0.353
	(29.99)	(9.47)	(−0.92)
观测值	22 078	16 411	554
Adj-R^2	0.228	0.141	0.175
F	163.1	25.03	1.743

注：***、**、* 分别表示在1%、5%、10%的水平下显著,括号内为经过异方差修正后稳健标准误对应的 t 值。

表6-4列(1)的结果显示,HSR×After指标的回归系数为−0.021,在1%的水平下显著为负,说明企业办公所在地开通高铁降低了公司向前五大客户销售比例。就其经济意义而言,在其他条件不变的情况下,相对于办公所在地没有开通高铁的企业而言,办公所在地开通高铁的企业向前五大客户销售比例之和要低2.1%,相对于公司向前五大客户销售比例之和的均值31.1%而言,具有重要的经济意义。表6-4列(2)采用公司向前五大客户销售比例平方和(CC_squ)衡量客户集中度的实证结果不变,说明上述结论是稳健的。以上实证结果支持了假设H6-1。

在控制变量方面,公司规模越大、盈利能力越强、上市时间越长、有形资产比例越高,这些企业实力往往比较强,相对于客户而言具有较强的议价能力,客户集中程度越低;成长性越高、资本密度越高、第一大股东持股比例越高,此类企业的客户集中程度越高,这些结果与现有研究结果基本一致。

表6-4列(3)的结果显示,HSR×After指标的回归系数为0.072,在5%的水平下显著为正,说明企业办公所在地开通高铁使得企业与客户之间的技术距离更加邻近。就其经济意义而言,在其他条件不变的情况下,相对于办公所在地没有开通高铁的企业而言,办公所在地开通高铁企业与客户之间的技术距离要近22.7%(0.072÷0.317),具有明显的经济意义,证实了研究假设H6-2。

上述实证结果表明,高铁开通作为一种相对企业而言外生的事件,有助于压缩"时空距离",提高企业信息获取和传递的效率,降低企业交易成本,从而缓解企业对大客户的依赖,降低了客户集中程度,并促进知识溢出,使企业与客户在技术上更加紧密。

为寻找支持高铁开通降低企业客户集中度的更多证据,此处对高铁开通如何影响企业与客户间地理距离做进一步深入分析,实证结果见表6-5。

表6-5 高铁开通对客户地理距离影响的实证结果

变量	全样本 Distance_first (1)	客户地理距离较近组 Distance_first (2)	客户地理距离较远组 Distance_first (3)
HSR×After	0.080 (0.90)	0.154# (1.51)	−0.325*** (−3.18)
Size	0.120*** (3.75)	0.112*** (2.72)	0.027 (0.65)
ROA	1.357** (2.45)	0.813 (1.17)	1.971** (2.56)
Growth	0.110 (1.27)	0.246** (2.45)	−0.039 (−0.23)
Capital	−0.039 (−0.93)	−0.042 (−0.87)	0.008 (0.11)
LShare	0.000 (0.11)	0.000 (0.16)	−0.004 (−1.13)
MShare	0.001 (0.57)	0.002 (0.70)	0.001 (0.28)
State	−0.280*** (−3.59)	−0.322*** (−3.55)	0.029 (0.22)

表 6-5(续)

变量	全样本	客户地理距离较近组	客户地理距离较远组
	Distance_first	Distance_first	Distance_first
	(1)	(2)	(3)
GDP	−0.297***	−0.274***	−0.113*
	(−6.71)	(−5.04)	(−1.86)
常数项	7.041***	6.786***	7.639***
	(7.36)	(6.00)	(4.74)
观测值	1 690	1 294	396
Adj-R^2	0.149	0.162	0.056
F	8.280	6.345	3.278

注：***、**、*、# 分别表示在1%、5%、10%和15%的水平下显著,括号内为经过异方差修正后稳健标准误对应的 t 值。

表 6-5 列(1)的回归结果显示,HSR×After 指标的回归系数为 0.080,没有通过显著性检验,说明高铁开通对客户地理距离没有直接影响。其中可能的原因是高铁对于周边的空间溢出效应存在一定的距离阈值(俞路等,2023),超出某一距离阈值后,高铁开通的影响可能并不显著。由于高铁开通主要降低中短途的出行成本,因此高铁开通在降低企业搜寻新客户交易成本方面,可能并非一定是更远距离的新客户,也有可能是企业本身客户距离就比较远,高铁开通后,企业开发地理距离比较近的新客户,此时高铁开通反而会减少客户地理距离。

基于上述分析,此处分析高铁开通对于异地客户的影响,并将与企业不在同一城市的客户定义为异地客户,在此基础上测算企业与异地第一大客户之间的地理距离(Distance_first),具体与上文变量定义一致。在此基础上,依据上一年企业与客户间地理距离的中值,将研究样本分为客户地理距离较近组和客户地理距离较远组,分别研究高铁开通对企业客户间地理距离的影响。

表 6-5 列(2)的结果显示,HSR×After 指标的回归系数为 0.154,在 15% 的水平下显著,说明对于与客户间地理距离较近的企业,高铁开通对其与客户的地理距离存在正向影响,即高铁开通拓展了企业寻找客户的空间范围,使得企业更易与距离更远的客户达成合作,从而降低了客户集中度。

表 6-5 列(3)的结果显示,HSR×After 指标的回归系数为 −0.325,在 1% 的水平下显著,说明对于与客户间地理距离较远的企业,这些企业在与客户沟

通等方面的时间成本非常昂贵,此时高铁开通反而使客户距离较远的企业有更多机会寻找距离更近的新客户,其结果是企业与重要客户的地理距离更近,进而降低了客户集中度。

总之,高铁开通优化了企业客户在地理上的分布,促使客户距离较近的企业开拓更远的新客户,也使客户距离较远的企业搜寻更近的新客户,进而降低了客户集中程度,该结果进一步支持了研究假设 H6-1。

6.5.2 客户关系、地理距离与企业创新关系的实证结果

为探究地理距离对客户集中度与企业创新关系的调节作用、地理距离对客户技术距离与企业创新关系的调节作用,模型(6-5)和模型(6-6)分别引入了客户集中度与客户地理距离的交乘项和客户技术距离与客户地理距离的交乘项。表 6-6 和表 6-7 分别基于不同的客户集中度衡量指标(CC_five 和 CC_squ)的回归结果,主要回归结果基本一致,此处以表 6-6 为例进行说明。

表 6-6　客户地理距离对客户集中度(CC_five)与企业创新关系的调节作用

变量	LnRD	RD_Asset	Patent_all	Patent_inv
	(1)	(2)	(3)	(4)
CC_five	0.316	−0.003	0.665*	0.306
	(0.70)	(−0.72)	(1.89)	(0.90)
Distance_phy	0.110***	0.000	0.071***	0.040*
	(3.68)	(0.19)	(2.77)	(1.66)
CC_five×Distance_phy	−0.158**	−0.000	−0.132**	−0.069
	(−2.16)	(−0.71)	(−2.37)	(−1.28)
Size	0.894***	−0.002***	0.733***	0.688***
	(23.59)	(−5.65)	(28.11)	(28.30)
ROA	1.405*	0.022***	0.377	0.097
	(1.89)	(3.58)	(0.84)	(0.25)
Lev	−0.393**	−0.000	−0.125	−0.257**
	(−2.13)	(−0.18)	(−0.88)	(−1.99)
Growth	−0.109	0.000	0.059	0.051
	(−1.38)	(0.13)	(0.98)	(0.89)
Cashflow	−0.052	0.002	0.008	−0.108
	(−0.23)	(0.87)	(0.05)	(−0.72)

表 6-6（续）

变量	LnRD	RD_Asset	Patent_all	Patent_inv
	(1)	(2)	(3)	(4)
Capital	−0.160***	−0.002***	−0.129***	−0.123***
	(−4.20)	(−6.48)	(−4.81)	(−5.21)
HR	0.020***	0.000***	0.009***	0.016***
	(12.84)	(13.25)	(5.87)	(12.00)
LShare	0.008***	0.000***	0.001	0.002#
	(4.36)	(3.98)	(0.77)	(1.48)
MShare	0.007***	0.000	0.006***	0.004***
	(4.71)	(0.38)	(4.57)	(3.31)
State	0.084	−0.000	0.085	0.042
	(1.23)	(−0.59)	(1.52)	(0.80)
Subsidy	2.151	0.104***	8.048***	8.463***
	(1.06)	(3.20)	(3.89)	(4.59)
GDP	0.285***	0.002***	0.168***	0.180***
	(8.11)	(6.83)	(5.38)	(6.35)
常数项	−4.626***	0.051***	−14.363***	−14.344***
	(−5.21)	(5.62)	(−20.98)	(−22.95)
观测值	3 605	3 605	3 605	3 605
Adj-R^2	0.456	0.427	0.413	0.407
F	79.06	33.98	88.14	92.78

注：***、**、*、# 分别表示在1%、5%、10%和15%的水平下显著，括号内为经过异方差修正后稳健标准误对应的 t 值。

表 6-7　客户地理距离对客户集中度（CC_squ）与企业创新关系的调节作用

变量	LnRD	RD_Asset	Patent_all	Patent_inv
	(1)	(2)	(3)	(4)
CC_squ	0.737	−0.008	1.618**	0.717
	(0.84)	(−1.20)	(2.10)	(0.97)
Distance_phy	0.080***	−0.000	0.046***	0.029*
	(3.43)	(−0.54)	(2.68)	(1.76)

表 6-7(续)

变量	LnRD	RD_Asset	Patent_all	Patent_inv
	(1)	(2)	(3)	(4)
CC_squ×Distance_phy	−0.317**	0.000	−0.292**	−0.131
	(−2.04)	(0.11)	(−2.38)	(−1.09)
Size	0.900***	−0.002***	0.729***	0.683***
	(23.50)	(−5.00)	(28.17)	(28.23)
ROA	1.628**	0.023***	0.465	0.179
	(2.16)	(3.66)	(1.02)	(0.46)
Lev	−0.353*	−0.000	−0.072	−0.218*
	(−1.90)	(−0.18)	(−0.51)	(−1.68)
Growth	−0.121#	−0.000	0.055	0.043
	(−1.48)	(−0.10)	(0.89)	(0.73)
Cashflow	−0.025	0.002	0.073	−0.069
	(−0.11)	(0.78)	(0.43)	(−0.45)
Capital	−0.173***	−0.002***	−0.134***	−0.125***
	(−4.51)	(−6.79)	(−4.97)	(−5.23)
HR	0.020***	0.000***	0.008***	0.016***
	(12.68)	(13.04)	(5.48)	(11.57)
LShare	0.008***	0.000***	0.001	0.002
	(4.31)	(4.09)	(0.48)	(1.17)
MShare	0.007***	0.000	0.006***	0.004***
	(4.55)	(0.18)	(4.50)	(3.17)
State	0.096	−0.000	0.076	0.026
	(1.36)	(−0.67)	(1.35)	(0.49)
Subsidy	2.138	0.099***	8.076***	8.481***
	(1.06)	(3.08)	(3.88)	(4.58)
GDP	0.297***	0.002***	0.175***	0.185***
	(8.27)	(7.01)	(5.58)	(6.45)
常数项	−4.688***	0.047***	−14.156***	−14.220***
	(−5.36)	(5.30)	(−21.20)	(−23.17)
观测值	3 538	3 538	3 538	3 538
Adj-R^2	0.447	0.424	0.404	0.397
F	76.21	31.67	83.91	87.80

注:***、**、*、# 分别表示在1%、5%、10%和15%的水平下显著,括号内为经过异方差修正后稳健标准误对应的 t 值。

表 6-6 的结果显示,无论被解释变量采用企业研发投入衡量指标,还是创新产出指标,客户集中度与客户地理距离交乘项(CC_five×Distance_phy)的回归系数均为负数,且当被解释变量为研发投入绝对数(LnRD)和创新产出数量(Patent_all)变量时,该系数在 5% 的水平上通过了显著性检验,表明企业与客户地理上越邻近,客户集中度与企业创新的负相关关系越弱,表明企业与客户地理上邻近能够缓解客户集中对企业创新的负面影响,在一定程度上支持了研究假设 H6-3。

表 6-8 的结果显示,在四个回归方程结果中,客户技术距离与客户地理距离交乘项(Distane_tech×Distance_phy)的回归系数均为负,并且除被解释变量为研发投入绝对数(LnRD)没有通过显著性检验外,其他三个回归系数均在 1% 的水平上显著为负,表明企业与客户之间技术上邻近,有助于提升企业获取客户信息的能力,并加强双方之间的沟通交流,促进知识溢出,从而增强了技术邻近对企业创新的促进作用,支持了研究假设 H6-4。

表 6-8　客户地理距离对客户技术距离(Distance_tech)与企业创新关系的调节作用

变量	LnRD (1)	RD_Asset (2)	Patent_all (3)	Patent_inv (4)
Distance_tech	0.906**	0.041***	2.369***	2.913***
	(2.06)	(3.19)	(4.07)	(5.42)
Distance_phy	−0.085*	−0.000	0.074#	0.051
	(−1.88)	(−0.43)	(1.49)	(1.13)
Distance_tech×Distance_phy	−0.077	−0.005***	−0.307***	−0.349***
	(−1.08)	(−2.71)	(−3.35)	(−4.09)
Size	0.766***	−0.002***	0.624***	0.579***
	(14.23)	(−3.07)	(12.02)	(11.18)
ROA	4.676***	0.039***	0.921	1.006
	(4.33)	(2.74)	(1.02)	(1.23)
Lev	0.268	0.007*	−0.409#	−0.642***
	(1.18)	(1.93)	(−1.60)	(−2.61)
Growth	−0.143	−0.000	0.043	0.102
	(−0.94)	(−0.14)	(0.39)	(1.01)
Cashflow	−0.755*	−0.008	−0.215	−0.165
	(−1.83)	(−1.33)	(−0.71)	(−0.54)

表 6-8（续）

变量	LnRD	RD_Asset	Patent_all	Patent_inv
	(1)	(2)	(3)	(4)
Capital	−0.085#	−0.003***	−0.058	−0.076#
	(−1.46)	(−3.10)	(−1.00)	(−1.52)
HR	0.016***	0.000***	0.005*	0.013***
	(5.61)	(5.67)	(1.71)	(4.89)
Lshare	0.009**	0.000***	0.008**	0.009***
	(2.49)	(2.62)	(2.44)	(2.94)
Mshare	0.003	0.000	0.005*	0.003
	(1.24)	(0.57)	(1.93)	(1.14)
State	0.009	−0.002	0.035	0.043
	(0.07)	(−0.93)	(0.32)	(0.39)
Subsidy	6.740**	0.176**	9.592***	9.312***
	(2.33)	(2.01)	(3.06)	(3.17)
GDP	0.186**	0.002**	0.040	0.089
	(2.34)	(2.06)	(0.55)	(1.25)
常数项	−0.644	0.062***	−11.330***	−11.519***
	(−0.43)	(3.09)	(−7.49)	(−7.76)
观测值	554	554	554	554
Adj-R^2	0.589	0.460	0.476	0.496
F	41.49	10.18	22.36	27.13

注：***、**、*、# 分别表示在 1%、5%、10% 和 15% 的水平下显著，括号内为经过异方差修正后稳健标准误对应的 t 值。

6.6 稳健性检验

为保证上述研究结论的可靠性，本章采取如下稳健性检验。

6.6.1 更换客户集中度衡量指标

与第 4 章一致，此处采用企业向第一大客户销售额占营业收入比重（CC_first）和是否存在单一客户销售额超过营业收入 10%（CC_10%）重新衡量客户集中度，并分别采用 OLS 和 logit 模型重新运行模型（6-2），主要结果如表 6-9 所示。

表 6-9　高铁开通对客户集中度影响的实证结果(更换被解释变量)

变量	CC_first	CC_10%
	(1)	(2)
HSR×After	−0.010***	−0.153***
	(−3.33)	(−3.01)
Size	−0.018***	−0.211***
	(−16.37)	(−13.99)
ROA	−0.066***	−0.489**
	(−3.95)	(−1.99)
Growth	0.020***	0.217***
	(5.75)	(4.80)
Capital	0.013***	0.219***
	(8.47)	(10.25)
LShare	0.000***	0.007***
	(5.40)	(6.43)
MShare	0.000	0.000
	(1.19)	(0.25)
State	0.022***	0.405***
	(7.61)	(10.09)
Age	−0.008**	0.005
	(−2.33)	(0.10)
Tangi	−0.069***	−1.065***
	(−6.34)	(−6.94)
常数项	0.388***	4.304***
	(14.15)	(8.32)
观测值	16 545	22 078
Adj-R^2	0.163	0.083
F/Chi^2	41.37	1975.48

注：***、**、*分别表示在1%、5%、10%的水平下显著，括号内为经过异方差修正后稳健标准误对应的 t 值。

表6-9列(1)结果显示，高铁开通降低了企业向第一大客户销售额占营业收入比重，也降低了公司单一客户销售额超过营业收入10%的可能性，说明高铁开通确实降低了客户集中度，进一步支持了研究假设 H6-1。

6.6.2 更换高铁开通衡量指标

前文中对于高铁开通前后(After)变量定位为,如果企业办公所在地当年7月1日前开通高铁,After赋值1,否则赋值0。为保证研究结论的可靠性,此处不再考虑某地高铁在一年中开通的月份,重新定义高铁开通前后(After2)变量,即如果某企业办公所在地当年开通高铁,则将After2赋值1,否则赋值0。然后重新运行模型(6-2),回归结果如表6-10所示。

表6-10的回归结果显示,HSR×After2指标的回归系数至少在5%的水平下显著为负,说明企业办公所在地开通高铁确实降低了客户的集中程度和客户技术距离,再次证实了研究假设H6-1和H6-2。

表6-10 高铁开通对客户集中度影响的实证结果(更换高铁开通衡量指标)

变量	CC_five (1)	CC_squ (2)	Distance_tech (3)
HSR×After2	-0.019***	-0.004**	0.096***
	(-4.43)	(-2.06)	(2.77)
Size	-0.046***	-0.008***	0.029*
	(-35.65)	(-11.87)	(1.91)
ROA	-0.129***	-0.024**	-0.001
	(-5.91)	(-2.27)	(-0.00)
Growth	0.039***	0.011***	0.005
	(8.92)	(4.55)	(0.10)
Capital	0.029***	0.006***	0.004
	(14.58)	(5.74)	(0.15)
LShare	0.001***	0.000***	0.001
	(6.67)	(5.54)	(0.64)
MShare	0.000	0.000	-0.001
	(1.14)	(1.36)	(-1.23)
State	0.022***	0.013***	0.005
	(6.45)	(6.75)	(0.13)
Age	-0.017***	-0.004*	-0.027
	(-4.02)	(-1.67)	(-0.63)

表 6-10(续)

变量	CC_five (1)	CC_squ (2)	Distance_tech (3)
Tangi	−0.116*** (−8.59)	−0.029*** (−4.16)	0.068 (0.51)
常数项	1.023*** (29.93)	0.166*** (9.46)	−0.396 (−1.03)
观测值	22 078	16 411	554
Adj-R^2	0.228	0.141	0.178
F	162.4	24.99	2.084

注:***、**、*分别表示在1%、5%、10%的水平下显著,括号内为经过异方差修正后稳健标准误对应的 t 值。

6.6.3 更换企业创新衡量指标

与第4章一致,此处以企业专利授权量衡量企业创新情况,并重新定义企业创新产出数量(Patent_grantall)和企业创新产出质量(Patent_grantinv)指标。客户地理距离对客户集中度与企业创新关系调节作用的检验结果如表6-11所示,客户地理距离对客户技术距离与企业创新关系调节作用的检验结果如表6-12所示,基本结果未发生实质性变化,说明上文的研究结果总体上是稳健的。

表 6-11 客户地理距离对客户集中度与企业创新关系调节作用检验结果(更换创新变量)

变量	Patent_grantall (1)	Patent_grantinv (2)	Patent_grantall (3)	Patent_grantinv (4)
Distance_phy	0.055** (2.17)	0.021 (0.98)	0.037** (2.21)	0.022 (1.55)
CC_five	0.316 (0.93)	−0.074 (−0.26)		
CC_five×Distance_phy	−0.094* (−1.73)	−0.015 (−0.34)		
CC_squ			0.954 (1.29)	−0.041 (−0.07)

表 6-11(续)

变量	Patent_grantall (1)	Patent_grantinv (2)	Patent_grantall (3)	Patent_grantinv (4)
CC_squ×Distance_phy			−0.216* (−1.83)	−0.042 (−0.42)
Size	0.689*** (27.45)	0.542*** (25.77)	0.683*** (27.70)	0.531*** (25.92)
ROA	0.004 (0.01)	−0.566* (−1.81)	0.097 (0.23)	−0.461 (−1.47)
Lev	−0.133 (−1.00)	−0.309*** (−2.94)	−0.066 (−0.49)	−0.256** (−2.44)
Growth	−0.012 (−0.20)	−0.043 (−0.94)	−0.012 (−0.20)	−0.046 (−0.99)
Cashflow	−0.075 (−0.49)	−0.133 (−1.13)	−0.013 (−0.08)	−0.100 (−0.84)
Capital	−0.111*** (−4.33)	−0.093*** (−4.78)	−0.115*** (−4.47)	−0.094*** (−4.81)
HR	0.007*** (4.66)	0.014*** (12.47)	0.006*** (4.17)	0.014*** (11.82)
LShare	0.002 (1.63)	0.003** (2.19)	0.002 (1.32)	0.002* (1.87)
MShare	0.005*** (3.80)	0.001 (1.50)	0.005*** (3.66)	0.001 (1.38)
State	0.020 (0.38)	−0.008 (−0.18)	0.010 (0.18)	−0.013 (−0.31)
Subsidy	6.983*** (3.65)	4.312*** (3.09)	6.897*** (3.59)	4.313*** (3.07)
GDP	0.154*** (5.20)	0.149*** (6.21)	0.158*** (5.31)	0.148*** (6.15)
常数项	−13.513*** (−20.55)	−11.559*** (−21.03)	−13.335*** (−20.88)	−11.363*** (−21.42)
观测值	3 605	3 605	3 538	3 538
Adj-R^2	0.429	0.378	0.417	0.365
F	82.64	72.37	79.07	69.54

注：***、**、* 分别表示在 1%、5%、10% 的水平下显著，括号内为经过异方差修正后稳健标准误对应的 t 值。

表 6-12 客户地理距离对客户技术距离与企业创新关系调节作用检验结果（更换创新变量）

变量	Patent_grantall	Patent_grantinv
	(1)	(2)
Distance_tech	1.709***	2.083***
	(2.93)	(3.75)
Distance_phy	0.056	0.013
	(1.11)	(0.25)
Distance_tech×Distance_phy	−0.250***	−0.279***
	(−2.65)	(−3.17)
Size	0.678***	0.579***
	(12.01)	(11.14)
ROA	0.141	−1.127
	(0.16)	(−1.50)
Lev	−0.634**	−1.188***
	(−2.22)	(−4.67)
Growth	0.022	0.044
	(0.16)	(0.38)
Cashflow	−0.415	−0.346
	(−1.36)	(−1.14)
Capital	−0.047	−0.058
	(−0.83)	(−1.16)
HR	−0.001	0.006**
	(−0.25)	(2.25)
LShare	0.009***	0.006*
	(2.70)	(1.80)
MShare	0.004	0.001
	(1.35)	(0.64)
State	0.086	0.104
	(0.68)	(0.92)
Subsidy	10.588***	7.441***
	(3.07)	(2.86)
GDP	0.009	0.122*
	(0.12)	(1.78)

表 6-12(续)

变量	Patent_grantall	Patent_grantinv
	(1)	(2)
常数项	−12.308***	−11.901***
	(−7.64)	(−8.30)
观测值	554	554
Adj-R^2	0.494	0.446
F	19.04	18.79

注：***、**、*、#分别表示在1%、5%、10%和15%的水平下显著,括号内为经过异方差修正后稳健标准误对应的t值。

6.6.4 采用 Tobit 估计调节效应的相关模型

考虑到本章中被解释变量客户集中度、客户技术距离和企业创新等指标的取值范围为(0,1)或者(0,+∞),存在相应的边界,因此此处采用 Tobit 模型重新运行本章的主要模型,实证结果如表 6-13～表 6-15 所示。主要变量的回归系数结果没有发生实质性变化,主要实证结论不变,再次说明上述研究结论是稳健的。

表 6-13 高铁开通对客户集中度和客户技术距离影响的实证结果(Tobit 模型)

变量	CC_five	CC_squ	Distance_tech
	(1)	(2)	(3)
HSR×After	−0.021***	−0.005**	0.077**
	(−5.06)	(−2.45)	(1.98)
Size	−0.046***	−0.008***	0.043**
	(−35.73)	(−11.89)	(2.56)
ROA	−0.129***	−0.024**	−0.023
	(−5.90)	(−2.26)	(−0.07)
Growth	0.039***	0.011***	0.006
	(8.97)	(4.58)	(0.12)
Capital	0.029***	0.006***	0.001
	(14.61)	(5.76)	(0.05)

表 6-13(续)

变量	CC_five (1)	CC_squ (2)	Distance_tech (3)
LShare	0.001***	0.000***	0.001
	(6.66)	(5.54)	(0.94)
MShare	0.000	0.000	−0.001
	(1.17)	(1.38)	(−1.09)
State	0.022***	0.013***	−0.005
	(6.46)	(6.77)	(−0.13)
Age	−0.017***	−0.004*	−0.047
	(−4.03)	(−1.67)	(−0.97)
Tangi	−0.117***	−0.030***	0.106
	(−8.63)	(−4.18)	(0.68)
常数项	0.839***	0.111***	−2.571***
	(24.01)	(6.02)	(−5.63)
观测值	22 078	16 411	555
Pseudo R^2	−0.932	−0.072	0.270
F	103.9	33.73	24.14

注:***、**、*、# 分别表示在1%、5%、10%和15%的水平下显著,括号内为经过异方差修正后稳健标准误对应的 t 值。

表 6-14 客户地理距离对客户集中度与企业创新关系调节作用检验结果(Tobit 模型)

变量	LnRD (1)	RD_Asset (2)	Patent_all (3)	Patent_inv (4)
Distance_phy	0.317	−0.003	0.648*	0.319
	(0.71)	(−0.70)	(1.69)	(0.81)
CC_five	0.110***	0.000	0.072**	0.051*
	(3.71)	(0.23)	(2.55)	(1.79)
CC_five×Distance_phy	−0.158**	−0.001	−0.127**	−0.074
	(−2.18)	(−0.75)	(−2.09)	(−1.18)
Size	0.894***	−0.002***	0.778***	0.772***
	(23.74)	(−5.56)	(27.21)	(26.95)

表 6-14(续)

变量	LnRD (1)	RD_Asset (2)	Patent_all (3)	Patent_inv (4)
ROA	1.403* (1.90)	0.022*** (3.57)	0.437 (0.87)	0.192 (0.41)
Lev	−0.392** (−2.14)	−0.000 (−0.17)	−0.110 (−0.70)	−0.270* (−1.72)
Growth	−0.109 (−1.39)	0.000 (0.13)	0.065 (0.97)	0.052 (0.76)
Cashflow	−0.051 (−0.22)	0.002 (0.91)	0.025 (0.13)	−0.113 (−0.61)
Capital	−0.160*** (−4.23)	−0.002*** (−6.62)	−0.129*** (−4.36)	−0.137*** (−4.75)
HR	0.020*** (12.94)	0.000*** (13.38)	0.009*** (5.31)	0.017*** (11.09)
LShare	0.008*** (4.40)	0.000*** (4.09)	0.001 (0.69)	0.003# (1.59)
MShare	0.007*** (4.75)	0.000 (0.46)	0.007*** (4.75)	0.005*** (3.56)
State	0.085 (1.24)	−0.000 (−0.54)	0.099# (1.62)	0.054 (0.87)
Subsidy	2.157 (1.08)	0.104*** (3.24)	8.690*** (3.80)	9.515*** (4.35)
GDP	0.285*** (8.17)	0.002*** (6.86)	0.197*** (5.62)	0.219*** (6.37)
常数项	−8.183*** (−7.63)	0.024*** (2.76)	−17.975*** (−15.60)	−18.854*** (−19.74)
观测值	3 605	3 605	3 605	3 605
Pseudo R^2	0.146	−0.112	0.134	0.136
F	46.64	46.84	45.69	40.29

注：***、**、*、# 分别表示在1%、5%、10%和15%的水平下显著,括号内为经过异方差修正后稳健标准误对应的 t 值。

表6-15 客户地理距离对客户技术距离与企业创新关系调节作用检验结果（Tobit模型）

变量	LnRD	RD_Asset	Patent_all	Patent_inv
	(1)	(3)	(5)	(7)
Distance_tech	0.906**	0.041***	2.369***	2.913***
	(2.18)	(3.36)	(4.30)	(5.72)
Distance_phy	−0.085**	−0.000	0.074#	0.051
	(−1.98)	(−0.45)	(1.57)	(1.19)
Distance_tech×Distance_phy	−0.077	−0.005***	−0.307***	−0.349***
	(−1.14)	(−2.86)	(−3.53)	(−4.32)
Size	0.766***	−0.002***	0.624***	0.579***
	(15.01)	(−3.24)	(12.68)	(11.80)
ROA	4.676***	0.039***	0.921	1.006
	(4.57)	(2.89)	(1.08)	(1.30)
Lev	0.268	0.007**	−0.409*	−0.642***
	(1.24)	(2.03)	(−1.69)	(−2.76)
Growth	−0.143	−0.000	0.043	0.102
	(−1.00)	(−0.15)	(0.42)	(1.07)
Cashflow	−0.755*	−0.008	−0.215	−0.165
	(−1.93)	(−1.40)	(−0.75)	(−0.57)
Capital	−0.085#	−0.003***	−0.058	−0.076
	(−1.54)	(−3.27)	(−1.05)	(−1.60)
HR	0.016***	0.000***	0.005*	0.013***
	(5.92)	(5.98)	(1.81)	(5.16)
Lshare	0.009***	0.000***	0.008**	0.009***
	(2.62)	(2.76)	(2.58)	(3.10)
Mshare	0.003	0.000	0.005**	0.003
	(1.31)	(0.60)	(2.04)	(1.20)
State	0.009	−0.002	0.035	0.043
	(0.08)	(−0.98)	(0.33)	(0.41)
Subsidy	6.740**	0.176**	9.592***	9.312***
	(2.46)	(2.12)	(3.23)	(3.35)
GDP	0.186**	0.002**	0.040	0.089
	(2.47)	(2.17)	(0.58)	(1.31)

表 6-15(续)

变量	LnRD	RD_Asset	Patent_all	Patent_inv
	(1)	(3)	(5)	(7)
常数项	-3.583**	0.035*	-13.033***	-13.464***
	(-2.51)	(1.79)	(-8.93)	(-9.60)
Observations	555	555	555	555
Pseudo R^2	0.290	-0.148	0.238	0.254
F	548.8	81.03	544.3	84.01

注：***、**、*、# 分别表示在1%、5%、10%和15%的水平下显著，括号内为经过异方差修正后稳健标准误对应的 t 值。

6.7 本章小结

本章主要基于交易成本理论和信息不对称理论，利用中国沪深 A 股上市公司数据，探索了高铁开通如何影响客户集中程度和客户技术距离，并探讨了企业与客户间地理距离、共同股东与共同审计机构等因素在客户集中度与企业创新关系和客户技术距离与企业创新关系中的调节作用，是对第 4 章研究内容的进一步拓展与深化。

研究发现，高铁开通后，客户集中程度显著下降，高铁开通使客户距离较近的企业开拓了距离更远的客户，也使客户距离较远的企业有更多机会搜寻距离更近的新客户，从而降低了客户集中度；高铁开通还降低了客户技术距离，使企业与客户间技术上更加邻近。此外，研究还发现，企业与客户间的地理邻近能够缓解客户集中对企业创新的不利影响，并增强客户技术邻近对企业创新的促进作用。

7 共同机构协同视角下企业创新的客户关系治理实证分析

本章基于社会网络理论和信息不对称理论，从共同机构协同的视角，探讨企业创新的客户关系治理机制。理论上，企业和主要客户存在共同机构（共同股东持股和共同审计机构），能够缓解双方的信息不对称，并增强双方之间的信任，从而约束客户在企业创新活动中的机会主义行为，促进其知识溢出。然后，利用沪深A股上市公司数据，构建共同股东持股和共同审计机构变量，实证检验上述客户关系治理机制的作用。

7.1 共同机构协同视角下企业创新的客户关系治理理论分析与研究假设

7.1.1 客户关系、共同股东持股与企业创新

根据社会网络理论，在企业与客户构成的共同股东关系网络中，股东不再关注单个企业的价值最大化，而是关注投资组合内所有企业的整体价值最大化（O'Brien et al.，2000）。共同股东关系网络能够充分发挥资源优势和信息优势，促进企业获取客户的相关资源和信息，从而有利于抑制客户的机会主义行为，促进双方在技术等方面信息的共享。

首先，企业和客户的共同股东关系网络能够充分发挥资源优势作用。一方面，当股东同时持有企业和客户公司股份时，企业可以通过关系网络获取自身创新发展所需的资源，并且可以通过股东了解到客户企业相关创新活动，避免重复研发，促进双方资源的共享，提高企业创新效率（Li et al.，2023）。另一方面，共同股东可以通过关系网络为企业带来更多真实和有效的市场需求，有利于缓解企业管理者的短视行为，促使企业管理者在更大范围内尝试创新（王新光等，2023）。

其次，企业和客户的共同股东关系网络能够充分发挥信息优势作用。企业与客户拥有共同股东能够有效减少企业和客户之间的信息不对称，通常企业为

了保护自己的竞争优势,不愿过多披露私有信息,而当共同股东同时持股企业和其客户时,可以突破公司间信息的屏障(向元高等,2023),共同股东可以将自身了解的客户私有信息传达给企业管理层等,实现公司和客户间的信息共享和互补,并促进双方的交流合作,增进企业创新,并以此增加共同股东投资组合的价值(He et al.,2017;Li et al.,2023)。

再次,企业和客户双方拥有共同股东时,公司间会模仿彼此的信息披露行为(Jung,2013),使得信息披露的成本降低,企业信息披露的意愿提高(Park et al.,2019),此时企业与客户的会计信息可比性增强,信息披露的质量随之提高,能够有效抑制企业的财务重述行为(杜勇等,2022)。总之,企业与客户拥有共同股东时,企业可以获得更多关于客户的信息,有利于降低双方的信息不对称水平,避免客户机会主义行为的发生,增强企业对客户风险的感知能力和承担能力,促进企业创新。

最后,为获得投资组合整体价值最大化,共同股东有动机介入公司治理,发挥股东监督治理作用,协同治理其投资组合内企业(Azar et al.,2018;向元高等,2023)。这样在企业和客户的合作过程中,共同股东能够依靠其信息优势和治理经验,充分发挥监督治理作用,协调双方交易价格,有效减少客户对企业的敲竹杠行为,并促进知识溢出,提高企业创新水平。

基于以上分析,提出研究假设 H7-1 和 H7-2。

H7-1:共同股东持股能够缓解较高客户集中度对企业创新的抑制作用。

H7-2:共同股东持股能够增强客户技术邻近对企业创新的促进作用。

7.1.2 客户关系、共同审计机构与企业创新

作为监督企业运行的重要外部治理机制,现有研究表明外部审计能够通过缓解由于信息不对称而导致的融资约束、企业代理问题从而提高企业创新水平(王文娜等,2020)。社会网络理论认为,社会中个人的行为不仅受其自身的影响,还会受到处于社会网络中的其他个体、群体和组织等的影响(Granovetter,1985)。审计师在执行审计程序的过程中可以了解被审计单位信息,并通过自身的社会网络进行传递。当企业与客户具有共同的审计机构时,企业、共同审计机构和客户三者构成了一个关系网络,共同审计机构在其中发挥信息中介作用(Bae et al.,2017)。

首先,在企业、共同审计机构和客户构成的三角网络中,相关信息能通过共同审计机构传递到具体审计业务项目上,信息来源得到扩展,审计人员因此能

够更好地识别和评估被审计单位收入或采购循环过程中的错报风险和盈利能力等(杨清香等,2015),这有利于审计师更好地感知被审计单位的经营风险。在此过程中,由于共同审计机构的信息中介作用,在与企业管理层的交流过程中会无意识地将有关信息传递给企业管理者,有助于企业感知到客户内部风险,及时调整决策,降低客户风险对企业的不利影响,从而提高企业创新能力。

其次,与主要客户具有共同审计机构能够显著降低公司财务重述的可能性,提高信息披露质量(杨清香等,2015);并且共同审计机构在审计过程中所采用的处理方法和假设一致,企业和其客户的财务报表的可比性增强(Dhaliwal et al.,2017),审计质量和会计信息质量提高,有利于企业了解客户的真实财务信息,增强企业对客户的信任程度,降低双方之间的信息不对称程度。同时,共同审计机构的存在也有助于降低企业与客户的交易成本和信用风险,缓解企业与客户因信息不对称而导致的套牢问题,增强企业对客户的信心,从而有利于企业增加关系专用性投资,促进企业创新(胡志颖等,2022)。总之,企业与客户共同审计机构有助于缓解套牢问题,降低双方信息不对称水平和客户实施机会主义行为的可能性,促进企业创新投资。

最后,在企业和客户具有共同审计机构时,审计师在审计过程中会积累与企业和客户相关的信息,共同审计机构的存在促进了供应链上下游信息的传递。企业、共同审计机构和客户所构成的关系网络也会提高私有信息的可验证性,有利于企业把握客户生产计划和产品需求等信息的真实性(郑倩雯等,2021),企业和客户双方信息不对称水平进一步降低。总的来说,企业与客户具有共同审计机构有助于企业获取客户产品成本等非财务信息,增强双方信息的可验证性,有助于降低客户议价能力,并促进知识溢出,从而提升企业创新水平。

基于以上分析,提出研究假设 H7-3 和 H7-4。

H7-3:共同审计机构能够缓解较高客户集中度对企业创新的抑制作用。

H7-4:共同审计机构能够增强客户技术邻近对企业创新的促进作用。

7.2 研究设计

7.2.1 样本选择与数据来源

由于本章研究内容涉及企业与客户的共同股东持股和共同审计机构等情

况,需要具体识别出客户的名称,且客户必须为上市公司,因此本章在第6章研究样本的基础上,进一步剔除:① 企业没有披露前五大客户名称的样本;② 客户为非上市公司的样本;③ 企业或客户前十大股东和审计机构缺失的样本;④ 客户集中度等相关变量缺失的样本。最终得到878个"公司—年度"观测值。为了减少极端值的影响,本章对所有连续型变量在1%水平下进行缩尾处理。

与第4章一致,客户集中度数据来源于CSMAR数据库和上市公司年报;企业创新数据主要来源于上市公司年报、佰腾网和国家知识产权局网站中专利检索及分析系统,同时对于部分缺失数据通过手工收集进行补充。其他财务数据和公司治理等数据来源于CSMAR数据库。

7.2.2 变量定义

(1) 共同股东持股变量

根据《公开发行证券的公司信息披露内容与格式准则第2号——年度报告的内容与格式》的要求,企业应该在定期报告中披露前10名股东的持股情况。

为构建企业和客户共同股东持股测度指标,将样本限定为企业和客户均为上市公司。然后,借鉴向元高等(2023)的设计思路,如果企业和某客户的前10名股东存在一个或多个股东重叠,则认定存在共同股东;在此基础上,计算企业与该客户的共同股东持股比例之和,并将其作为共同股东持股变量(Co_Shareholder)的测度指标。需要说明的是,如果企业在某一年份存在多个客户,则计算企业与多个客户的共同股东持股比例均值。

(2) 共同审计机构变量

与共同股东持股变量构建思路一致,借鉴Dhaliwal等(2020)的研究,如果某年企业和前五大客户中某一客户聘请了同一会计师事务所,则将共同审计机构变量(Co_Aduit)赋值1,否则赋值0。

(3) 客户集中度变量

关于客户集中度的测度,分别采用公司向前五大客户销售额合计占年度销售额的比例(CC_five)和公司向前五大客户销售额占年度销售额比例的平方和(CC_squ)衡量。

(4) 客户技术距离变量

关于客户技术距离的测度,通过计算企业与其前五大客户之间申请专利的分布情况衡量,具体见公式(4-3)。

(5) 企业创新水平变量

与第 4 章变量定义一致,从创新投入和创新产出两方面衡量企业创新水平,其中,创新投入绝对数(LnRD)采用企业当年研发投入金额加 1 取自然对数衡量,创新投入相对数(RD_Asset)采用企业当年研发投入金额除以总资产衡量;创新产出数量(Patent_all)采用企业发明专利、实用新型专利和外观设计专利申请总量加 1 取自然对数衡量,创新产出质量(Patent_inv)采用企业发明专利申请量加 1 取自然对数衡量。

(6) 相关控制变量

与第 4 章变量一致,本章控制了以下影响企业创新的相关变量:企业规模(Size)、盈利能力(ROA)、资本结构(Lev)、成长性(Growth)、现金流(Cashflow)、资本密度(Capital)、人力资本(HR)、大股东持股比例(LShare)、管理层持股比例(MShare)、企业性质(State)、政府补贴(Subsidy)、地区经济规模(GDP)、行业变量(Ind)和年度变量(Year)。

表 7-1 本章主要变量定义

变量名称	变量简称	计算方法
研发投入绝对数	LnRD	ln(1+企业研发投入金额)
研发投入相对数	RD_Asset	企业研发投入金额/总资产
创新产出数量	Patent_all	ln(1+发明专利、实用新型专利和外观设计专利总量)
创新产出质量	Patent_inv	ln(1+发明专利申请数量)
公司向前五大客户销售比例之和	CC_five	公司向前五大客户销售额合计/营业收入
公司向前五大客户销售比例平方和	CC_squ	公司向前五大客户销售额合计占年度销售额比例平方和
客户技术距离	Distance_tech	具体见公式(4-3)
共同审计机构	Co_Aduit	企业与前五大客户在某一年度聘请同一个会计师事务所取值为 1,否则为 0
共同股东持股比例	Co_Shareholder	企业与前五大客户共同股东持股比例的均值(%)
企业规模	Size	ln(资产总额)
资本结构	Lev	负债总额/资产总额
盈利能力	ROA	EBIT/资产总额

表 7-1(续)

变量名称	变量简称	计算方法
人力资本	HR	企业本科以上学历员工数/员工总数
现金流	Cashflow	经营活动产生的现金净流量/销售收入
资本密度	Capital	固定资产净额/员工人数
成长性	Growth	当期营业收入/上期营业收入－1
管理层持股比例	MShare	董事长持股数量/企业发行在外股票数量
大股东持股比例	LShare	第一大股东持股比例
企业性质	State	企业实际控制人为国有企业赋值1,否则赋值0
政府补贴	Subsidy	政府财政补贴/营业收入
地区经济规模	GDP	ln(该地区生产总值)
行业变量	Ind	行业虚拟变量
年度变量	Year	年度虚拟变量

7.2.3 模型构建

(1) 共同股东调节作用的检验模型

为了检验研究假设 H7-1 和 H7-2,在模型(4-4)和(4-5)的基础上,分别加入客户共同股东持股及其与客户关系相关变量的交乘项,构建模型(7-1)和模型(7-2):

$$\begin{aligned} \text{Innovation}_{i,t} =& \gamma_0 + \gamma_1 \text{CC}_{i,t} + \gamma_2 \text{Co\_Shareholder}_{i,t} + \gamma_3 \text{CC}_{i,t} \times \\ & \text{Co\_Shareholder}_{i,t} + \gamma_4 \text{Size}_{i,t} + \gamma_5 \text{ROA}_{i,t} + \gamma_6 \text{Lev}_{i,t} + \\ & \gamma_7 \text{Growth}_{i,t} + \gamma_8 \text{Cashflow}_{i,t} + \gamma_9 \text{Captial}_{i,t} + \gamma_{10} \text{HR}_{i,t} + \\ & \gamma_{11} \text{LShare}_{i,t} + \gamma_{12} \text{MShare}_{i,t} + \gamma_{13} \text{State}_{i,t} + \gamma_{14} \text{Subsidy}_{i,t} + \\ & \gamma_{15} \text{GDP}_{i,t} + \sum \text{Year} + \sum \text{Ind} + \varepsilon_{i,t} \end{aligned} \tag{7-1}$$

$$\begin{aligned} \text{Innovation}_{i,t} =& \gamma_0 + \gamma_2 \text{Distance\_tech}_{i,t} + \gamma_2 \text{Co\_Shareholder}_{i,t} + \\ & \gamma_3 \text{Distnce\_tech}_{i,t} \times \text{Co\_Shareholder}_{i,t} + \gamma_4 \text{Size}_{i,t} + \\ & \gamma_5 \text{ROA}_{i,t} + \gamma_6 \text{Lev}_{i,t} + \gamma_7 \text{Growth}_{i,t} + \gamma_8 \text{Cashflow}_{i,t} + \\ & \gamma_9 \text{Captial}_{i,t} + \gamma_{10} \text{HR}_{i,t} + \gamma_{11} \text{LShare}_{i,t} + \gamma_{12} \text{MShare}_{i,t} + \\ & \gamma_{13} \text{State}_{i,t} + \gamma_{14} \text{Subsidy}_{i,t} + \gamma_{15} \text{GDP}_{i,t} + \\ & \sum \text{Year} + \sum \text{Ind} + \varepsilon_{i,t} \end{aligned} \tag{7-2}$$

其中，Co_Shareholder$_{i,t}$是衡量企业和销售额前五大客户共同股东持股比例的变量。根据研究假设 H7-1 和 H7-2，重点关注上述模型中交乘项估计系数 γ_3 的符号，如果 γ_3 显著为正，则表明企业与客户共同股东持股比例越大，越能够缓解客户集中对企业创新的不利影响，并促进知识溢出。

(2) 共同审计机构调节作用的检验模型

为了检验研究假设 H7-3 和 H7-4，在模型(4-4)和(4-5)的基础上，分别加入客户共同审计机构及其与客户关系相关变量的交乘项，构建模型(7-3)和模型(7-4)。

$$\begin{aligned}
\text{Innovation}_{i,t} =\ & \gamma_0 + \gamma_1 \text{CC}_{i,t} + \gamma_2 \text{Co\_Aduit}_{i,t} + \gamma_3 \text{CC}_{i,t} \times \text{Co\_Aduit}_{i,t} + \\
& \gamma_4 \text{Size}_{i,t} + \gamma_5 \text{ROA}_{i,t} + \gamma_6 \text{Lev}_{i,t} + \gamma_7 \text{Growth}_{i,t} + \\
& \gamma_8 \text{Cashflow}_{i,t} + \gamma_9 \text{Captial}_{i,t} + \gamma_{10} \text{HR}_{i,t} + \gamma_{11} \text{LShare}_{i,t} + \\
& \gamma_{12} \text{MShare}_{i,t} + \gamma_{13} \text{State}_{i,t} + \gamma_{14} \text{Subsidy}_{i,t} + \gamma_{15} \text{GDP}_{i,t} + \\
& \sum \text{Year} + \sum \text{Ind} + \varepsilon_{i,t}
\end{aligned} \quad (7\text{-}3)$$

$$\begin{aligned}
\text{Innovation}_{i,t} =\ & \gamma_0 + \gamma_2 \text{Distance\_tech}_{i,t} + \gamma_2 \text{Co\_Aduit}_{i,t} + \\
& \gamma_3 \text{Distnce\_tech}_{i,t} \times \text{Co\_Aduit}_{i,t} + \gamma_4 \text{Size}_{i,t} + \gamma_5 \text{ROA}_{i,t} + \\
& \gamma_6 \text{Lev}_{i,t} + \gamma_7 \text{Growth}_{i,t} + \gamma_8 \text{Cashflow}_{i,t} + \gamma_9 \text{Captial}_{i,t} + \\
& \gamma_{10} \text{HR}_{i,t} + \gamma_{11} \text{LShare}_{i,t} + \gamma_{12} \text{MShare}_{i,t} + r_{13} \text{State}_{i,t} + \\
& \gamma_{14} \text{Subsidy}_{i,t} + \gamma_{15} \text{GDP}_{i,t} + \sum \text{Year} + \sum \text{Ind} + \varepsilon_{i,t}
\end{aligned} \quad (7\text{-}4)$$

其中，Co_Aduit$_{i,t}$表示企业和销售额前五大客户是否聘请同一会计师事务所。根据研究假设 H7-3 和 H7-4，重点关注上述模型中交乘项估计系数 γ_3 的符号，如果 γ_3 显著为正，则表明企业与客户存在共同审计机构，能够缓解客户集中对企业创新的不利影响，并促进知识溢出。

7.3　变量描述性统计

表 7-2 报告了主要变量的描述性统计。统计结果显示，约有 8.9% 的企业与前五大客户聘请同一个会计师事务所；企业和前五大客户共同股东持股比例均值为 1.5%，最大值为 70.3%，最小值为 0%，标准差达到 7.1%，该变量在不同样本中差异较大。其他变量的描述性统计结果如表 7-2 所示，此处不再赘述。

表 7-2 主要变量的描述性统计表

变量	均值(mean)	中位数(P50)	标准差(SD)	最小值(min)	最大值(max)
LnRD	17.39	17.46	1.926	0	23.68
RD_Asset	0.022	0.019	0.020	0	0.137
Patent_all	2.662	2.773	1.467	0	7.142
Patent_inv	1.902	1.946	1.334	0	6.389
CC_five	0.338	0.276	0.224	0.022	0.942
CC_squ	0.058	0.019	0.098	0	0.499
Distance_tech	0.297	0.173	0.314	0	1
Co_Shareholder	0.015	0	0.071	0	0.703
Co_Adiut	0.089	0	0.285	0	1
Size	21.84	21.59	1.263	19.95	26.19
Lev	0.399	0.389	0.207	0.050	0.865
ROA	0.049	0.051	0.061	−0.230	0.230
HR	28.02	20.50	21.55	1.08	91.17
Cashflow	0.076	0.063	0.146	−0.356	0.570
Capital	12.47	12.49	1.087	9.262	15.26
Growth	0.183	0.125	0.380	−0.469	2.037
MShare	15.63	1.974	20.94	0	69.57
LShare	34.30	31.86	14.48	8.480	73.33
State	0.371	0	0.484	0	1
Subsidy	0.010	0.006	0.014	0	0.078
GDP	10.34	10.41	0.757	7.332	11.730

7.4 相关性分析

表 7-3 报告了主要变量的 Pearson 相关系数。结果显示,企业与前五大客户共同股东持股比例和是否具有共同审计机构与企业创新之间不存在相关性,需要在多元回归分析中进一步考察其与客户关系变量交乘项对企业创新的影响。另外,主要变量之间相关系数均小于 0.6,说明变量之间不存在严重的多重共线性问题。

表 7-3　主要变量的 Pearson 相关系数

	LnRD	RD_Asset	Patent_all	CC_five	CC_squ	Distance_tech
RD_Asset	0.375***	1				
Patent_all	0.494***	0.073	1			
CC_five	−0.138***	0.032	−0.054	1		
CC_squ	−0.085*	−0.002	0.007	0.854***	1	
Distance_tech	0.233***	0.301***	0.163***	0.152**	0.204***	1
Co_Shareholder	0.050	−0.011	0.110**	0.061	0.016	0.103*
Co_Aduit	0.002	−0.033	0.059	0.022	−0.010	0.038

注：***、**、* 分别表示在1%、5%、10%的水平下显著。

7.5　回归结果分析及讨论

7.5.1　客户关系、共同股东持股与企业创新关系的实证结果

为探究共同股东对客户集中度与企业创新关系的调节作用、共同股东对客户技术距离与企业创新关系的调节作用，模型(7-1)和模型(7-2)分别引入了客户集中度与共同股东持股的交乘项和客户技术距离与共同股东持股的交乘项。

表7-4和表7-5报告了模型(7-1)的回归结果。结果显示，采用公司向前五大客户销售比例之和（CC_five）衡量客户集中度，除研发投入的相对数（RD_Asset）外，其他回归方程中客户集中度和共同股东持股比例交乘项的回归系数均至少在15%的显著性水平上为正，表明企业与客户共同股东持股比例越高，客户集中度与企业创新的负相关关系越弱。

表 7-4　共同股东对客户集中度(CC_five)与企业创新关系的调节作用

变量	LnRD	RD_Asset	Patent_all	Patent_inv
	(1)	(2)	(3)	(4)
CC_five	−1.033***	−0.004	−0.115	−0.077
	(−3.23)	(−0.98)	(−0.49)	(−0.33)
Co_Shareholder	−0.699	0.014	−0.833	0.218
	(−0.59)	(0.67)	(−0.68)	(0.17)

表 7-4(续)

变量	LnRD (1)	RD_Asset (2)	Patent_all (3)	Patent_inv (4)
CC_five×Co_Shareholder	4.923*	0.046	5.398**	4.277#
	(1.83)	(0.98)	(2.01)	(1.53)
Size	0.944***	−0.002***	0.786***	0.719***
	(11.52)	(−2.64)	(14.69)	(13.91)
ROA	1.958	0.030***	0.366	0.694
	(1.06)	(2.65)	(0.40)	(0.86)
Lev	−0.150	0.006*	−0.808***	−0.797***
	(−0.62)	(1.52)	(−2.91)	(−3.10)
Growth	−0.116	−0.001	0.068	0.093
	(−0.90)	(−0.84)	(0.64)	(0.93)
Cashflow	−0.671*	0.002	−0.353	−0.692**
	(−1.69)	(0.41)	(−1.14)	(−2.42)
Capital	−0.162**	−0.004***	−0.020	−0.022
	(−2.30)	(−4.35)	(−0.40)	(−0.49)
HR	0.022***	0.000***	0.002	0.011***
	(7.56)	(7.90)	(0.63)	(4.21)
LShare	0.014***	0.000***	0.007**	0.008***
	(3.89)	(2.97)	(2.31)	(2.61)
MShare	0.007**	−0.000	0.005**	0.003
	(2.27)	(−0.04)	(2.01)	(1.43)
State	0.125	−0.002	0.076	0.043
	(0.91)	(−1.19)	(0.73)	(0.43)
Subsidy	8.284**	0.140**	12.703***	15.261***
	(2.57)	(2.27)	(3.61)	(4.77)
GDP	0.203***	0.002**	0.201***	0.182***
	(3.04)	(2.34)	(2.82)	(2.86)
常数项	−4.269**	0.075***	−16.574***	−15.969***
	(−2.56)	(3.45)	(−11.40)	(−11.41)
观测值	878	878	878	878
Adj-R^2	0.511	0.485	0.468	0.451
F	25.22	8.969	29.87	30.47

注：***、**、*、# 分别表示在1%、5%、10%和15%的水平下显著，括号内为经过异方差修正后稳健标准误对应的 t 值。

表 7-5 采用公司向前五大客户销售比例平方和（CC_squ）衡量客户集中度的实证结果不变，说明上述实证结果是稳健的。以上实证结果表明，共同股东持股有利于企业和客户之间资源共享，并且发挥一定的监督治理作用，从而缓解客户议价对企业创新的负面影响，证实了研究假设 H7-1。

表 7-5　共同股东对客户集中度（CC_squ）与企业创新关系的调节作用

变量	LnRD	RD_Asset	Patent_all	Patent_inv
	(1)	(2)	(3)	(4)
CC_squ	−2.353**	−0.006	0.667	0.935*
	(−2.46)	(−0.80)	(1.26)	(1.81)
Co_Shareholder	0.142	0.028**	−0.257	0.472
	(0.22)	(2.42)	(−0.43)	(0.80)
CC_squ×Co_Shareholder	16.505**	0.106	23.142***	21.916***
	(2.05)	(1.01)	(3.02)	(3.15)
Size	0.961***	−0.002**	0.785***	0.721***
	(11.49)	(−2.54)	(15.21)	(14.70)
ROA	2.085	0.031***	0.602	0.920
	(1.13)	(2.69)	(0.68)	(1.20)
Lev	−0.109	0.005	−0.846***	−0.850***
	(−0.46)	(1.30)	(−3.20)	(−3.46)
Growth	−0.115	−0.001	0.051	0.073
	(−0.86)	(−0.86)	(0.49)	(0.75)
Cashflow	−0.640#	0.002	−0.298	−0.638**
	(−1.62)	(0.34)	(−0.96)	(−2.23)
Capital	−0.196***	−0.004***	−0.038	−0.033
	(−2.64)	(−4.37)	(−0.75)	(−0.74)
HR	0.021***	0.000***	−0.000	0.010***
	(7.23)	(7.82)	(−0.02)	(3.74)
LShare	0.013***	0.000***	0.008**	0.008***
	(3.64)	(2.92)	(2.34)	(2.62)
MShare	0.008**	−0.000	0.005**	0.003
	(2.36)	(−0.08)	(2.07)	(1.28)

表 7-5(续)

变量	LnRD	RD_Asset	Patent_all	Patent_inv
	(1)	(2)	(3)	(4)
State	0.107	−0.002	0.091	0.047
	(0.79)	(−1.22)	(0.88)	(0.47)
Subsidy	8.225**	0.139**	13.124***	15.707***
	(2.57)	(2.25)	(3.81)	(5.02)
GDP	0.192***	0.002**	0.200***	0.186***
	(2.86)	(2.40)	(2.84)	(2.92)
常数项	−4.284**	0.071***	−16.375***	−15.955***
	(−2.55)	(3.32)	(−11.72)	(−11.96)
观测值	868	868	868	868
Adj-R^2	0.506	0.486	0.472	0.458
F	24.29	9.001	29.92	32.25

注：***、**、*、# 分别表示在 1%、5%、10% 和 15% 的水平下显著，括号内为经过异方差修正后稳健标准误对应的 t 值。

表 7-6 报告了共同股东对客户技术距离与企业创新关系的调节作用，结果显示，除研发投入绝对数(LnRD)外，其他回归方程中交乘项的回归系数均至少在 10% 的显著性水平上为正，表明企业与客户共同股东持股比例越高，客户技术邻近对企业创新的抑制作用越强。其原因可能是企业和客户共同股东持股有助于双方之间利益目标协同，加强技术等信息共享，从而增强技术邻近对企业创新的促进作用，支持了研究假设 H7-2。

表 7-6 共同股东对客户技术距离(Distance_tech)与企业创新关系的调节作用

变量	LnRD	RD_Asset	Patent_all	Patent_inv
	(1)	(2)	(3)	(4)
Distance_tech	0.445***	0.007***	0.403***	0.682***
	(3.40)	(2.66)	(2.75)	(4.98)
co_shareholder	1.854*	0.023	−0.654	−0.567
	(1.86)	(1.35)	(−0.72)	(−0.69)
d3	−0.640	0.046*	3.718**	4.409**
	(−0.45)	(1.65)	(2.20)	(2.57)

表 7-6(续)

变量	LnRD (1)	RD_Asset (2)	Patent_all (3)	Patent_inv (4)
Size	0.762***	−0.002***	0.624***	0.578***
	(13.77)	(−3.13)	(11.90)	(11.06)
ROA	4.665***	0.038***	0.821	0.912
	(4.33)	(2.80)	(0.87)	(1.07)
Lev	0.282	0.008**	−0.380	−0.601**
	(1.23)	(2.06)	(−1.44)	(−2.36)
Growth	−0.153	−0.000	0.047	0.102
	(−1.01)	(−0.22)	(0.43)	(1.03)
Cashflow	−0.865**	−0.011*	−0.294	−0.277
	(−2.05)	(−1.67)	(−0.96)	(−0.90)
Capital	−0.066	−0.002***	−0.046	−0.058
	(−1.15)	(−2.62)	(−0.77)	(−1.12)
HR	0.016***	0.000***	0.006**	0.014***
	(5.77)	(5.78)	(2.00)	(5.31)
Lshare	0.009***	0.000**	0.008***	0.010***
	(2.64)	(2.46)	(2.61)	(3.15)
Mshare	0.004#	0.000	0.005*	0.003
	(1.58)	(0.88)	(1.94)	(1.20)
State	0.025	−0.002	0.027	0.044
	(0.20)	(−0.90)	(0.25)	(0.40)
Subsidy	6.386**	0.167*	9.237***	8.827***
	(2.18)	(1.86)	(2.93)	(2.98)
GDP	0.215***	0.002**	0.031	0.088
	(2.62)	(2.45)	(0.43)	(1.26)
常数项	−1.684	0.050***	−10.973***	−11.449***
	(−1.14)	(2.77)	(−7.43)	(−7.73)
观测值	554	554	554	554
Adj-R^2	0.582	0.445	0.470	0.483
F	39.06	11.58	20.77	24.29

注：***、**、* 分别表示在1%、5%、10%的水平下显著，括号内为经过异方差修正后稳健标准误对应的 t 值。

7.5.2 客户关系、共同审计机构与企业创新关系的实证结果

为探究共同审计机构对客户集中度与企业创新关系的调节作用、共同审计机构对客户技术距离与企业创新关系的调节作用,模型(7-3)和模型(7-4)分别引入了客户集中度与共同审计机构的交乘项和客户技术距离与共同审计机构的交乘项。

表7-7报告了加入了客户集中度与共同审计机构交乘项(CC_five×Co_Aduit)的回归结果。结果显示,除研发投入绝对额(LnRD)所在列外,其余列交乘项系数均至少在15%的显著性水平上为正。

表7-7 共同审计机构对客户集中度(CC_five)与企业创新关系的调节作用

变量	LnRD	RD_Asset	Patent_all	Patent_inv
	(1)	(2)	(3)	(4)
CC_five	−0.932***	−0.003	−0.047	−0.002
	(−3.00)	(−0.73)	(−0.19)	(−0.01)
Co_Aduit	−0.258	−0.001	−0.300	−0.161
	(−0.90)	(−0.37)	(−1.23)	(−0.63)
CC_five×Co_Aduit	0.651	0.017#	1.098**	1.090*
	(0.99)	(1.53)	(1.97)	(1.73)
Size	0.955***	−0.002***	0.795***	0.721***
	(11.22)	(−2.68)	(14.72)	(13.94)
ROA	2.009	0.031***	0.401	0.740
	(1.08)	(2.71)	(0.43)	(0.88)
Lev	−0.151	0.006#	−0.804***	−0.780***
	(−0.63)	(1.63)	(−2.90)	(−3.03)
Growth	−0.120	−0.001	0.054	0.084
	(−0.91)	(−0.89)	(0.52)	(0.85)
Cashflow	−0.666*	0.002	−0.362	−0.705**
	(−1.66)	(0.37)	(−1.17)	(−2.47)
Capital	−0.168**	−0.004***	−0.025	−0.026
	(−2.34)	(−4.40)	(−0.49)	(−0.58)
HR	0.023***	0.000***	0.003	0.012***
	(7.87)	(8.13)	(0.87)	(4.54)

表 7-7(续)

变量	LnRD (1)	RD_Asset (2)	Patent_all (3)	Patent_inv (4)
LShare	0.014***	0.000***	0.008**	0.009***
	(4.01)	(3.16)	(2.47)	(2.81)
MShare	0.007**	−0.000	0.005*	0.003
	(2.16)	(−0.43)	(1.84)	(1.11)
State	0.180	−0.002	0.114	0.083
	(1.28)	(−0.90)	(1.10)	(0.82)
Subsidy	8.249**	0.130**	12.554***	14.807***
	(2.52)	(2.08)	(3.55)	(4.59)
GDP	0.207***	0.002***	0.214***	0.201***
	(3.13)	(2.73)	(3.01)	(3.15)
常数项	−4.537***	0.072***	−16.889***	−16.220***
	(−2.68)	(3.36)	(−11.55)	(−11.62)
观测值	878	878	878	878
Adj-R^2	0.507	0.476	0.460	0.439
F	23.16	7.942	28.72	29.03

注：***、**、*、# 分别表示在1%、5%、10%和15%的水平下显著，括号内为经过异方差修正后稳健标准误对应的 t 值。

表 7-8 的回归结果基本没有变化，表明企业与客户存在共同审计机构能够增强双方之间财务信息的可比性，有助于审计师积累客户和企业的相关知识，从而缓解较高客户集中度对企业创新的负面影响，支持了研究假设 H7-3。

表 7-8 共同审计机构对客户集中度(CC_squ)与企业创新关系的调节作用

变量	LnRD (1)	RD_Asset (2)	Patent_all (3)	Patent_inv (4)
CC_squ	−2.107**	−0.003	0.959*	1.230**
	(−2.26)	(−0.43)	(1.68)	(2.25)
Co_Aduit	−0.137	0.004#	−0.058	0.066
	(−0.73)	(1.58)	(−0.38)	(0.41)
CC_squ×Co_Aduit	1.602	0.017	2.328#	2.551*
	(1.04)	(0.75)	(1.61)	(1.69)

表 7-8(续)

变量	LnRD (1)	RD_Asset (2)	Patent_all (3)	Patent_inv (4)
Size	0.970***	−0.002***	0.794***	0.723***
	(11.23)	(−2.77)	(15.28)	(14.75)
ROA	2.108	0.032***	0.602	0.941
	(1.13)	(2.79)	(0.65)	(1.15)
Lev	−0.065	0.006#	−0.799***	−0.790***
	(−0.28)	(1.50)	(−2.96)	(−3.15)
Growth	−0.128	−0.001	0.027	0.051
	(−0.96)	(−0.80)	(0.25)	(0.51)
Cashflow	−0.640#	0.002	−0.322	−0.663**
	(−1.60)	(0.32)	(−1.03)	(−2.33)
Capital	−0.205***	−0.004***	−0.047	−0.041
	(−2.71)	(−4.42)	(−0.92)	(−0.92)
HR	0.022***	0.000***	0.001	0.011***
	(7.60)	(8.09)	(0.31)	(4.11)
LShare	0.014***	0.000***	0.008***	0.009***
	(3.83)	(3.18)	(2.62)	(2.97)
MShare	0.007**	−0.000	0.005**	0.003
	(2.28)	(−0.43)	(2.01)	(1.08)
State	0.161	−0.001	0.132	0.093
	(1.17)	(−0.79)	(1.29)	(0.93)
Subsidy	8.150**	0.126**	12.919***	15.161***
	(2.50)	(1.99)	(3.72)	(4.78)
GDP	0.196***	0.002***	0.212***	0.203***
	(2.95)	(2.67)	(3.00)	(3.18)
常数项	−4.459***	0.072***	−16.649***	−16.151***
	(−2.64)	(3.42)	(−11.85)	(−12.13)
观测值	868	868	868	868
Adj-R^2	0.501	0.475	0.461	0.441
F	22.05	7.814	28.02	29.02

注：***、**、*分别表示在1%、5%、10%的水平下显著，括号内为经过异方差修正后稳健标准误对应的 t 值。

表 7-9 报告了共同审计机构对客户技术距离与企业创新关系调节作用的结果,结果显示在所有回归结果中,共同审计机构和客户技术距离交乘项的回归系数均在 1% 的显著性水平下显著为正,这表明共同审计机构确实能够通过提高企业和客户之间报表可比性,有利于企业了解客户真实的财务信息,增强企业对客户的信任程度,从而促进知识溢出,增强了客户技术邻近对企业创新的促进作用,证实了研究假设 H7-4。

表 7-9 共同审计机构对客户技术距离(Distance_tech)与企业创新关系的调节作用

变量	LnRD	RD_Asset	Patent_all	Patent_inv
	(1)	(2)	(3)	(4)
Distance_tech	0.346***	0.007**	0.425***	0.682***
	(2.68)	(2.58)	(2.77)	(4.76)
sharedaudit	−0.480#	−0.005#	−0.239	−0.264
	(−1.55)	(−1.52)	(−1.20)	(−1.14)
Distance_tech×Co_Aduit	1.538***	0.028***	1.066***	1.550***
	(2.90)	(3.75)	(2.73)	(3.44)
Size	0.744***	−0.003***	0.606***	0.548***
	(13.51)	(−3.88)	(11.87)	(11.02)
ROA	4.739***	0.038***	0.800	0.880
	(4.36)	(2.81)	(0.82)	(0.99)
Lev	0.426*	0.010***	−0.310	−0.492*
	(1.77)	(2.77)	(−1.15)	(−1.91)
Growth	−0.163	−0.001	0.044	0.093
	(−1.08)	(−0.30)	(0.39)	(0.89)
Cashflow	−0.895**	−0.012*	−0.356	−0.375
	(−2.14)	(−1.86)	(−1.15)	(−1.22)
Capital	−0.067	−0.002***	−0.047	−0.059
	(−1.14)	(−2.68)	(−0.79)	(−1.13)
HR	0.017***	0.000***	0.006**	0.014***
	(5.91)	(5.97)	(2.04)	(5.34)
Lshare	0.009***	0.000***	0.009***	0.010***
	(2.64)	(2.64)	(2.81)	(3.38)

表 7-9(续)

变量	LnRD (1)	RD_Asset (2)	Patent_all (3)	Patent_inv (4)
Mshare	0.003 (1.23)	0.000 (0.37)	0.004* (1.81)	0.002 (0.91)
State	0.049 (0.41)	−0.001 (−0.43)	0.050 (0.46)	0.056 (0.52)
Subsidy	7.200** (2.38)	0.168* (1.84)	9.413*** (3.06)	9.074*** (3.20)
GDP	0.195** (2.49)	0.002 (2.17)	0.022 (0.30)	0.077 (1.09)
常数项	−1.083 (−0.72)	0.066*** (3.43)	−10.508*** (−7.18)	−10.709*** (−7.37)
观测值	554	554	554	554
Adj-R^2	0.583	0.428	0.463	0.479
F	41.34	10.91	20.99	25.02

注：***、**、* 分别表示在1%、5%、10%的水平下显著，括号内为经过异方差修正后稳健标准误对应的 t 值。

7.6 稳健性检验

为保证上述研究结论的可靠性，本章采取如下稳健性检验。

7.6.1 更换调节效应相关模型的被解释变量衡量指标

与第4章一致，此处以企业专利授权量衡量企业创新情况，并重新定义企业创新产出数量(Patent_grantall)和企业创新产出质量(Patent_grantinv)指标。共同股东、共同审计机构对客户集中度与企业创新关系调节作用的检验结果分别如表7-10~表7-11所示，共同股东对客户技术距离与企业创新关系调节作用的检验结果如表7-12所示，基本结果未发生实质性变化，说明上文的研究结果总体上是稳健的。

表7-10 共同股东对客户集中度与企业创新关系调节作用检验结果（更换创新变量）

变量	Patent_grantall (1)	Patent_grantinv (2)	Patent_grantall (3)	Patent_grantinv (4)
Co_Shareholder	−0.012	0.000	−0.004	0.007
	(−1.02)	(0.02)	(−0.74)	(1.18)
CC_five	−0.442**	−0.089		
	(−2.09)	(−0.49)		
CC_five×Co_Shareholder	0.062***	0.044*		
	(2.60)	(1.93)		
CC_squ			−0.198	0.266
			(−0.40)	(0.62)
CC_squ×Co_Shareholder			0.251***	0.173***
			(3.95)	(3.31)
ROA	−0.691	−1.365**	−0.310	−1.107*
	(−0.83)	(−2.08)	(−0.38)	(−1.73)
Lev	−0.851***	−0.979***	−0.828***	−0.982***
	(−3.24)	(−4.55)	(−3.32)	(−4.76)
Growth	0.108	0.070	0.095	0.070
	(1.02)	(0.76)	(0.90)	(0.76)
Cashflow	−0.339	−0.423*	−0.270	−0.363
	(−1.21)	(−1.72)	(−0.95)	(−1.48)
Capital	−0.021	−0.012	−0.037	−0.018
	(−0.45)	(−0.30)	(−0.79)	(−0.44)
HR	−0.002	0.008***	−0.004	0.006***
	(−0.90)	(3.42)	(−1.46)	(2.85)
LShare	0.008***	0.007***	0.008***	0.007***
	(2.85)	(2.85)	(2.79)	(2.69)
MShare	0.003	0.001	0.003	0.000
	(1.56)	(0.37)	(1.48)	(0.26)
State	0.071	−0.005	0.081	0.003
	(0.69)	(−0.06)	(0.80)	(0.03)
Subsidy	9.698***	7.198***	9.735***	7.461***
	(2.98)	(3.01)	(3.05)	(3.20)

表 7-10(续)

变量	Patent_grantall (1)	Patent_grantinv (2)	Patent_grantall (3)	Patent_grantinv (4)
GDP	0.126* (1.85)	0.134** (2.53)	0.120* (1.80)	0.124** (2.38)
常数项	−14.371*** (−10.07)	−12.796*** (−10.41)	−14.148*** (−10.59)	−12.426*** (−11.09)
观测值	878	878	868	868
Adj-R^2	0.509	0.443	0.509	0.439
F	27.74	23.35	28.43	26.52

注：***、**、* 分别表示在1%、5%、10%的水平下显著，括号内为经过异方差修正后稳健标准误对应的 t 值。

表 7-11 共同审计机构对客户集中度与企业创新关系调节作用检验结果(更换创新变量)

变量	Patent_grantall (1)	Patent_grantinv (2)	Patent_grantall (3)	Patent_grantinv (4)
Co_Aduit	−0.392* (−1.84)	−0.172 (−0.78)	−0.089 (−0.67)	0.109 (0.76)
CC_five	−0.379* (−1.71)	0.001 (0.00)		
CC_five×Co_Aduit	1.349*** (3.00)	0.883# (1.47)		
CC_squ			0.088 (0.17)	0.637 (1.47)
CC_squ×Co_Aduit			2.807*** (2.59)	0.504 (0.28)
Size	0.733*** (14.19)	0.585*** (13.63)	0.728*** (14.66)	0.571*** (14.38)
ROA	−0.659 (−0.77)	−1.315* (−1.96)	−0.316 (−0.37)	−1.075 (−1.61)
Lev	−0.848*** (−3.20)	−0.967*** (−4.49)	−0.777*** (−3.02)	−0.947*** (−4.50)

表 7-11(续)

变量	Patent_grantall (1)	Patent_grantinv (2)	Patent_grantall (3)	Patent_grantinv (4)
Growth	0.090	0.064	0.065	0.073
	(0.85)	(0.65)	(0.61)	(0.76)
Cashflow	−0.350	−0.428*	−0.297	−0.377
	(−1.25)	(−1.73)	(−1.04)	(−1.53)
Capital	−0.026	−0.017	−0.046	−0.024
	(−0.55)	(−0.41)	(−0.99)	(−0.60)
HR	−0.002	0.009***	−0.003	0.007***
	(−0.61)	(3.75)	(−1.09)	(3.30)
LShare	0.009***	0.008***	0.009***	0.008***
	(3.05)	(3.10)	(3.10)	(3.13)
MShare	0.003	0.000	0.003	0.000
	(1.35)	(0.06)	(1.42)	(0.10)
State	0.108	0.042	0.120	0.062
	(1.07)	(0.47)	(1.20)	(0.69)
Subsidy	9.591***	6.866***	9.547***	7.054***
	(2.93)	(2.83)	(2.97)	(2.97)
GDP	0.141**	0.147***	0.133**	0.132**
	(2.07)	(2.75)	(1.97)	(2.50)
常数项	−14.746***	−13.041***	−14.463***	−12.527***
	(−10.26)	(−10.65)	(−10.76)	(−11.25)
观测值	878	878	868	868
Adj-R^2	0.501	0.426	0.496	0.417
F	25.88	21.48	26.23	23.35

注：***、**、*、# 分别表示在1％、5％、10％和15％的水平下显著，括号内为经过异方差修正后稳健标准误对应的 t 值。

表 7-12 共同股东对客户技术距离与企业创新关系调节作用检验结果(更换创新变量)

变量	Patent_grantall M＝Co_shareholder (1)	Patent_grantinv M＝Co_shareholder (2)	Patent_grantinv M＝Co_Audit (3)	Patent_grantall l M＝Co_Audit (4)
Distance_tech	0.127	0.306**	0.302**	0.130
	(0.78)	(2.23)	(2.11)	(0.77)
M	−0.169	0.159	−0.395*	−0.208
	(−0.17)	(0.18)	(−1.76)	(−1.12)

表 7-12(续)

变量	Patent_grantall M=Co_shareholder (1)	Patent_grantinv M=Co_shareholder (2)	Patent_grantinv M=Co_Audit (3)	Patent_grantall 1 M=Co_Audit (4)
Distance_tech×M	2.326 (1.29)	3.105* (1.84)	1.453*** (3.40)	0.878** (2.43)
Size	0.679*** (11.89)	0.577*** (10.85)	0.556*** (10.48)	0.665*** (11.81)
ROA	0.052 (0.06)	−1.201 (−1.63)	−1.185 (−1.61)	0.048 (0.05)
Lev	−0.615** (−2.08)	−1.155*** (−4.41)	−1.042*** (−3.89)	−0.551* (−1.83)
Growth	0.026 (0.19)	0.041 (0.36)	0.036 (0.29)	0.022 (0.16)
Cashflow	−0.487 (−1.58)	−0.460 (−1.53)	−0.520* (−1.70)	−0.532* (−1.70)
Capital	−0.036 (−0.63)	−0.039 (−0.76)	−0.041 (−0.79)	−0.038 (−0.65)
HR	−0.000 (−0.05)	0.007** (2.56)	0.007*** (2.70)	0.000 (0.03)
LShare	0.009*** (2.87)	0.006** (1.97)	0.007** (2.17)	0.010*** (3.01)
MShare	0.004 (1.38)	0.002 (0.78)	0.001 (0.56)	0.003 (1.25)
State	0.084 (0.67)	0.105 (0.95)	0.144 (1.32)	0.102 (0.83)
Subsidy	10.243*** (2.93)	7.005*** (2.63)	7.416*** (2.90)	10.441*** (3.04)
GDP	0.004 (0.05)	0.130* (1.90)	0.114* (1.68)	−0.005 (−0.06)
常数项	−12.063*** (−7.62)	−12.156*** (−8.14)	−11.551*** (−7.77)	−11.681*** (−7.47)
观测值	554	554	554	554
Adj-R^2	0.488	0.433	0.426	0.486
F	18.64	17.28	17.38	19.88

注：***、**、*、# 分别表示在 1%、5%、10% 和 15% 的水平下显著，括号内为经过异方差修正后稳健标准误对应的 t 值。

7.6.2 采用Tobit估计调节效应的相关模型

考虑到本章中被解释变量客户集中度、客户技术距离和企业创新等指标的取值范围为(0,1)或者(0,+∞),存在相应的边界,因此此处采用Tobit模型重新运行本章的主要模型,实证结果如表7-13~表7-16所示。主要变量的回归系数结果没有发生实质性变化,主要实证结论不变,再次说明上述研究结论是稳健的。

表7-13 共同股东对客户集中度与企业创新关系调节作用检验结果(Tobit模型)

变量	LnRD (1)	RD_Asset (2)	Patent_all (3)	Patent_inv (4)
Distance_phy	−1.035*** (−3.35)	−0.004 (−1.08)	−0.162 (−0.65)	−0.207 (−0.79)
CC_five	−0.703 (−0.61)	0.014 (0.67)	−0.805 (−0.66)	0.519 (0.40)
CC_five×Co_Shareholder	4.936* (1.89)	0.048 (1.06)	5.480** (2.05)	3.983 (1.40)
Size	0.945*** (11.89)	−0.002*** (−2.61)	0.835*** (14.59)	0.812*** (13.82)
ROA	1.949 (1.09)	0.029*** (2.62)	0.277 (0.28)	0.773 (0.82)
Lev	−0.150 (−0.64)	0.006# (1.58)	−0.877*** (−2.92)	−0.887*** (−2.96)
Growth	−0.116 (−0.93)	−0.001 (−0.84)	0.083 (0.76)	0.117 (1.07)
Cashflow	−0.674* (−1.75)	0.002 (0.38)	−0.335 (−0.99)	−0.793** (−2.25)
Capital	−0.163** (−2.38)	−0.004*** (−4.58)	−0.025 (−0.45)	−0.047 (−0.88)
HR	0.022*** (7.84)	0.000*** (8.22)	0.001 (0.32)	0.011*** (3.71)
LShare	0.014*** (4.03)	0.000*** (3.12)	0.008** (2.35)	0.010*** (2.76)

表 7-13(续)

变量	LnRD	RD_Asset	Patent_all	Patent_inv
	(1)	(2)	(3)	(4)
MShare	0.007**	0.000	0.005**	0.004#
	(2.35)	(0.04)	(2.03)	(1.59)
State	0.125	−0.002	0.086	0.054
	(0.95)	(−1.19)	(0.78)	(0.48)
Subsidy	8.310***	0.142**	13.560***	17.870***
	(2.67)	(2.40)	(3.60)	(4.77)
GDP	0.203***	0.002**	0.233***	0.244***
	(3.15)	(2.43)	(3.09)	(3.32)
常数项	−9.351***	0.045**	−20.449***	−20.650***
	(−4.88)	(2.21)	(−10.58)	(−11.46)
观测值	878	878	878	878
Pseudo R^2	0.175	−0.143	0.164	0.161
F	27.02	25.34	18.35	34.78

注：***、**、*、# 分别表示在1%、5%、10%和15%的水平下显著，括号内为经过异方差修正后稳健标准误对应的 t 值。

表 7-14 共同审计机构对客户集中度与企业创新关系调节作用检验结果（Tobit 模型）

变量	LnRD	RD_Asset	Patent_all	Patent_inv
	(1)	(2)	(3)	(4)
Distance_phy	−0.935***	−0.003	−0.104	−0.143
	(−3.11)	(−0.81)	(−0.40)	(−0.53)
CC_five	−0.260	−0.001	−0.397	−0.289
	(−0.94)	(−0.42)	(−1.52)	(−1.02)
CC_five×Co_Aduit	0.654	0.017#	1.318**	1.366**
	(1.03)	(1.60)	(2.27)	(1.97)
Size	0.956***	−0.002***	0.845***	0.817***
	(11.59)	(−2.66)	(14.60)	(13.76)
ROA	2.000	0.030***	0.314	0.829
	(1.11)	(2.68)	(0.31)	(0.86)

表 7-14(续)

变量	LnRD	RD_Asset	Patent_all	Patent_inv
	(1)	(2)	(3)	(4)
Lev	−0.151	0.006*	−0.866***	−0.856***
	(−0.66)	(1.69)	(−2.89)	(−2.85)
Growth	−0.119	−0.001	0.067	0.103
	(−0.94)	(−0.89)	(0.60)	(0.95)
Cashflow	−0.669*	0.002	−0.341	−0.803**
	(−1.72)	(0.34)	(−1.01)	(−2.28)
Capital	−0.169**	−0.004***	−0.031	−0.053
	(−2.43)	(−4.63)	(−0.55)	(−1.00)
HR	0.023***	0.000***	0.002	0.012***
	(8.16)	(8.46)	(0.53)	(3.98)
LShare	0.014***	0.000***	0.009**	0.010***
	(4.16)	(3.31)	(2.50)	(2.92)
MShare	0.007**	−0.000	0.005*	0.003
	(2.24)	(−0.37)	(1.85)	(1.26)
State	0.181	−0.002	0.125	0.099
	(1.33)	(−0.88)	(1.14)	(0.88)
Subsidy	8.275***	0.133**	13.453***	17.451***
	(2.61)	(2.20)	(3.55)	(4.62)
GDP	0.207***	0.002***	0.249***	0.266***
	(3.25)	(2.84)	(3.29)	(3.61)
常数项	−9.634***	0.041**	−20.822***	−20.989***
	(−5.01)	(2.04)	(−10.75)	(−11.68)
观测值	878	878	878	878
Pseudo R^2	0.173	−0.139	0.161	0.156
F	25.03	18.47	18.65	33.31

注:***、**、*、# 分别表示在1%、5%、10%和15%的水平下显著,括号内为经过异方差修正后稳健标准误对应的 t 值。

表7-15 共同股东对客户技术距离与企业创新关系调节作用检验结果（Tobit模型）

变量	LnRD	RD_Asset	Patent_all	Patent_inv
	(1)	(2)	(3)	(4)
Distance_tech	0.445***	0.007***	0.403***	0.682***
	(3.58)	(2.80)	(2.91)	(5.25)
Co_shareholder	1.854**	0.023	−0.654	−0.567
	(1.97)	(1.42)	(−0.76)	(−0.73)
Distance_tech×Co_shareholder	−0.640	0.046*	3.718**	4.409***
	(−0.48)	(1.74)	(2.32)	(2.71)
Size	0.762***	−0.002***	0.624***	0.578***
	(14.52)	(−3.31)	(12.55)	(11.67)
ROA	4.665***	0.038***	0.821	0.912
	(4.57)	(2.95)	(0.92)	(1.12)
Lev	0.282	0.008**	−0.380	−0.601**
	(1.30)	(2.17)	(−1.51)	(−2.49)
Growth	−0.153	−0.000	0.047	0.102
	(−1.07)	(−0.23)	(0.45)	(1.08)
Cashflow	−0.865**	−0.011*	−0.294	−0.277
	(−2.16)	(−1.76)	(−1.02)	(−0.95)
Capital	−0.066	−0.002***	−0.046	−0.058
	(−1.21)	(−2.76)	(−0.81)	(−1.18)
HR	0.016***	0.000***	0.006**	0.014***
	(6.09)	(6.10)	(2.11)	(5.60)
Lshare	0.009***	0.000***	0.008***	0.010***
	(2.78)	(2.60)	(2.75)	(3.33)
Mshare	0.004*	0.000	0.005**	0.003
	(1.67)	(0.93)	(2.04)	(1.27)
State	0.025	−0.002	0.027	0.044
	(0.21)	(−0.95)	(0.26)	(0.42)
Subsidy	6.386**	0.167**	9.237***	8.827***
	(2.30)	(1.97)	(3.09)	(3.14)
GDP	0.215***	0.002**	0.031	0.088
	(2.76)	(2.58)	(0.45)	(1.33)

表 7-15(续)

变量	LnRD	RD_Asset	Patent_all	Patent_inv
	(1)	(2)	(3)	(4)
常数项	−4.674***	0.023	−12.644***	−13.380***
	(−3.35)	(1.31)	(−8.95)	(−9.62)
Observations	555	555	555	555
Pseudo R^2	0.285	−0.142	0.234	0.245
F	384.9	50.11	617.1	65.54

注：***、**、*、# 分别表示在1%、5%、10%和15%的水平下显著,括号内为经过异方差修正后稳健标准误对应的 t 值。

表 7-16 共同审计机构对客户技术距离与企业创新关系调节作用检验结果(Tobit 模型)

变量	LnRD	RD_Asset	Patent_all	Patent_inv
	(1)	(2)	(3)	(4)
Distance_tech	0.346***	0.007***	0.425***	0.682***
	(2.83)	(2.72)	(2.92)	(5.02)
Co_audit	−0.480	−0.005	−0.239	−0.264
	(−1.64)	(−1.60)	(−1.27)	(−1.21)
Distance_tech×Co_audit	1.538***	0.028***	1.066***	1.550***
	(3.06)	(3.95)	(2.88)	(3.63)
Size	0.744***	−0.003***	0.606***	0.548***
	(14.25)	(−4.09)	(12.52)	(11.63)
ROA	4.739***	0.038***	0.800	0.880
	(4.60)	(2.96)	(0.87)	(1.05)
Lev	0.426*	0.010***	−0.310	−0.492**
	(1.87)	(2.93)	(−1.21)	(−2.01)
Growth	−0.163	−0.001	0.044	0.093
	(−1.14)	(−0.31)	(0.41)	(0.94)
Cashflow	−0.895**	−0.012*	−0.356	−0.375
	(−2.26)	(−1.96)	(−1.21)	(−1.28)
Capital	−0.067	−0.002***	−0.047	−0.059
	(−1.20)	(−2.82)	(−0.83)	(−1.19)

表 7-16(续)

变量	LnRD	RD_Asset	Patent_all	Patent_inv
	(1)	(2)	(3)	(4)
HR	0.017***	0.000***	0.006**	0.014***
	(6.23)	(6.30)	(2.15)	(5.63)
Lshare	0.009***	0.000***	0.009***	0.010***
	(2.79)	(2.78)	(2.96)	(3.56)
Mshare	0.003	0.000	0.004*	0.002
	(1.30)	(0.39)	(1.91)	(0.96)
State	0.049	−0.001	0.050	0.056
	(0.43)	(−0.45)	(0.48)	(0.54)
Subsidy	7.200**	0.168*	9.413***	9.074***
	(2.51)	(1.94)	(3.23)	(3.37)
GDP	0.195***	0.002**	0.022	0.077
	(2.62)	(2.29)	(0.32)	(1.15)
常数项	−4.169***	0.037**	−12.218***	−12.683***
	(−2.92)	(2.01)	(−8.67)	(−9.28)
Observations	555	555	555	555
Pseudo R^2	0.286	−0.137	0.231	0.243
F	365.1	49.28	1294	63.21

注：***、**、*、# 分别表示在 1%、5%、10% 和 15% 的水平下显著,括号内为经过异方差修正后稳健标准误对应的 t 值。

7.7 本章小结

本章主要基于社会网络理论和信息不对称理论,利用同时在沪深 A 股上市的企业和客户数据,从共同机构协同的视角理论分析和实证检验了共同股东和共同审计机构等因素在企业创新的客户关系治理中的作用,同样是对第 4 章客户关系影响企业创新研究内容的进一步拓展与深化。

研究发现,企业与客户存在共同股东持股能够抑制客户集中对企业创新的负面作用,并促进客户技术距离对企业创新的积极作用;企业与客户聘用共同审计机构,有助于缓解大客户议价在企业创新中的不利影响,并加速企业与客户交往过程中的知识溢出,进而促进企业创新。

8 研究结论、政策建议与展望

8.1 主要研究结论

本书在我国供应链安全稳定与创新发展双双上升为国家战略的时代背景下,在产品生命周期不断缩短、客户需求复杂多变的新商业环境下,基于客户议价能力理论、客户知识溢出假说、交易成本理论、信息不对称理论和社会网络理论等,从创新的需求端出发,系统研究客户关系在企业创新决策中的作用。本书主要从客户集中程度和客户技术距离两个方面研究了客户关系对企业创新的影响规律、客户关系影响企业创新的经济后果以及企业创新的客户关系治理机制等问题。本书主要研究结论包括:

① 客户集中程度影响企业创新水平。客户集中度越高,企业创新投入和产出越少,企业创新广度和深度越小。较高的企业市场地位能够缓解客户议价对企业创新的负面影响。

研究发现,相对于客户集中度较低的企业,客户集中度较高企业的研发投入金额越少,研发投入相对于总资产的比例越低,企业专利申请和授权量越少,企业发明专利申请和授权量也越少。这表明在契约不完备和投资者权利保护不完善的情况下,大客户集中的议价风险可能处于主导地位,使得大客户更有可能攫取企业创新投资的"可占用性准租",从而抑制企业创新的积极性和创新能力。

研究还发现,客户集中度与企业创新的负相关关系在不同市场地位的企业中存在差异。具体地,在企业营业收入占行业营业收入比重较高时,企业市场地位更高,此时客户的议价能力受到约束,较高客户集中度对企业创新的抑制作用不再显著,进一步说明了大客户凭借其议价能力影响企业创新的理论逻辑。

深入到企业创新过程的研究还发现,客户集中度越高,企业创新广度越小,企业创新深度也越小,这说明大客户迫使企业在创新投资方面更多关注现有大客户的需求,忽视了未来的市场需求,从而限制了企业创新广度的拓展;同时,在我国目前普遍存在的关系型交易中,企业与客户之间的关系型交易也并没有促使企业在创新投资方面特别关注现有大客户的深层次需求,反而更多选择维持现有的大客户关系,从而也限制了企业创新深度的拓展。

② 客户技术距离影响企业创新水平。企业与客户技术上越邻近,企业创新投入和产出越多,企业创新广度和深度越大。客户创新知识和企业吸收能力是知识溢出的重要影响因素,客户创新知识越丰富,企业吸收能力越强,客户技术距离对企业创新的促进作用越强。

研究发现,相对于客户技术距离较远的企业,与客户技术距离较近企业的研发投入金额越多,研发投入相对于总资产的比例越高,企业专利申请和授权量越多,企业发明专利申请和授权量也越多,这表明企业与主要客户在技术上邻近有助于双方之间加强有关新产品或新技术知识的交流,使得客户需求得到及时、准确地反馈,从而促进知识溢出,提升企业创新能力。

深入考察客户知识溢出的影响因素后发现,客户的创新知识和企业吸收能力是触发客户知识溢出的重要条件,客户创新知识越丰富,企业吸收能力越强,知识越有可能发生溢出,客户技术距离对企业创新的促进作用越强。

③ 客户集中程度影响企业的产品市场表现、财务业绩和资本市场表现。客户集中度越高,企业产品竞争力、财务绩效和资本市场表现越差;客户集中程度通过抑制企业创新损害了企业产品竞争力、财务绩效和资本市场表现。

研究发现,相对于客户集中度较低的企业,客户集中度较高企业的销售毛利率、总资产报酬率和股票超额收益率更低,说明大客户的议价能力损害了企业在产品市场的竞争力,导致企业财务业绩和资本市场表现更差。

研究还发现,创新在客户集中度与企业产品市场表现、财务业绩和资本市场表现关系中起到部分中介作用。具体地,客户集中度通过减少企业创新投入、创新产出以及创新广度和深度,损害了企业在产品市场和资本市场的表现。

④ 高铁开通影响客户集中程度和客户技术距离。高铁开通降低了企业的客户集中程度,优化了企业客户在地理上的分布,促使距离较近的企业开拓了更远的新客户,也使距离较远的企业搜寻更近的新客户;高铁开通还降低了客户技术距离,使企业与客户间技术上更加邻近。

研究发现,企业办公所在地开通高铁后,客户集中程度显著下降;进一步研究发现,企业办公所在地开通高铁后,企业客户在地理上的分布得到优化调整,一方面使得原先距离较近的企业开拓了地理距离更远的新客户,增加了客户距离;另一方面使得原先距离较远的企业搜寻地理距离更近的新客户,降低了客户距离。总之,高铁开通优化了企业客户在地理上的分布,降低了企业的客户集中程度,从而缓解客户议价能力对企业的负面影响。

另外,研究还发现,企业办公所在地高铁开通降低了客户技术距离,使企业与客户间技术上更加邻近,这有助于促进客户知识溢出。

⑤ 企业与客户地理上邻近、共同股东和共同审计机构影响客户集中度与企业创新水平的关系、客户技术距离与企业创新水平的关系。企业与客户地理上邻近、双方存在共同股东和共同审计机构,能够缓解客户集中对企业创新的抑制作用,并增强客户技术邻近对企业创新的促进作用。

研究发现,企业与客户间地理距离越邻近,双方共同股东持股比例越大或存在共同审计机构,有助于缓解信息不对称,加强双方之间信息的沟通交流,降低客户实施敲竹杠行为的机会和空间,并促进知识溢出,从而抑制客户议价对创新的负面影响,并增强客户技术邻近对企业创新的促进作用。

8.2 政策建议

上述研究表明,客户集中程度和客户技术距离等客户关系确实影响企业创新决策。根据上述研究结论,本书提出以下相关政策建议。

(1) 企业加强客户关系管理,优化客户布局,形成基于创新导向的企业客户关系管理总体策略

客户作为企业最重要的外部利益相关者之一,在企业日常生产经营活动和创新投资活动中扮演着非常重要的角色。本书的理论分析和实证结果表明,较高的客户集中度赋予客户很强的议价能力,在契约不完备和投资者权利保护不完善的情况下,客户凭借强大的议价能力可能会攫取企业创新投资的"可占用性准租",严重抑制了企业开展创新投资的积极性。不过,高铁开通、客户地理距离邻近、存在共同股东和共同审计机构有助于缓解客户强大的议价能力,因此企业可以从以下方面着手加强客户关系管理,优化客户布局,形成基于创新导向的企业客户关系管理总体策略:

① 充分利用高铁开通的机遇,积极拓展新客户,优化客户地理布局。

研究发现,企业办公所在地开通高铁有助于降低企业搜寻新客户的交易成本,促使企业开拓新客户,进而降低客户集中程度。因此,对于办公所在地开通高铁城市的企业,应该充分把握高铁开通在200~1 000公里之间中短途客运的巨大优势,缩短"时空距离",加强与外部产品市场和要素市场的信息沟通,在维

持现有客户资源的同时,积极开拓新客户,通过扩大产品市场规模,提高企业自身的市场地位,缓解企业对大客户的过度依赖,不断优化企业客户的地理布局,加速与客户、供应商的供应链整合,提高企业乃至供应链的整体竞争力,促进企业长远可持续发展。

② 加强与客户日常近距离交流,充分获取客户"软信息",加快市场需求信息反馈。

交易双方充分的信息交换是提高资源配置效率的重要前提。虽然近年来5G等移动通信技术的迅猛发展,大幅降低了信息搜集和交换的成本,但地理距离的存在仍然在相当程度上阻碍了信息尤其是软信息在交易双方之间的及时反馈,由此带来巨大的协调成本,因此,日常面对面的近距离沟通仍然是获取和感知交易对方信任、意愿等无法记录和传递"软信息"的重要方式。

研究发现,企业与客户之间地理上邻近,能够有效缓解客户议价对企业创新的不利影响,因此企业应该重视与客户日常的近距离面对面交流,通过频繁拜访客户企业,一方面加强彼此之间的信任,建立更强的关系纽带;另一方面充分感知客户对维持商业往来交易的态度,及时获取客户在产品成本、性能和质量等方面的反馈,充分促进信息尤其是那些无法通过书面方式记录和传递的"软信息"的交流反馈,尽可能减少信息损耗与失真,提高企业对产品市场的反应速度。

③ 积极构建由共同股东、连锁高管和共同审计机构等为纽带的客户关系共同体,协调双方发展目标,促进协同发展。

社会网络理论认为,社会情境下的人或交易主体会由于彼此间的关系纽带而采取相似的方式进行决策。本书研究发现,企业和客户由于彼此之间利益函数的不同,加之双方存在的信息不对称,导致客户采取敲竹杠等机会主义行为,损害企业创新的积极性,但如果企业与客户具有共同股东和共同审计机构,那么客户议价对企业创新的负面影响将会受到明显抑制。

因此,企业应该积极构建由共同股东、连锁高管和共同审计机构等为纽带的客户关系共同体,当企业和客户形成除商业往来外的其他关系纽带时,就能够发挥共同股东、连锁高管和共同审计机构等纽带的中介作用,加强双方之间信息的沟通交流,提高会计信息的可比性,降低客户实施敲竹杠行为的机会和空间,从而抑制客户议价。

(2) 企业主动将客户纳入企业创新决策体系,重视客户创新作用,促进供应链知识溢出

当前,随着移动互联网和电子商务的迅猛发展,企业的产品生命周期缩短,

客户需求也变得更加复杂与多变,这成为当前企业创新商业环境的重要特征。因此,在新的商业环境下,客户在很大程度上拥有选择供应商产品的权力,无法满足客户需求的创新活动将不能为企业带来真实的价值,企业应该主动将客户纳入企业创新决策体系,提升企业创新的效率和效果。

① 加强与客户之间的研发合作,密切双方技术联系,拓展企业创新广度和创新深度。

研究发现,企业与客户之间技术上邻近,能够促进企业研发投入,专利产出尤其是发明专利产出也更多,企业创新广度和深度也更大,表明企业可以从与技术相似客户的研发活动中获益。因此,企业应该积极加强与客户之间的研发合作,密切双方技术联系,降低双方交流的技术障碍,促进复杂信息的传递与共享,开展更多的创新活动,尤其是基于关键产品和技术的实质性创新活动;来自客户方面的知识溢出也有助于企业增加企业创新广度和创新深度,提升企业创新活动的效率和效果。

② 提升企业自主创新人员和财务资源储备,主动吸收客户创新知识,促进知识溢出。

研究发现,客户创新能力越强,企业研发人员储备越多,客户技术邻近对企业创新的促进作用越明显,这表明触发客户创新知识溢出需要客户有足够的创新能力,也需要企业有足够的创新人员和资源储备,才能在知识溢出时更好地吸收客户技术知识。因此,企业应该在深入实施自主创新战略的同时,主动提升企业自主创新人员和财务资源储备,主动吸收客户创新知识,促进客户知识溢出。

(3) 资本市场投资者充分利用企业的客户关系特征,科学优化证券投资决策

资本市场投资者在选择投资目标时往往会考虑标的企业自身的盈利、发展和风险等基本面情况,对于企业客户信息往往关注不足。本书研究发现,客户集中度越高,企业产品竞争力越弱,财务业绩表现越差,股票超额收益率越低;研究还发现,客户创新知识具有溢出效应,能够提升企业创新水平,这也为投资者评价企业创新活动提供了决策依据。

因此,投资者应该将企业客户集中度等特征纳入投资标的选择考虑的因素之中,加强对企业所在供应链整体情况的考察和分析,避免追逐市场"热点"和"概念",通过科学分析大客户议价对企业产品和财务业绩的潜在影响,分析投资标的的真实价值,从而提升投资收益。

（4）证券监管部门规范和完善上市公司供应链信息披露，创造更加有效的资本市场信息环境

中国证监会2007年颁布实施的《公开发行证券的公司信息披露内容与格式准则第2号——年度报告的内容与格式》规定，公司应当披露主要销售客户的情况，以汇总方式披露公司向前五大客户销售额占年度销售额的比例，鼓励公司分别披露前五大客户名称和销售额。实践中，《公开发行证券的公司信息披露内容与格式准则第2号——年度报告的内容与格式》规定历经2012年、2017年和2021年等多次修订，但基本内容没有发生明显变化，上市公司在信息披露的实践中，很多公司披露了前五大客户销售额占年度销售总额的比例，但仅有部分上市公司分别披露了前五大客户销售和采购的比例，即使披露的客户相关信息中，也有很多企业采用"甲、乙、丙、丁"或"第一名、第二名"等形式披露，或者披露客户名称，但名称并不完整，严重影响了投资者对公司未来发展的判断。

本书研究发现，客户集中程度、客户技术距离和客户地理距离等信息都会影响企业的创新决策及其经济后果，披露客户信息能为资本市场参与者的决策提供额外的增量信息，但目前相关信息披露并不完整。因此，证监会等证券监管部门应该更加重视供应商和客户等供应链信息的价值，进一步规范和完善上市公司客户信息披露，在不影响企业商业机密的情况下，披露更多有关客户的详细信息，构建更加有效的资本市场信息环境，从而推进资本市场高质量发展。

（5）政府和铁路规划等政策制定者从长远角度合理布局高铁建设规划，加快完善中西部地区高铁建设

自2003年秦沈客运专线通车以来，我国高铁建设迅猛发展，截止到2022年年末，我国高铁运营里程突破4.2万公里，超过世界高铁运营里程的2/3。高铁开通压缩了市场主体间的时空距离，加快了市场主体间人员和信息的流动，有力促进了地区经济的发展。本书研究发现，高铁开通有效降低了企业间的交易成本，能够促使企业开拓新客户，降低企业的客户集中程度，优化了客户布局，进而有助于提升企业创新能力。

然而，我国高铁通车网络呈现出明显的地区分布不均匀的特点，东部地区土地面积小，高铁通车里程长，单位面积高铁密度高，而中西部地区土地面积大，但高铁通车里程短，单位面积高铁密度低。因此，政府等政策制定者从长远角度合理布局高铁建设规划，充分考虑不同地区尤其是落后地区的高铁建设，可以进一步促进资源的优化配置，实现区域协同发展。

8.3 主要创新

① 与现有文献主要关注作为创新供给端企业的作用不同,本书从创新需求端出发,将客户纳入企业创新决策,考虑客户集中度、客户技术距离和客户地理距离的影响,构建客户关系影响企业创新的理论分析框架,从而拓展了企业创新驱动因素的研究视野。

国内外相关文献主要从企业拥有的内部资源、内外部创新环境和创新激励等方面探讨企业创新的影响因素(Schumpeter,1942;聂辉华等;2008;黎文靖等,2016;Yu et al.,2023),着重强调作为创新供给端——企业的作用,假定企业完全掌握创新的主动权,客户只能被动接受企业的新产品与新技术,此类研究往往忽略了作为创新的需求端——客户在企业创新过程中的作用。

本书在移动互联网和电子商务迅猛发展导致企业产品生命周期不断缩短、客户需求更加复杂与多变的现实背景下,突出客户在企业创新中的作用,将客户纳入企业创新决策,考虑客户集中度、客户技术距离和客户地理距离的影响,构建了客户关系影响企业创新的理论分析框架,从而拓展了企业创新驱动因素的研究视野。

② 基于客户议价能力和知识溢出角度实证检验客户关系影响企业创新决策的内在机理,从创新广度和创新深度等方面深入考察企业在现有客户和未来需求之间的创新资源配置,并从产品市场和资本市场等方面将研究视角向下延伸到客户关系影响企业创新的价值实现问题,深化了客户在企业行为决策中作用的相关研究。

有关客户影响企业行为决策的研究刚刚起步,主要检验客户集中对企业流动资产管理、盈余质量、股利政策、股价崩盘和公司业绩等方面的影响(Itzkowitz,2013;Ak et al.,2016;王雄元等,2017b;Ma et al.,2023),仅有的少量文献开始检验客户集中与公司研发投资之间的关系,但研究结论并不一致(Krolikowski et al.,2017;宛晴等,2017),甚至相互冲突。

本书基于客户议价能力理论和知识溢出假说等相关理论,具体探索客户集中度和客户技术距离对企业创新决策的影响规律,并从创新广度和创新深度等方面深入考察企业如何在现有客户和未来需求之间权衡和分配创新资源,从企业创新能力和企业研发资源等方面探索触发知识溢出的前提条件。研究发现,在我国关系型社会的制度背景下,企业往往将研发资源主要用于维持现有大客户的现有需求,导致企业创新广度和创新深度较小,无法基于未来市场考虑开展创新活动;同时,客户丰富的创新知识和企业充足的研发人员储备是触发客户知识溢出的重要条件,这些研究发现深化了客户在企业行为决策中作用的相关研究。

另外,现有研究在考察客户关系对企业存货管理、现金持有等行为决策的影响时往往忽略了其影响的经济后果,本书在我国企业创新质量参差不齐的基础上,将研究视角向下延伸到客户关系影响企业创新的价值实现问题,系统检验考虑客户关系的企业创新活动对企业产品竞争力、财务绩效和股票超额收益率的影响,进一步补充了客户关系影响企业创新的完整证据链,扩展了客户关系影响企业创新经济后果的相关研究。

③ 有关高铁经济学的相关研究主要分析高铁开通的宏观经济效应,部分文献开始探索高铁开通对微观企业风险投资、股价崩盘风险、投资效率、人才流动和存货管理等方面的影响,本书则从客户分布调整的角度提供了高铁开通经济后果的证据,发现高铁开通优化了客户地理分布,降低了客户集中程度,从而补充了高铁开通信息效应的相关文献。

高铁开通宏观经济效应的文献主要评估高铁开通的经济增长效应(刘冲等,2014;Ke et al.,2017),近期越来越多的文献从微观视角探索高铁开通在企业风险投资、股价崩盘风险、投资效率、人才流动和存货管理等方面的作用(龙玉等,2017;赵静等,2018;文雯等,2019),也有部分文献考察高铁开通对企业供应链利益相关者分布的影响,部分研究发现高铁开通后企业供应商和客户分布更加分散(饶品贵等,2019;刘成昆等,2023),但也有文献表明中国城际高铁开通提高了客户集中程度(陈胜蓝等,2020a;陈胜蓝等,2020b)。本书发现高铁开通优化了客户地理分布,为地理距离较近的企业开拓了更远的新客户,同时也为距离较远的企业搜寻更近的新客户提供了便利,从而协调了上述研究结论的冲突,补充了高铁开通信息效应的相关文献。

④ 立足我国关系型社会的制度背景,从构建关系契约和完善信息环境等方面探索抑制客户议价效应和促进客户知识溢出的具体治理机制,丰富了客户关系治理的相关研究。

现有文献发现少数的大客户的存在可能会利用其强势的议价能力对关系专用性投资产生的"可占用性准租"进行掠夺,并提供了其在融资成本、信用政策、盈余管理等方面不利影响的证据(Dhaliwal et al.,2016;江伟等,2021;方红星等,2016),但很少有文献探索检验客户议价效应的治理机制,也鲜有研究考察促进客户知识溢出的治理机制。本书立足我国关系型社会的制度背景，从时空距离压缩和共同机构协同等视角，研究发现高铁开通、客户地理邻近性、共同股东和共同审计机构能够缓解客户议价对企业创新的抑制作用，并增强客户技术邻近对企业创新的促进作用，丰富并拓展了客户关系治理的相关研究。

8.4 研究不足与展望

本书立足我国关系型社会的制度背景，从供应链关系视角，分别就客户关系对企业创新的影响机理、经济后果及治理机制展开系统研究。关于本书的议题，已受到越来越多的国内外学者和国家政府部门的关注。尽管在研究的过程中我们力求做到论点明确、论据充分、方法科学，并取得了有价值的研究成果，但受时间和数据限制，还存在一些问题有待进一步研究：

（1）不断完善刻画客户关系特征的客户关系体系

限于数据的可获得性，现有研究主要从客户集中度反映企业与客户之间的关系，虽然本书进一步拓展到企业与客户之间的地理距离和技术距离等方面，但企业与客户之间所有权并购、企业与客户之间高管是否存在校友和同乡等社会关联、企业高管是否具有供应链相关企业管理经验、企业与客户之间专利权转移等客户关系特征仍然受到上市公司信息披露的限制而不能全面准确地予以反映和刻画，导致客户关系对企业创新影响的研究结论可能有失偏颇。未来研究可以采取实地调研等形式捕捉反映客户关系特征的重要变量，并结合Python爬虫技术进一步提高相关变量数据收集的效率和效果。

（2）不断充实供应链企业间关系经济后果的研究

尽管本书从企业创新的角度探索了供应链企业间关系创新的经济后果，但无疑企业经营受到供应链上下游企业的深远影响，供应链安全稳定和自主可控也已经成为我国重要的国家战略，未来相关研究可以从企业现金、存货等日常运营方面深入探索供应链企业间关系如何影响供应链中各个环节的资源配置效率，从分析师、审计师等资本市场第三方主体角度出发探索供应链信息溢出效应也是未来值得深入研究的方向之一。

（3）结合典型企业案例进行案例研究

本书在研究过程中主要采用大样本实证研究的方法，并未单独考虑单个企业的特殊性。未来可进一步细化到某一典型的供应链企业,如汽车零部件或工程机械零部件生产企业与主要汽车生产厂商,深入考察供应链上下游企业之间的关系及其对创新的影响过程,进而提炼出更契合中国转型经济制度背景的供应链关系与企业决策分析框架,并提出更有针对性的供应链管理政策建议。

参 考 文 献

安素霞,赵德志,2020.CEO签名特征与企业创新投入:基于管理者自恋视角[J].外国经济与管理,42(9):121-135.

白明,李国璋,2006.市场竞争与创新:熊彼特假说及其实证检验[J].中国软科学(11):15-21.

白茜,韦庆芳,蒲雨琦,等,2023.产业政策、供应链溢出与下游企业创新[J].南方经济(10):70-93.

鲍宗客,2017.知识产权保护、创新政策与中国研发企业生存风险:一个事件史分析法[J].财贸经济,38(5):147-160.

毕金玲,李嘉,许淮琛,2018.大客户会影响公司的资本成本吗?:来自中国制造业上市公司的经验证据[J].财经问题研究(1):91-98.

毕晓方,翟淑萍,姜宝强,2017.政府补贴、财务冗余对高新技术企业双元创新的影响[J].会计研究(1):46-52.

才国伟,谢佳松,2020.儒家文化传统与当代企业创新[J].山东大学学报(哲学社会科学版)(6):38-48.

曹越,孙丽,醋卫华,2018.客户集中度、内部控制质量与公司税收规避[J].审计研究(1):120-128.

岑杰,陈力田,2019.二元创新节奏、内部协同与企业绩效[J].管理评论,31(1):101-112.

陈奉先,光云霞,2023.关键核心技术能带来更高的企业全要素生产率吗:基于语义文本和PSM-DID的实证考察[J].会计与经济研究(4):134-155.

陈峻,王雄元,彭旋,2015.环境不确定性、客户集中度与权益资本成本[J].会计研究(11):76-82.

陈胜蓝,刘晓玲,2020.中国城际高铁与公司客户集中度:基于准自然实验的证据[J].南开经济研究(3):41-60.

陈胜蓝,刘晓玲,2021.中国城际高铁与银行贷款成本:基于客户集中度风险的视角[J].经济学(季刊),20(1):173-192.

陈晓,王琨,2005.关联交易、公司治理与国有股改革:来自我国资本市场的实证证据[J]. 经济研究,40(4):77-86.

陈修德,彭玉莲,卢春源,2011. 中国上市公司技术创新与企业价值关系的实证研究[J]. 科学学研究,29(1):138-146.

程敏英,郑诗佳,刘骏,2019. 供应商/客户集中度与企业盈余持续性:保险抑或风险[J]. 审计与经济研究,34(4):75-86.

程小可,宛晴,高升好,2020. 大客户地理邻近性与企业技术创新[J]. 管理科学,33(6):70-84.

程小可,宛晴,李昊洋,2019. 大客户地理邻近性对供应商企业会计稳健性的影响研究[J]. 审计与经济研究,34(5):65-74.

程新生,李倩,2020. 客户集中是否影响企业创新?:行业前向关联的视角[J]. 经济管理,42(12):42-58.

池睿,张剑渝,樊志文,等,2022. 合作创新如何更有效?:基于专用性投资与战略信息共享的视角[J]. 财经理论与实践,43(3):59-67.

褚剑,方军雄,2016. 客户集中度与股价崩盘风险:火上浇油还是扬汤止沸[J]. 经济理论与经济管理(7):44-57.

代彬,彭程,刘星,2016. 关系型交易、控制权配置与公司税收规避[J]. 中央财经大学学报(6):59-70.

单春霞,仲伟周,张林鑫,2017. 中小板上市公司技术创新对企业绩效影响的实证研究:以企业成长性、员工受教育程度为调节变量[J]. 经济问题(10):66-73.

邓昱雯,2020. 客户关系与融资约束对公司现金持有影响的实证研究:基于中国A股制造业上市公司[J]. 投资研究,39(6):144-160.

底璐璐,罗勇根,江伟,等,2020. 客户年报语调具有供应链传染效应吗?:企业现金持有的视角[J]. 管理世界,36(8):148-163.

董艳梅,朱英明,2016. 高铁建设能否重塑中国的经济空间布局:基于就业、工资和经济增长的区域异质性视角[J]. 中国工业经济(10):92-108.

窦超,陈晓,李馨子,2020. 政府背景客户、市场认知与投资机会:基于供应链整合视角[J]. 管理评论,32(8):13-28.

窦超,袁满,陈晓,2020. 政府背景大客户与审计费用:基于供应链风险传递视角[J]. 会计研究(3):164-178.

杜勇,胡红燕,2022. 机构共同持股与企业财务重述[J]. 证券市场导报(2):67-79.

方红星,严苏艳,2020.客户集中度与企业创新[J].科研管理,41(5):182-190.

方红星,张勇,2016.供应商/客户关系型交易、盈余管理与审计师决策[J].会计研究(1):79-86.

冯兵,徐阳,张庆,2023.高管团队社会资本、风险承担能力与中小企业创新意愿[J].科技进步与对策,40(21):88-98.

冯根福,温军,2008.中国上市公司治理与企业技术创新关系的实证分析[J].中国工业经济(7):91-101.

宫蕾,石宇,陈劲,2020.上市如何影响中国公司的创新结构[J].金融学季刊(2):85-111.

顾国达,王蕾,李建琴,2022.外部需求与多产品出口企业创新:机理与事实[J].国际贸易问题(1):1-19.

顾海峰,卞雨晨,2020.董事会资本、风险承担与企业创新投入[J].西安交通大学学报(社会科学版),40(6):13-21.

顾晓安,王晓军,李文卿,2021.供应链集中度、产权差异与盈余透明度[J].技术经济,40(1):107-117.

关健,邓芳,陈明淑,等,2022.创始人人力资本与高技术新创企业创新:一个有调节的中介模型[J].管理评论,34(6):90-102.

郭嘉仪,张庆霖,2012.省际知识溢出与区域创新活动的空间集聚:基于空间面板计量方法的分析[J].研究与发展管理,24(6):1-11.

郭金忠,李墨馨,2023.高管母校科研成果转化能力、校友网络与企业创新影响研究[J].科技进步与对策,40(19):140-150.

郭蕾,肖淑芳,李雪婧,等,2019.非高管员工股权激励与创新产出:基于中国上市高科技企业的经验证据[J].会计研究(7):59-67.

郭玉晶,朱雅玲,张映芹,2020.股权结构与上市公司技术创新效率研究:基于三阶段DEA与Tobit模型[J].技术经济,39(7):128-139.

郭玥,2018.政府创新补助的信号传递机制与企业创新[J].中国工业经济(9):98-116.

韩先锋,董明放,2017.技术创新投入对企业价值影响的异质门槛效应[J].科技进步与对策,34(22):93-99.

郝项超,梁琪,李政,2018.融资融券与企业创新:基于数量与质量视角的分析[J].经济研究,53(6):127-141.

郝项超,梁琪,2022.非高管股权激励与企业创新:公平理论视角[J].金融研究

(3):171-188.

何玉润,林慧婷,王茂林,2015.产品市场竞争、高管激励与企业创新:基于中国上市公司的经验证据[J].财贸经济(2):125-135.

胡凯,蔡红英,吴清,2013.中国的政府采购促进了技术创新吗?[J].财经研究(9):134-144.

胡珊珊,安同良,2008.中国制药业上市公司专利绩效分析[J].科技管理研究(2):194-196.

胡志颖,童梦露,刘桐桐,2022.与客户共享审计师会影响供应商的关系专用性投资吗?[J].管理评论(2):291-302.

胡宗良,2007.企业创新的本质是价值创造[J].经济纵横(1):68-70.

黄珺,韩菲菲,段志鑫,2022.大客户地理邻近性是否抑制了公司股价崩盘风险?[J].经济与管理评论(1):116-129.

吉利,陶存杰,2019.供应链合作伙伴可以提高企业创新业绩吗:基于供应商、客户集中度的分析[J].中南财经政法大学学报(1):38-46,65,159.

贾军,魏雅青,2020.公司治理机制对客户集中度与企业创新关系调节作用研究[J].软科学(7):130-135.

江伟,底璐璐,胡玉明,2019.改进型创新抑或突破型创新:基于客户集中度的视角[J].金融研究(7):155-173.

江伟,底璐璐,刘诚达,2021.商业信用与合作型客户关系的构建:基于提供给大客户应收账款的经验证据[J].金融研究(3):151-169.

江伟,底璐璐,彭晨,2017.客户集中度影响银行长期贷款吗:来自中国上市公司的经验证据[J].南开管理评论(2):71-80.

姜英兵,于雅萍,2017.谁是更直接的创新者?:核心员工股权激励与企业创新[J].经济管理(3):109-127.

解维敏,唐清泉,陆姗姗,2009.政府R&D资助,企业R&D支出与自主创新:来自中国上市公司的经验证据[J].金融研究(6):86-99.

况学文,李泽宇,邹丽芳,2021.客户议价能力对供应商会计稳健性影响机制研究[J].江西社会科学(8):202-215.

况学文,林鹤,陈志锋,2019.企业"恩威并施"对待其客户吗:基于财务杠杆策略性使用的经验证据[J].南开管理评论(4):44-55.

赖德胜,纪雯雯,2015.人力资本配置与创新[J].经济学动态(3):22-30.

郎香香,尤丹丹,2021.管理者从军经历与企业研发投入[J].科研管理(6):

166-175.

雷新途,李世辉,2012.资产专用性、声誉与企业财务契约自我履行:一项实验研究[J].会计研究(9):59-66.

黎文靖,彭远怀,谭有超,2021.知识产权司法保护与企业创新:兼论中国企业创新结构的变迁[J].经济研究,56(5):144-161.

黎文靖,郑曼妮,2016.实质性创新还是策略性创新?:宏观产业政策对微观企业创新的影响[J].经济研究(4):60-73.

李柏洲,苏屹,2010.发明专利与大型企业利润的相关性研究[J].科学学与科学技术管理,31(1):123-127.

李春涛,宋敏,2010.中国制造业企业的创新活动:所有制和CEO激励的作用[J].经济研究(5):55-67.

李丹丹,张荣刚,2023.国家审计、研发资助与企业创新[J].审计研究(4):55-66.

李丹蒙,万华林,2017.股权激励契约特征与企业创新[J].经济管理(10):156-172.

李后建,刘培森,2018.人力资本结构多样性对企业创新的影响研究[J].科学学研究(9):1694-1707.

李欢,李丹,王丹,2018.客户效应与上市公司债务融资能力:来自我国供应链客户关系的证据[J].金融研究(6):138-154.

李健,黄晗,彭迪,2023.创投网络对科创企业创新绩效的影响:基于二阶社会资本的视角[J].研究与发展管理(4):80-93.

李江雁,何文龙,王铁民,2016.企业创新能力对企业价值的影响:基于中国移动互联网上市公司的实证研究[J].经济与管理研究,37(4):109-118.

李俊,夏恩君,闫宽,等,2021.区域文化与企业技术创新:基于GLOBE文化模型的实证研究[J].北京理工大学学报(社会科学版)(6):58-71.

李诗,洪涛,吴超鹏,2012.上市公司专利对公司价值的影响:基于知识产权保护视角[J].南开管理评论(6):4-13.

李双琦,江唐洋,朱沙,等,2022.管理者过度自信、企业投资和股票收益[J].金融经济学研究(4):96-111.

李维安,李浩波,李慧聪,2016.创新激励还是税盾?:高新技术企业税收优惠研究[J].科研管理(11):61-70.

李文鹣,谢刚,2006.中国电子及设备制造公司的专利活动、战略与绩效贡献[J].科学学与科学技术管理(4):155-158.

李雅婷,李自杰,张般若,2022.信息不对称与供应商关系型交易:基于高铁开通的准自然实验[J].云南财经大学学报(8):82-99.

李艳平,2017.企业地位、供应链关系型交易与商业信用融资[J].财经论丛(4):47-54.

李哲,黄静,孙健,2021.突破式创新对分析师行为的影响:基于上市公司专利分类和引证数据的证据[J].经济管理(5):192-208.

林季红,2002.日本分包制的经济学分析[J].世界经济(7):41-48.

林志帆,杜金岷,龙晓旋,2021.股票流动性与中国企业创新策略:流水不腐还是洪水猛兽? [J].金融研究(3):188-206.

林志帆,龙晓旋,2019.卖空威胁能否激励中国企业创新[J].世界经济(9):126-150.

林钟高,林夜,2016.地区金融发展、关系型交易与IPO首日超额收益:基于A股招股说明书供应商/客户关系的经验证据[J].财务研究(3):9-22.

林钟高,郑军,彭琳,2014.关系型交易、盈余管理与盈余反应:基于主要供应商和客户视角的经验证据[J].审计与经济研究(2):47-57.

林洲钰,林汉川,2012.中国制造业企业的技术创新活动:社会资本的作用[J].数量经济技术经济研究(10):37-51.

刘成昆,王健臣,王雨飞,2023.高铁开通与企业客户空间分布:基于上市公司与异地客户分布范围的视角[J].经济与管理评论(2):22-33.

刘冲,周黎安,2014.高速公路建设与区域经济发展:来自中国县级水平的证据[J].经济科学(2):55-67.

刘端,王竹青,2017.不同市场竞争条件下客户关系集中度对企业现金持有的影响:基于中国制造业上市公司的实证[J].管理评论(4):181-195.

刘端,朱颖,王竹青,等,2018.客户关系集中度对企业财务绩效的影响:基于三大有形资源效率的中介效应[J].系统管理学报(6):1044-1053.

刘凤朝,默佳鑫,马荣康,2017.高管团队海外背景对企业创新绩效的影响研究[J].管理评论(7):135-147.

刘剑雄,2008.企业家人力资本与中国私营企业制度选择和创新[J].经济研究(6):107-118.

刘锦,叶云龙,李晓楠,2018.地区关系文化与企业创新:来自中国内地120个城市的证据[J].科技进步与对策(7):43-50.

刘静,李晓艳,闫华红,2021.客户地理距离对企业创新投入与创新产出影响研究[J].中央财经大学学报(5):118-128.

刘圻,罗忠莲,2018.客户关系投资、产品市场竞争与审计师定价决策[J].山西财经大学学报(3):110-124.

刘诗源,林志帆,冷志鹏,2020.税收激励提高企业创新水平了吗?:基于企业生命周期理论的检验[J].经济研究(6):105-121.

刘鑫,王洁,2023.首席执行官超额薪酬对企业创新的影响:一个双元动机整合理论模型[J/OL].科技进步与对策,http://kns.cnki.net/kcms/detail/42.1224.G3.20230505.1033.002.html.

刘运国,刘雯,2007.我国上市公司的高管任期与R&D支出[J].管理世界(1):128-136.

刘政,2017.规模化需求、二元内需结构与中国企业技术创新:基于企业本土市场销售份额的需求利用视角[J].云南财经大学学报(3):32-44.

龙小宁,张靖,2021.IPO与专利管理:基于中国企业的实证研究[J].经济研究(8):127-142.

龙玉,赵海龙,张新德,等,2017.时空压缩下的风险投资:高铁通车与风险投资区域变化[J].经济研究(4):195-208.

鲁桐,党印,2014.公司治理与技术创新:分行业比较[J].经济研究(6):115-128.

鲁钊阳,杜雨潼,2023.税收优惠对新能源企业创新绩效的影响研究:以沪深A股新能源上市企业为例[J/OL].经济学报.https://doi.org/10.16513/j.cnki.cje.20230221.002.

陆军,2016.高铁时代的中国区域发展研究[J].人民论坛·学术前沿(2):21-30.

罗进辉,黄泽悦,朱军,2017.独立董事地理距离对公司代理成本的影响[J].中国工业经济(8):100-119.

罗小芳,李柏洲,2013.市场新产品需求对大型企业原始创新的拉动机制:基于国内市场与国外市场比较的实证研究[J].科技进步与对策(4):73-76.

马黎珺,张敏,伊志宏,2016.供应商—客户关系会影响企业的商业信用吗:基于中国上市公司的实证检验[J].经济理论与经济管理(2):98-112.

毛新述,从阙匀,张晨宇,等,2023.国企高管薪酬职务倒挂影响企业创新吗?[J/OL].南开管理评论,http://kns.cnki.net/kcms/detail/12.1288.F.20230216.0955.002.html.

孟清扬,2017.卖空压力对国有企业创新产出的影响[J].技术经济(9):58-67.

孟庆斌,师倩,2017.宏观经济政策不确定性对企业研发的影响:理论与经验研究[J]. 世界经济(9):75-98.

孟庆玺,白俊,施文,2018. 客户集中度与企业技术创新:助力抑或阻碍:基于客户个体特征的研究[J]. 南开管理评论,21(4):62-73.

孟庆玺,尹兴强,白俊,2016. 产业政策扶持激励了企业创新吗?:基于"五年规划"变更的自然实验[J]. 南方经济(12):1-25.

慕庆宇,王凤荣,王康仕,2019. 中小银行发展如何影响民营企业创新?:基于异质性融资约束的机制分析[J]. 山东社会科学(4):127-133.

聂辉华,谭松涛,王宇锋,2008. 创新、企业规模和市场竞争:基于中国企业层面的面板数据分析[J]. 世界经济(7):57-66.

潘敏,袁歌骋,2019. 金融中介创新对企业技术创新的影响[J]. 中国工业经济(6):117-135.

潘清泉,鲁晓玮,2017. 创业企业创新投入、高管过度自信对企业绩效的影响[J]. 科技进步与对策(1):98-103.

潘越,肖金利,戴亦一,2017. 文化多样性与企业创新:基于方言视角的研究[J]. 金融研究(10):146-161.

彭旋,王雄元,2016. 客户信息披露降低了企业股价崩盘风险吗[J]. 山西财经大学学报(5):69-79.

千慧雄,安同良,2022. 中国金融深化对企业技术创新的影响机制研究[J]. 南京社会科学(7):50-60.

钱雪松,金芳吉,杜立,2017. 地理距离影响企业内部资本市场的贷款价格吗?:来自企业集团内部借贷交易的证据[J]. 经济学动态(6):73-86.

权小锋,尹洪英,2017. 中国式卖空机制与公司创新:基于融资融券分步扩容的自然实验[J]. 管理世界(1):128-144.

饶品贵,王得力,李晓溪,2019. 高铁开通与供应商分布决策[J]. 中国工业经济(10):137-154.

邵颖红,周恺伦,程与豪,2024. 政府补助激励"卡脖子"技术企业创新中内循环能否提供助力:以半导体及芯片行业为例[J]. 科技进步与对策,41(3):84-92.

沈红波,刘智博,洪康隆,2021. 债券信用评级能否反映大客户风险?[J]. 财务研究(6):35-47.

盛明泉,吴少敏,张娅楠,2020. 探索式创新与企业全要素生产率[J]. 产业经济研究(1):28-41.

石芯瑜,张先治,2021. 大客户是资源还是风险:基于IPO定价场景的检验[J].

山西财经大学学报(8):112-126.

史烽,高阳,陈石斌,等,2016.技术距离、地理距离对大学-企业协同创新的影响研究[J].管理学报(11):1665-1673.

史金艳,秦基超,2018.融资约束、客户关系与公司现金持有[J].系统管理学报(5):844-853.

史金艳,杨健亨,陈婷婷,等,2018.客户集中度影响现金股利的机制:信号传递、代理冲突还是融资约束?[J].投资研究(10):74-89.

宋希亮,吴紫祺,2020.关系型交易对审计费用的影响:基于经营风险理论视角[J].审计研究(2):114-123.

苏敬勤,1999.产学研合作创新的交易成本及内外部化条件[J].科研管理(5):68-72.

苏玉珠,张朋丽,2019.创新投入与企业价值的关系研究:基于中国医药制造业上市公司的实证检验[J].西安财经学院学报(4):60-67.

孙慧,张娇,2018.管理者过度自信、政治关联与企业创新绩效:创新投入的中介效应研究[J].华东经济管理(6):124-132.

孙兰兰,翟士运,2019.客户关系影响企业营运资金融资决策吗:基于资金周转中介效应的实证分析[J].财经论丛(8):63-72.

孙晓华,王昀,2014.R&D投资与企业生产率:基于中国工业企业微观数据的PSM分析[J].科研管理(11):92-99.

谭小芬,钱佳琪,2020.资本市场压力与企业策略性专利行为:卖空机制的视角[J].中国工业经济(5):156-173.

唐斯圆,李丹,2019.上市公司供应链地理距离与审计费用[J].审计研究(1):72-80.

唐跃军,2009.供应商、经销商议价能力与公司业绩:来自2005—2007年中国制造业上市公司的经验证据[J].中国工业经济(10):67-76.

滕飞,夏雪,辛宇,2020.客户关系与定向增发经营绩效表现[J].南开管理评论(3):212-224.

田高良,田皓文,吴璇,等,2019.经营业务竞争与股票收益:基于财务报告文本附注的分析[J].会计研究(10):78-84.

田珺,冉忠明,2020.专利法修改与企业创新:来自上市公司的实证研究[J].科技进步与对策(6):137-146.

田利辉,王可第,2019.山高皇帝远:地理距离与上市公司股价崩盘风险的经验证据[J]. 南方经济(11):34-52.

田轩,孟清扬,2018. 股权激励计划能促进企业创新吗[J]. 南开管理评论,21(3):176-190.

宛晴,程小可,武传德,2017. 客户集中与企业技术创新:来自我国A股上市公司的实证分析[J]. 科学决策(10):22-48.

宛晴,程小可,杨鸣京,等,2019. 大客户地理邻近性能够抑制公司违规吗?[J]. 中国软科学(8):100-119.

万佳彧,周勤,肖义,2020. 数字金融、融资约束与企业创新[J]. 经济评论(1):71-83.

汪涛,秦红,2006. 专用性投资对机会主义的影响:以汽车行业4S专营店为例[J]. 管理科学,19(2):22-32.

王春燕,张玉明,朱磊,2018. 卖空真的会促进企业的创新投资吗?:基于双重差分模型的检验[J]. 证券市场导报(5):52-61.

王迪,刘祖基,赵泽明,2016. 供应链关系与银行借款:基于供应商/客户集中度的分析[J]. 会计研究(10):42-49.

王海成,吕铁,2016. 知识产权司法保护与企业创新:基于广东省知识产权案件"三审合一"的准自然试验[J]. 管理世界(10):118-133.

王立威,周鹏,2017. 卖空对企业创新产出影响的实证检验[J]. 统计与决策(9):163-167.

王青峰,谢娟娟,张陈宇,2021. 外部需求冲击、技术创新与产品组合竞争力:基于多产品企业出口的理论和实证研究[J]. 南开经济研究(4):42-62.

王山慧,王宗军,田原,2013. 管理者过度自信与企业技术创新投入关系研究[J]. 科研管理,34(5):1-9.

王淑敏,王涛,2017. 积累社会资本何时能提升企业自主创新能力:一项追踪研究[J]. 南开管理评论,20(5):131-143.

王同律,2004. 技术创新与企业价值增长[J]. 中南财经政法大学学报(2):126-131.

王文娜,胡贝贝,刘戒骄,2020. 外部审计能促进企业技术创新吗?:来自中国企业的经验证据[J]. 审计与经济研究,35(3):34-44.

王夏洁,刘红丽,2007. 基于社会网络理论的知识链分析[J]. 情报杂志(2):18-21.

王新光,盛宇华,2023. 共同机构投资者与管理者短视[J/OL]. 软科学,http://

kns. cnki. net/kcms/detail/51.1268. G3.20230407.1641.006. html.

王雄元,高开娟,2017a. 客户关系与企业成本粘性:敲竹杠还是合作[J]. 南开管理评论,20(1):132-142.

王雄元,高开娟,2017b. 客户集中度与公司债二级市场信用利差[J]. 金融研究(1):130-144.

王雄元,高开娟,2017c. 如虎添翼抑或燕巢危幕:承销商、大客户与公司债发行定价[J]. 管理世界(9):42-59+187-188.

王雄元,刘芳,2014. 客户议价能力与供应商会计稳健性[J]. 中国会计评论,12(3):389-404.

王雄元,王鹏,张金萍,2014. 客户集中度与审计费用:客户风险抑或供应链整合[J]. 审计研究(6):72-82.

王永钦,2006. 市场互联性、关系型合约与经济转型[J]. 经济研究,41(6):79-91.

王宇,赵宇亮,张东源,2022. 客户集中度对企业避税的影响机制研究:来自中国上市公司的实证分析[J]. 中国软科学(7):118-128.

王征,刘文娟,2019. 客户集中度、市场环境与存货管理效率[J]. 北京工商大学学报(社会科学版),34(6):51-63.

魏卉,郑伟,2019. 企业竞争地位、供应链集中度与权益资本成本[J]. 商业研究(2):109-118.

文雯,黄雨婷,宋建波,2019. 交通基础设施建设改善了企业投资效率吗?:基于中国高铁开通的准自然实验[J]. 中南财经政法大学学报(2):42-52.

温忠麟,叶宝娟,2014. 中介效应分析:方法和模型发展[J]. 心理科学进展(5):731-745.

吴爱华,苏敬勤,2012. 人力资本专用性、创新能力与新产品开发绩效:基于技术创新类型的实证分析[J]. 科学学研究,30(6):950-960.

吴超鹏,唐菂,2016. 知识产权保护执法力度、技术创新与企业绩效:来自中国上市公司的证据[J]. 经济研究,51(11):125-139.

吴德胜,李维安,2009. 集体声誉、可置信承诺与契约执行:以网上拍卖中的卖家商盟为例[J]. 经济研究,44(6):142-154.

吴浩强,胡苏敏,2023. 数字化转型、技术创新与企业高质量发展[J]. 中南财经政法大学学报(1):136-145.

吴淑娥,黄振雷,仲伟周,2013. 人力资本一定会促进创新吗:基于不同人力资本类型的经验证据[J]. 山西财经大学学报,35(9):22-30.

吴益兵,廖义刚,林波,2018.社会网络关系与公司审计行为:基于社会网络理论的研究[J].厦门大学学报(哲学社会科学版)(5):65-72.

吴祖光,万迪昉,康华,2017.客户集中度、企业规模与研发投入强度:来自创业板上市公司的经验证据[J].研究与发展管理,29(5):43-53.

武威,刘玉廷,2020.政府采购与企业创新:保护效应和溢出效应[J].财经研究(5):17-36.

夏晗,2022.高管经历跨界、管理者激励与企业创新[J].科研管理,43(2):193-201.

夏清华,何丹,2020.政府研发补贴促进企业创新了吗:信号理论视角的解释[J].科技进步与对策(1):92-101.

向元高,罗进辉,2023.共同股东与公司治理趋同[J].系统工程理论与实践,43(6):1568-1596.

肖鹏,黎一璇,2011.所得税税收减免与企业研发支出关系的协整分析:基于全国54个国家级高新区的实证研究[J].中央财经大学学报(8):13-17.

肖作平,刘辰嫣,2017.上下游企业议价能力、产品独特性与企业商业信用:来自中国制造业上市公司的经验证据[J].证券市场导报(9):33-41.

谢文刚,2017.创新投入、股权结构与企业价值[J].财会通讯(4):93-97.

徐斌,2019.技术创新、生命周期与企业财务绩效[J].江海学刊(2):109-114.

徐晨阳,王满,2017.客户集中度改变了公司债务期限结构选择吗:基于供应链风险溢出效应的研究[J].山西财经大学学报,39(11):111-124.

徐淳厚,闫伟东,温丹,2006.我国零—供商积怨关系的探讨与解决之道[J].北京工商大学学报(社会科学版),21(5):11-16.

徐凤敏,马杰傲,景奎,2023.ESG观点与股票市场定价:来自AI语言模型和新闻文本的证据[J].当代经济科学,45(6):29-43.

徐虹,李亭,林钟高,2014.关系投资、内部控制与企业财务杠杆水平:基于关系契约与规则契约理论的经验证据[J].中南财经政法大学学报(3):106-114.

徐虹,林钟高,芮晨,2016.客户关系与企业研发投资决策[J].财经论丛(1):47-56.

徐细雄,李万利,2019.儒家传统与企业创新:文化的力量[J].金融研究(9):112-130.

徐晓萍,张顺晨,许庆,2017.市场竞争下国有企业与民营企业的创新性差异研究[J].财贸经济,38(2):141-155.

徐欣,唐清泉,2010.R&D活动、创新专利对企业价值的影响:来自中国上市公司的研究[J].研究与发展管理,22(4):20-29.

许治,陈郑逸帆,朱明晶,2020.企业持续创新必然促进业绩增长:基于环境动荡性调节效应的分析[J].科学学与科学技术管理,41(12):3-19.

薛爽,耀友福,王雪方,2018.供应链集中度与审计意见购买[J].会计研究(8):57-64.

闫红蕾,张自力,赵胜民,2020.资本市场发展对企业创新的影响:基于上市公司股票流动性视角[J].管理评论,32(3):21-36.

严子淳,薛有志,2015.董事会社会资本、公司领导权结构对企业R&D投入程度的影响研究[J].管理学报,12(4):509-516.

阳镇,陈劲,凌鸿程,2021.地区关系文化、正式制度与企业双元创新[J].西安交通大学学报(社会科学版),41(5):52-64.

杨冬梅,万道侠,郭俊艳,2021.企业科技研发投入与企业绩效:兼论政府创新政策的调节效应[J].山东社会科学(5):129-135.

杨金玉,叶绮文,葛震霆,2023.取决于网络方向?科技人员流动网络如何影响企业创新[J].系统工程理论与实践,43(10):2863-2886.

杨清香,姚静怡,张晋,2015.与客户共享审计师能降低公司的财务重述吗?:来自中国上市公司的经验证据[J].会计研究(6):72-79.

杨蓉,刘婷婷,高凯,2018.产业政策扶持、企业融资与制造业企业创新投资[J].山西财经大学学报,40(11):41-51.

杨晓兰,沈翰彬,祝宇,2016.本地偏好、投资者情绪与股票收益率:来自网络论坛的经验证据[J].金融研究(12):143-158.

杨晓娜,彭灿,杨红,2018.开放式创新对企业双元创新能力的影响:外部社会资本的调节作用[J].科技进步与对策,35(13):86-92.

叶静怡,林佳,2016.创新与企业全要素生产率:来自中国制造业企业的证据[J].学习与探索(5):105-111,160.

尹志锋,叶静怡,黄阳华,等,2013.知识产权保护与企业创新:传导机制及其检验[J].世界经济,36(12):111-129.

于茂荐,孙元欣,2020.基于关系契约的专用性投资治理模式选择博弈分析[J].运筹与管理,29(11):45-52.

于茂荐,2014.纵向一体化对专用性投资的治理效果存在产业差异吗?[J].浙江工商大学学报(4):82-89.

余海晴,俞兆渊,赵树宽,2020.关系专用性投资的机会主义效应与治理机制研究:一个独立和互补的调节模型[J].研究与发展管理,32(1):13-24.

余海晴,俞兆渊,2019.关系专用性投资、机会主义效应与治理机制:基于生命周期视角的适用性研究[J].经济管理,41(5):38-54.

余明桂,范蕊,钟慧洁,2016.中国产业政策与企业技术创新[J].中国工业经济(12):5-22.

俞路,张昕昀,2023.中国高铁站和城际铁路站的空间溢出效应及异质性研究:基于夜间灯光数据的实证分析[J/OL].世界地理研究.http://kns.cnki.net/kcms/detail/31.1626.P.20230807.1138.002.html.

虞义华,赵奇锋,鞠晓生,2018.发明家高管与企业创新[J].中国工业经济(3):136-154.

袁淳,肖土盛,耿春晓,等,2021.数字化转型与企业分工:专业化还是纵向一体化[J].中国工业经济(9):137-155.

苑泽明,严鸿雁,吕素敏,2010.中国高新技术企业专利权对未来经营绩效影响的实证研究[J].科学学与科学技术管理,31(6):166-170.

岳宇君,马艺璇,张磊雷,2022.政府补贴、技术创新与高新技术企业高质量发展[J].南京财经大学学报(2):46-54.

张成偕,杨沂,罗正英,2020.企业客户关系与银行信贷融资[J].金融评论,12(4):29-45.

张广玲,王鹏,胡琴芳,2022.供应链企业间地理距离与组织距离对合作创新绩效的影响[J].科技进步与对策(9):75-82.

张红,孙宇,蓝海林,2011.新创企业高速成长中竞争优势来源研究:以TCL国际电工为例[J].管理学报,8(1):6-11.

张建顺,解洪涛,2022.财政补贴分配方式变革能促进企业创新吗[J].科研管理,43(10):61-70.

张劲帆,李汉涯,何晖,2017.企业上市与企业创新:基于中国企业专利申请的研究[J].金融研究(5):160-175.

张晶,陈志龙,2023.城市知识产权治理与企业创新[J].统计研究,40(8):110-121.

张亮亮,黄国良,2019.客户集中、内部控制与企业债务保守:基于隐性契约视角的分析[J].商业研究(10):103-112.

张亮亮,李强,2019.高铁开通与企业存货管理效率:基于供应链协调成本的视角[J].中南财经政法大学学报(6):82-93.

张敏,马黎珺,张胜,2012.供应商-客户关系与审计师选择[J].会计研究(12):81-86.

张楠,徐良果,戴泽伟,等,2019.产品市场竞争、知识产权保护与企业创新投入[J].财经科学(11):54-66.

张少峰,徐梦苏,朱悦,等,2023.技术创新、组织韧性与制造企业高质量发展[J].科技进步与对策(13):81-92.

张新民,王珏,祝继高,2012.市场地位、商业信用与企业经营性融资[J].会计研究(8):58-65.

张新民,张婷婷,2017.文化对企业创新效率的影响:基于区域文化的视角[J].学术交流(5):138-142.

张鑫宇,张明志,2022.要素错配、自主创新与制造业高质量发展[J].科学学研究(6):1117-1127.

张璇,束世宇,2022.儒家文化、外来文化冲击与企业创新[J].科研管理,43(9):194-200.

张永安,关永娟,2021.市场需求、创新政策组合与企业创新绩效:企业生命周期视角[J].科技进步与对策,38(1)87-94.

张勇,2017.供应链关系型交易会诱发企业分类转移盈余管理行为吗[J].证券市场导报(7):43-51.

张志宏,陈峻,2015.客户集中度对企业现金持有水平的影响:基于A股制造业上市公司的实证分析[J].财贸研究,26(5):148-156.

赵璨,曹伟,叶子菱,2019.客户关系、市场势力与企业创新产出[J].广东财经大学学报,34(5):22-37.

赵昌文,卢中伟,杜江,2023.专利能提升企业价值吗?:基于中国创业板的数据分析[J].经济体制改革(1):108-116.

赵静,黄敬昌,刘峰,2018.高铁开通与股价崩盘风险[J].管理世界,34(1):157-168.

赵凯,李磊,2023.政府多工具组合补贴对企业创新行为的影响研究[J/OL].中国管理科学.https://doi.org/10.16381/j.cnki.issn1003-207x.2022.2728.

赵玲,黄昊,2019.高铁开通与资产误定价:基于新经济地理学视角的分析[J].经济与管理研究(4):76-92.

赵珊,李桂华,2023.分散还是集中:客户集中度与企业绩效[J].管理评论(2):

294-305.

赵爽,王生年,王家彬,2022.客户关系对企业技术创新的影响[J].管理学报,19(2)271-279.

赵息,李文亮,2016.知识特征与突破性创新的关系研究:基于企业社会资本异质性的调节作用[J].科学学研究,34(1):99-106.

赵秀云,周晨,2017.客户关系型交易对资本结构的影响:关系专用性资产的调节作用[J].商业研究(10):16-22.

郑军,林钟高,陈晓健,等,2022.审计师对企业大客户资源效应的信息识别:基于持续经营审计意见的证据[J].安徽师范大学学报(人文社会科学版),50(1):116-130.

郑倩雯,朱磊,2021.与客户共享审计师能够提升企业的存货管理效率吗[J].当代财经(8):126-136.

郑玉,孙瑾瑾,2023.法治强化能够促进提升企业创新质量吗:来自知识产权法院设立的证据[J].南方金融(7):16-28.

周海军,杨忠,2014.供应链企业间机会主义行为及关系契约治理研究:基于抵押物模型的实证分析[J].南京社会科学(1):43-51.

周华,谭跃,2018.产权性质、客户集中度与营运资金动态调整[J].财经理论与实践,39(3):83-90.

周俊,袁建新,2015.领域知识专用性投资对接收方机会主义行为的影响与治理[J].管理评论,27(11)170-180.

周婷婷,郭岩,2020.关系文化、信贷资源与大数据公司创新效率[J].科研管理,41(2):210-219.

周煊,程立茹,王皓,2012.技术创新水平越高企业财务绩效越好吗:基于16年中国制药上市公司专利申请数据的实证研究[J].金融研究(8):166-179.

朱涛,李君山,朱林染,2022.管理者特征、R&D投入与企业绩效[J].科研管理,43(3):201-208.

邹彩芬,刘双,谢琼,2014.市场需求、政府补贴与企业技术创新关系研究[J].统计与决策(9):179-182.

ACS Z J,SANDERS M,2012. Patents, knowledge spillovers, and entrepreneurship[J]. Small business economics,39(4):801-817.

ADHIKARI B K,AGRAWAL A,2016. Religion, gambling attitudes and corporate innovation[J]. Journal of corporate finance,37(4):229-248.

AGHION P, BLOOM N, BLUNDELL R, et al., 2005. Competition and innovation: an inverted-U relationship [J]. The quarterly journal of economics,120(2):701-728.

AGHION P, BECHTOLD S, CASSAR L, et al, 2018. The causal effects of competition on innovation: experimental evidence [J]. The journal of law, economics, and organization, 34(2):162-195.

AGHION P, CAI J, DEWATRIPONT M, et al, 2015. Industrial policy and competition[J]. American economic journal: macroeconomics, 7(4):1-32.

AGHION P, VAN REENEN J, ZINGALES L, 2013. Innovation and institutional ownership[J]. American economic review,103(1):277-304.

AK B K, PATATOUKAS P N, 2016. Customer-base concentration and inventory efficiencies: evidence from the manufacturing sector[J]. Production and operations management,25(2):258-272.

AKERLOF G A, 1970. The market for "lemons": quality uncertainty and the market mechanism[J]. The quarterly journal of economics,84(3):488-500.

ALEGRE J, LAPIEDRA R, CHIVA R, 2006. A measurement scale for product innovation performance [J]. European journal of innovation management, 9(4):333-346.

ARROW K, 1962. Economic welfare and allocations of resource for invention [M]. Princeton: Princeton University Press.

ARROW K J, 1962. The economic implications of learning by doing[J]. The review of economic studies, 29(3):155.

ARROW K J, 1963. Uncertainty and the welfare economics of medical care[J]. Bulletin of the world health organization,82(2):141-149.

Audretsch D B, Feldman M P, 2004. Knowledge spillovers and the geography of innovation[J]. Handbook of regional and urban economics (4):2713-2739.

AUDRETSCH D B, FELDMAN M P, 1996. R&D spillovers and the geography of innovation and production[J]. The American economic review, 86(3):630-640.

AZAR J, SCHMALZ M C, TECU I, 2018. Anticompetitive effects of common ownership[J]. The journal of finance,73(4):1513-1565.

BAE G S, CHOI S U, DHALIWAL D S, et al, 2017. Auditors and client investment efficiency[J]. The accounting review,92(2):19-40.

BALBONI B, MARCHI G, VIGNOLA M,2017. Knowledge transfer in the context of buyer-supplier relationship: An analysis of a supplier's customer portfolio[J]. Journal of business research,80(7):277-287.

BALDENIUS T,2006. Ownership, incentives, and the hold-up problem[J]. The RAND journal of economics,37(2):276-299.

BANERJEE S, DASGUPTA S, KIM Y,2008. Buyer-supplier relationships and the stakeholder theory of capital structure[J]. The journal of finance,63(5): 2507-2552.

BAYUS B L,1994. Are product life cycles really getting shorter? [J]. Journal of Product innovation management,11(4):300-308.

BENA J, FERREIRA M A, MATOS P, et al,2017. Are foreign investors locusts? The long-term effects of foreign institutional ownership[J]. Journal of financial economics,126(1):122-146.

BERNSTEIN S,2015. Does going public affect innovation? [J]. The journal of finance,70(4):1365-1403.

BLOOM N, GRIFFITH R, VAN REENEN J,2002. Do R&D tax credits work? evidence from a panel of countries 1979-1997 [J]. Journal of public economics,85(1):1-31.

BLOOM N, SCHANKERMAN M, VAN REENEN J, 2013. Identifying technology spillovers and product market rivalry[J]. Econometrica,81(4): 1347-1393.

BOUGHEAS S, DEMETRIADES P O, MORGENROTH E L W, 1999. Infrastructure, transport costs and trade [J]. Journal of international economics,47(1):169-189.

BROWN J R, MARTINSSON G, PETERSEN B C,2013. Law, stock markets, and innovation[J]. The journal of finance,68(4):1517-1549.

CAMPELLO M, GAO J,2017. Customer concentration and loan contract terms [J]. Journal of financial economics,123(1):108-136.

CHANG X, FU K, LOW A, et al,2015. Non-executive employee stock options and corporate innovation[J]. Journal of financial economics,115(1):168-188.

CHEN C, HUANG T C, GARG M, et al,2021. Governments as customers:

exploring the effects of government customers on supplier firms' information quality[J]. Journal of business finance & accounting,48(9/10):1630-1667.

CHEN H M,JIA W S,LI S,et al,2021. Governmental customer concentration and audit pricing[J]. Managerial auditing journal,36(2):334-362.

CHEN P, KIM S K, 2023. The relationship between industrial policy and exploratory innovation-evidence from high-tech enterprise identification policy in China[J/OL]. Kybernetes, https://doi.org/10.1108/K-12-2022-1699.

CHEN Q A,TANG S X,XU Y,2022. Do government subsidies and financing constraints play a dominant role in the effect of state ownership on corporate innovation? evidence from China[J]. Managerial and decision economics,43(8):3698-3714.

CHU Y Q,TIAN X,WANG W Y,2019. Corporate innovation along the supply chain[J]. Management science,65(6):2445-2466.

COLEMAN J S,1988. Social capital in the creation of human capital[J]. American journal of sociology (94):S95-S120.

CORNAGGIA J,MAO Y,TIAN X,et al,2015. Does banking competition affect innovation?[J]. Journal of financial economics,115(1):189-209.

CUMMINGS J L, TENG B S, 2003. Transferring R&D knowledge: the key factors affecting knowledge transfer success[J]. Journal of engineering and technology management,20(1-2):39-68.

DASGUPTA S,ZHANG K,ZHU C Q,2021. Do social connections mitigate hold-up and facilitate cooperation? Evidence from supply chain relationships[J]. Journal of financial and quantitative analysis,56(5):1679-1712.

DEL MONTE A, MOCCIA, S, PENNACCHIO L, 2020. Regional entrepreneurship and innovation: Historical roots and the impact on the growth of regions[J]. Small business economics,58(1):451-473.

DEMIR T, MOHAMMADI A, 2019. Going private and innovation[J/OL]. Swedish House of finance research paper, https://doi.org/10.2139/ssrn.3479980.

DHALIWAL D S,SHENOY J,WILLIAMS R,2016. Common auditors and relationship-specific investment in supplier-customer relationships[J/OL].

https://10.2139/ssrn.2787245.

DHALIWAL D, JUDD J S, SERFLING M, et al, 2016. Customer concentration risk and the cost of equity capital[J]. Journal of accounting and economics, 61(1):23-48.

DHALIWAL D, MICHAS P N, NAIKER V, et al, 2020. Greater reliance on major customers and auditor going-concern opinions[J]. Contemporary accounting research, 37(1):160-188.

DO T K, HUANG H H, LE A T, 2023. Customer concentration and stock liquidity[J]. Journal of banking & finance (154):1-14.

DOU Y W, HOPE O K, THOMAS W B, 2013. Relationship-specificity, contract enforceability, and income smoothing[J]. The accounting review, 88(5):1629-1656.

EHIE I C, OLIBE K, 2010. The effect of R&D investment on firm value: an examination of US manufacturing and service industries[J]. International journal of production economics, 128(1):127-135.

ERNST H, 2001. Patent applications and subsequent changes of performance: evidence from time-series cross-section analyses on the firm level[J]. Research policy, 30(1):143-157.

FABBRI D, KLAPPER L F, 2016. Bargaining power and trade credit[J]. Journal of corporate finance (41):66-80.

FABRIZI S, LIPPERT S, NORBACK P J, et al, 2011. Venture capital, patenting, and usefulness of innovations[J/OL]. http://www.cepr.org/pubs/dps/DP8392.asp.

FERREIRA D, MANSO G, SILVA A C, 2014. Incentives to innovate and the decision to go public or private[J]. The review of financial studies, 27(1):256-300.

FITZGERALD T, BALSMEIER B, FLEMING L, et al, 2021. Innovation search strategy and predictable returns[J]. Management science, 67(2):1109-1137.

FRAZIER G L, MALTZ E, ANTIA K D, et al, 2009. Distributor sharing of strategic information with suppliers[J]. Journal of marketing, 73(4):31-43.

FREEL M S, ROBSON P J A, 2004. Small firm innovation, growth and performance[J]. International small business journal: researching entrepreneurship, 22(6):561-575.

GALASSO A, SIMCOE T S, 2011. CEO overconfidence and innovation[J]. Management science,57(8):1469-1484.

GILSON R J, SABEL C F, SCOTT R E, 2009. Contracting for innovation: Vertical disintegration and interfirm collaboration[J]. Columbia law review, 109(3):431-502.

GRANOVETTER M,1985. Economic action and social structure: the problem of embeddedness[J]. American journal of sociology,91(3):481-510.

GRANOVETTER M S,1973. The strength of weak ties[J]. American journal of sociology,78(6):1360-1380.

GRILICHES Z,1981. Market value, R&D, and patents[J]. Economics letters,7(2):183-187.

GRILICHES Z,1992. The search for R&D spillovers[J]. Scandinavian journal of economics (94):S29-S47.

GROSSMAN G M, HELPMAN E,1991. Trade, knowledge spillovers, and growth[J]. European economic review,35(2/3):517-526.

GU F, HUNG K, TSE D K, 2008. When does guanxi matter? issues of capitalization and its dark sides[J]. Journal of marketing,72(4):12-28.

HAYTON J C, 2005. Competing in the new economy: the effect of intellectual capital on corporate entrepreneurship in high-technology new ventures[J]. R&D management,35(2):137-155.

HE J, HUANG J K, 2017. Product market competition in a world of cross-ownership: evidence from institutional blockholdings[J]. The review of financial studies,30(8):2674-2718.

HEIDE J B, JOHN G,1992. Do norms matter in marketing relationships? [J]. Journal of marketing,56(2):32-44.

HSU P H, TIAN X, XU Y, 2014. Financial development and innovation: Cross-country evidence[J]. Journal of financial economics,112(1):116-135.

Huang H E H,2016. Customer concentration and corporate tax avoidance[J]. Journal of banking & finance (72):184-200.

HUI K W, KLASA S, YEUNG P E, 2012. Corporate suppliers and customers and accounting conservatism[J]. Journal of accounting and economics,53(1-2):115-135.

ITZKOWITZ J,2013. Customers and cash:How relationships affect suppliers' cash holdings[J]. Journal of corporate finance,19(2):159-180.

JAFFE A B,1989. Characterizing the "technological position" of firms, with application to quantifying technological opportunity and research spillovers [J]. Research policy,18(2):87-97.

JAFFE A B,1986. Technological opportunity and spillovers of R&D:evidence from firms' patents,profits and market value[J]. American economic review, 76(5):984-1001.

JIA N,2018. Corporate innovation strategy and stock price crash risk[J]. Journal of corporate finance (53):155-173.

JOHNSON W C,KANG J K,YI S,2010. The certification role of large customers in the new issues market[J]. Financial management,39(4): 1425-1474.

JOHNSON W C,KANG J K,MASULIS R W,et al,2018. Seasoned equity offerings and customer-supplier relationships[J]. Journal of financial intermediation (33):98-114.

JUNG M J,2013. Investor overlap and diffusion of disclosure practices[J]. Review of accounting studies,18(1):167-206.

KALE J R,SHAHRUR H,2007. Corporate capital structure and the characteristics of suppliers and customers[J]. Journal of financial economics, 83(2):321-365.

JAYANT R K,2007. Corporate capital structure and the characteristics of suppliers and customers[J]. Journal of financial economics,83(2):321-365.

KE X,CHEN H,HONG Y,et al,2017. Do China's high-speed-rail projects promote local economy? New evidence from a panel data approach[J]. China economic review,44(3):203-226.

KLAPPER L,LAEVEN L,RAJAN R,2012. Trade credit contracts[J]. Review of financial studies,25(3):838-867.

KLEPPER S,1996. Entry,exit,growth,and innovation over the product lifecycle[J]. American economic review,86(3):562-583.

KOELLINGER P,2008. The relationship between technology,innovation,and firm performance:Empirical evidence from e-business in Europe[J]. Research policy,37(8):1317-1328.

KROLIKOWSKI M, YUAN X, 2017. Friend or foe: Customer-supplier relationships and innovation[J]. Journal of business research (78):53-68.

LEVITAS E, 2013. Demand-side research's role in macro-management: a commentary on priem,li,and carr[J]. Journal of management,39(5):1069-1084.

LI J, YE S, ZHANG Y, 2023. How digital finance promotes technological innovation:Evidence from China[J]. Finance research letters (58):104298.

LI X L, LI K, ZHOU H, 2022. Impact of inventor's cooperation network on ambidextrous innovation in Chinese AI enterprises[J]. Sustainability, 14(16):9996.

LI X, LIU T, TAYLOR L A, 2023. Common ownership and innovation efficiency[J]. Journal of financial economics,147(3):475-497.

LIAO Z J, 2018. Social capital and firms' environmental innovations: the moderating role of environmental scanning[J]. Business strategy and the environment,27(8):1493-1501.

LIU C Y, XIAO Z P, XIE H, 2020. Customer concentration, institutions, and corporate bond contracts[J]. International journal of finance & economics,25(1):90-119.

LUO A, KUMAR V, 2013. Recovering hidden buyer-seller relationship states to measure the return on marketing investment in business-to-business markets[J]. Journal of marketing research,50(1):143-160.

MA J M, GAO D, 2023. The impact of sustainable supply-chain partnership on bank loans: evidence from Chinese-listed firms[J]. Sustainability, 15(6):4843.

MACNEIL I R, 1981. The new social contract: an inquiry into modern contractual relations[J]. Michigan law review,79(4):827.

MAKSIMOVIC V, TITMAN S, 1991. Financial policy and reputation for product quality[J]. The review of financial studies,4(1):175-200.

MANSO G, 2011. Motivating innovation[J]. The journal of finance,66(5):1823-1860.

MAZOUZ K, ZHAO Y, 2019. CEO incentives, takeover protection and corporate innovation[J]. British journal of management,30(2):494-515.

MIAN A, 2006. Distance constraints: the limits of foreign lending in poor economies[J]. Journal of finance, 61(3): 1465-1505.

MURFIN J, NJOROGE K, 2015. The implicit costs of trade credit borrowing by large firms[J]. Review of financial studies, 28(1): 112-145.

MURRELL P, PĂUN R A, 2017. Caveat venditor: the conditional effect of relationship-specific investment on contractual behavior[J]. Journal of law, economics, and organization, 33(1): 105-138.

NI J, CAO X, ZHOU W, et al, 2023. Customer concentration and financing constraints[J]. Journal of corporate finance (82): 102432.

NOLL R G, 2005. "Buyer power" and economic policy[J]. Antitrust law journal, 72(2): 589-624.

O'BRIEN D P, SALOP S C, 2000. Competitive effects of partial ownership: financial interest and corporate control[J]. Antitrust law journal, 67(3): 559-614.

OSWALD D R, 2008. The determinants and value relevance of the choice of accounting for research and development expenditures in the United Kingdom[J]. Journal of business finance & accounting, 35(1/2): 1-24.

PANG S L, DOU S T, LI H, 2020. Synergy effect of science and technology policies on innovation: evidence from China[J]. Plos one, 15(10): 0240515.

PARK J, SANI J, SHROFF N, et al, 2019. Disclosure incentives when competing firms have common ownership[J]. Journal of accounting and economics, 67(2-3): 387-415.

PATATOUKAS P N, 2012. Customer-base concentration: implications for firm performance and capital markets[J]. The accounting review, 87(2): 363-392.

PENG H X, TAN H P, ZHANG Y, 2020. Human capital, financial constraints, and innovation investment persistence[J]. Asian journal of technology innovation, 28(3): 453-475.

PENG X, WANG X, YAN L, 2019. How does customer concentration affect informal financing?[J]. International review of economics & finance (63): 152-162.

PETERS J, 2000. Buyer market power and innovative activities[J]. Review of industrial organization, 16(1): 13-38.

Phillips K L, Wrase J, 2006. Is Schumpeterian 'creative destruction' a plausible source of endogenous real business cycle shocks?[J]. Journal of economic dynamics and control, 30(11):1885-1913.

POPPO L, ZENGER T, 2002. Do formal contracts and relational governance function as substitutes or complements?[J]. Strategic management journal, 23(8):707-725.

PORTER M E, 1989. How competitive forces shape strategy[M]. Readings in Strategic Management. London:Macmillan Education UK.

RAMAN K, SHAHRUR H, 2008. Relationship-specific investments and earnings management:Evidence on corporate suppliers and customers[J]. Accounting review, 83(4):1041-1081.

ROMER P M, 1990. Endogenous technological change[J]. Journal of political economy, 98(5):S71-S102.

SABOO A R, KUMAR V, ANAND A, 2017. Assessing the impact of customer concentration on initial public offering and balance sheet-based outcomes[J]. Journal of marketing, 81(6):42-61.

SAMPSON R C, 2007. R&D alliances and firm performance:the impact of technological diversity and alliance organization on innovation[J]. Academy of management journal, 50(2):364-386.

SCHELLING T C, 1956. An essay on bargaining[J]. The American economic review, 46(3):281-306.

SCHUMPETER J A, 2014. Capitalism, socialism and democracy[M]. 北京:商务印书馆.

SERU A, 2014. Firm boundaries matter:evidence from conglomerates and R&D activity[J]. Journal of financial economics, 111(2):381-405.

SHEN H Y, XIA N, ZHANG J, 2018. Customer-based concentration and firm innovation[J]. Asia-Pacific journal of financial studies, 47(2):248-279.

SHI C, 2003. On the trade-off between the future benefits and riskiness of R&D:A bondholders' perspective[J]. Journal of accounting and economics, 35(2):227-254.

SHI C X, CHEN Y Q, YOU J Y, et al, 2018. Asset specificity and contractors' opportunistic behavior:Moderating roles of contract and trust[J]. Journal of management in engineering,34(5):1-12.

SHOU Z G,GUO R,ZHANG Q Y,et al,2011. The many faces of trust and Guanxi behavior: Evidence from marketing channels in China[J]. Industrial marketing management,40(4):503-509.

SOETE L L G,1979. Firm size and inventive activity: The evidence reconsidered [J]. European economic review,12(4):319-340.

SOOD A,TELLIS G J,2005. Technological evolution and radical innovation [J]. Journal of marketing,69(3):152-168.

SUNDER J,SUNDER S V,ZHANG J J,2016. Pilot CEOs and corporate innovation[J]. Journal of financial economics,123(1):209-224.

TASSEY G,2004. Policy issues for R&D investment in a knowledge-based economy[J]. The journal of technology transfer,29(2):153-185.

TINBERGEN J,1963. Shaping the world economy[J]. The International Executive,5(1):27-30.

TITMAN S,1984. The effect of capital structure on a firm's liquidation decision[J]. Journal of financial economics,13(1):137-151.

VÁZQUEZ R, IGLESIAS V, RODRÍGUEZ-DEL-BOSQUE I, 2007. The efficacy of alternative mechanisms in safeguarding specific investments from opportunism[J]. Journal of business & industrial marketing,22(7):498-507.

VERMEULEN P A M,DE JONG J P J,O'SHAUGHNESSY K C,2005. Identifying key determinants for new product introductions and firm performance in small service firms[J]. The service industries journal,25(5):625-640.

WANG D,SUTHERLAND D,NING L,et al,2018. Exploring the influence of political connections and managerial overconfidence on R&D intensity in China's large-scale private sector firms[J]. Technovation(69):40-53.

WANG X,YU J W,2023. Accumulating human capital: Corporate innovation and firm value[J/OL]. International review of finance, https://doi.org/10.1111/irfi.12422.

WANG J,2012. Do firms' relationships with principal customers/suppliers affect shareholders' income?[J]. Journal of corporate finance,18(4):860-878.

WEI S, SHENG S, 2023. Does geographic distance to customers improve or inhibit supplier innovation? A moderated inverted-U relationship[J]. Industrial marketing management (108):134-148.

WEI Y, KANG D, WANG Y, 2019. Geography, culture, and corporate innovation[J]. Pacific-Basin finance journal (56):310-329.

WELLALAGE N H, FERNANDEZ V, 2019. Innovation and SME finance: evidence from developing countries[J]. International review of financial analysis (66):101370.

WELLMAN B, BERKOWITZ S D, 1998. Social structures: A network approach[M]. New York: Cambrige University Press.

WEN N R, USMAN M, AKBAR A, 2023. The nexus between managerial over confidence, corporate innovation, and institutionaleffectiveness[J]. Sustainability, 15(8):6524.

WIERSEMA M F, BANTEL K A, 1992. Top management team demography and corporate strategic change[J]. Academy of management journal, 35(1):91-121.

WILLIAMSON O E, 1985. Assessing contract[J]. The journal of law, economics, and organization, 1(1):177-208.

WILLIAMSON O E. Credible commitments: using hostages to support exchange[J]. The American economic review, 1983, 73(4):519-540.

WILLIAMSON O E, 1979. Transaction-cost economics: the governance of contractual relations[J]. The journal of law and economics, 22(2):233-261.

WU J, TU R, 2007. CEO stock option pay and R&D spending: a behavioral agency explanation[J]. Journal of business research, 60(5):482-492.

XIN F, ZHANG J, ZHENG W, 2017. Does credit market impede innovation? Based on the banking structure analysis[J]. International review of economics & finance, (52):268-288.

XIN K K, PEARCE J L, 1996. Guanxi: connections as substitutes for formal institutional support[J]. Academy of management journal, 39(6):1641-1658.

YAN Y Y, WANG J, QIAO S J, 2022. Effects of industrial policy on firms' innovation outputs: evidence from China[J]. Sage open, 12(3), https://doi.org/10.1177/21582440221122988.

YU L P, HU J B, 2023. Employee equity incentive, executive psychological capital, and enterprise innovation[J]. Frontiers in psychology (14):1132550.

ZHANG X T, ZHANG H L, SONG M, 2019. Does social capital increase innovation speed? empirical evidence from China[J]. Sustainability, 11(22):6432.

ZHONG M, LU Q, HE R, 2022. The heterogeneous effects of industrial policy on technological innovation: Evidence from China's new metal material industry and micro-data[J]. Resources policy(79):103107.

ZHONG T Y, ZUO Y M, SUN F C, et al, 2020. Customer concentration, economic policy uncertainty and enterprise sustainable innovation[J]. Sustainability, 12(4):1392.

ZHOU B, LI Y M, HUANG S Z, et al, 2019. Customer concentration and corporate innovation: effects of financing constraints and managers' expectation of Chinese listed companies[J]. Sustainability, 11(10):2859.